日本の財政と社会保障

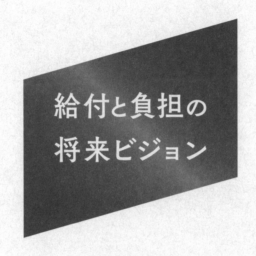

給付と負担の
将来ビジョン

持田信樹

東洋経済新報社

目　次

第1章　財政問題とは何か
1　財政の役割と意義 …………………………………………………… 2
　　財政とは何か ……………………………………………………… 2
　　政府部門の経済活動 ……………………………………………… 4
　　政府の収入 ………………………………………………………… 6
2　論点整理と本書のアプローチ …………………………………… 8
　　財政健全化への目標の設定 ……………………………………… 8
　　財政健全化のための改革の手順 ………………………………… 10
　　財政改革のモチベーション ……………………………………… 11
　　財政改革を実現するためのリーダーシップ …………………… 12

第2章　財政・社会保障改革の軌跡
1　小泉内閣の財政運営 ………………………………………………… 16
　　財政再建論の浮上 ………………………………………………… 16
　　基礎的財政収支の数値目標と時間軸 …………………………… 19
　　歳入・歳出の一体改革 …………………………………………… 20
　　増税の時間軸 ……………………………………………………… 21
　　「金利・成長率」論争 …………………………………………… 22
2　民主党内閣の財政運営 …………………………………………… 24

i

         鳩山内閣のマニフェスト ………………………………… 24
         菅内閣の消費税増税論 …………………………………… 26
         民主党による「財政運営戦略」の策定 ………………… 28
         年金交付公債の発行と中期財政フレームワークの規律……… 29
         野田内閣と3党合意 ……………………………………… 30
    3 安倍内閣（第二次）の財政運営 ……………………………… 32
         好循環による税収増 ……………………………………… 32
         大胆な金融緩和 …………………………………………… 34
         二度にわたる増税延期 …………………………………… 36
         社会保障給付の効率化 …………………………………… 37
         基礎的財政収支均衡の目標年度 ………………………… 39
         成長による財政再建 ……………………………………… 40
         量的・質的金融緩和の副作用 …………………………… 42
    4 むすびにかえて ………………………………………………… 45

第3章　消費税増税と日本経済

    1 マクロ経済の俯瞰 ……………………………………………… 50
         個人消費の低迷 …………………………………………… 50
         消費税増税「主因」説 …………………………………… 51
    2 消費税増税前の駆け込み需要と反動減 ……………………… 53
         異時点間の代替効果と実質所得効果 …………………… 53
         基礎的支出と選択的支出 ………………………………… 58
    3 消費税増税による実質所得効果 ……………………………… 60
         モデルの基本構造 ………………………………………… 60
         消費税の負担感 …………………………………………… 62
         可処分所得の伸び悩み …………………………………… 63
         家計を取り巻く不確実性 ………………………………… 64
         デフレ慣れした消費者の価格意識 ……………………… 66
         年齢、雇用形態及び所得階層に関するダミー変数 …… 67

4 消費低迷に関する推定結果と政策的含意 …………………………… 68
    順序ロジット・モデルによる推定結果…………………………… 68
    消費低迷に関する政策的含意 …………………………………… 70

第4章　幻の財政構造改革

  1 増税なき財政再建 ………………………………………………… 74
    赤字公債依存からの脱却 ………………………………………… 74
    隠れ借金による支払い時期の先送り …………………………… 75
    バブルによる僥倖がもたらした財政再建 ……………………… 76
    プラザ合意と巨大バブルの発生 ………………………………… 77
  2 財政構造改革法の停止・凍結 …………………………………… 79
    財政危機の再燃 …………………………………………………… 79
    国民福祉税構想の公表と白紙撤回 ……………………………… 81
    消費税の増税と財政構造改革法 ………………………………… 84
  3 経験から導かれる一般的教訓 …………………………………… 86
    財政再建と政治的リーダーシップ ……………………………… 86
    財政再建の内容 …………………………………………………… 87
    企業に残る雇用、設備、債務の三つの過剰問題 ……………… 89

第5章　中福祉・低負担の深層

  1 はじめに …………………………………………………………… 91
  2 「中福祉」の綻び ………………………………………………… 93
    財政指標から見た「中福祉」 …………………………………… 93
    公共サービスへの満足度 ………………………………………… 95
  3 「低負担」の呪縛 ………………………………………………… 97
    国民負担率の国際比較 …………………………………………… 97
    税・社会保険料負担への抵抗感 ………………………………… 100
  4 「財政健全化」という試練 ……………………………………… 102
    政府債務累積の比較 ……………………………………………… 102

		増税の許容範囲 …………………………………………	105
5		納税者の「負担感」の原因を探る ……………………………	107
		選挙の洗礼 …………………………………………………	107
		納税倫理とただ乗りの誘因 ………………………………	109
		給付と課税による財政介入 ………………………………	110
		順序ロジット・モデルの推定 ……………………………	111
		政策的含意 …………………………………………………	117

第6章　社会保障制度の新設計

1		日本の社会保障制度の特質 ……………………………………	119
		社会保険と福祉 ……………………………………………	119
		予算硬直化の実態 …………………………………………	121
		社会保険の分立性 …………………………………………	122
		一般財源と財政調整 ………………………………………	123
2		社会保障給付と負担の不釣合い ………………………………	125
		将来世代への負担転嫁 ……………………………………	125
		世代間の公平性 ……………………………………………	126
		社会保障制度の所得再分配機能 …………………………	127
3		社会保障制度改革の指針 ………………………………………	129
		子ども・子育て支援 ………………………………………	129
		「共働き有子モデル」への転換 …………………………	131
		医療保険の考え方 …………………………………………	133
		医療費政策の必要性 ………………………………………	134
		医療保障の理念と優先順位 ………………………………	135
4		公的年金と生活保護 ……………………………………………	137
		所得喪失リスクと年金 ……………………………………	137
		年金「破綻」論と給付水準の問題 ………………………	138
		公的年金の防貧機能 ………………………………………	140
		最低限の生活水準を保障する生活保護 …………………	141

「最後の砦」としての生活保護の問題点 …………………… 142
　　　就労インセンティブ ……………………………………………… 144
　5　目指すべき福祉国家像 ………………………………………… 145
　　　福祉レジーム論 …………………………………………………… 145
　　　日本の福祉制度と修正された保守主義レジーム…………… 147
　　　多元的な社会保障形態 ………………………………………… 148
　　　限定主義への傾斜 ……………………………………………… 150
　　　普遍主義の兆候 ………………………………………………… 153

第7章　税制改革の全体構想

　1　税制の何が問題なのか ………………………………………… 156
　　　日本の税制の特徴 ……………………………………………… 156
　　　税の財源調達機能の低下 ……………………………………… 158
　　　税の中立性 ……………………………………………………… 159
　　　税・社会保険料の所得階層別負担 …………………………… 160
　2　消費税の分析 …………………………………………………… 162
　　　日本型付加価値税 ……………………………………………… 162
　　　消費税収の安定性 ……………………………………………… 165
　　　中立性とマクロ経済への影響 ………………………………… 166
　　　消費税の逆進的負担 …………………………………………… 168
　　　軽減税率と給付付き税額控除の比較 ………………………… 171
　　　シミュレーション ……………………………………………… 172
　3　所得税の分析 …………………………………………………… 175
　　　所得税の空洞化 ………………………………………………… 175
　　　給与所得控除の妥当性 ………………………………………… 178
　　　働き方の選択に関する中立性 ………………………………… 180
　　　所得控除から税額控除へ ……………………………………… 182
　4　社会保険料の分析 ……………………………………………… 184
　　　社会保険料の性格 ……………………………………………… 184

	社会保険料と国税総額の逆転 ……………………………………	185
	社会保険料の逆進的負担 ………………………………………	187
	社会保険料の統合問題 ……………………………………………	190
	オランダの税制改革 ………………………………………………	191

第8章　政府債務の持続可能性

1	財政運営の概観 ……………………………………………………	194
2	財政運営の構造変化 ………………………………………………	196
	Bohn のテスト ……………………………………………………	196
	日本財政の持続可能性 ……………………………………………	199
	既知の構造変化 ……………………………………………………	201
	未知の構造変化 ……………………………………………………	203
	ローリング・ウィンドウ …………………………………………	206
3	政治経済学的考察 …………………………………………………	208
	構造変化の原因 ……………………………………………………	208
	推定モデル …………………………………………………………	209
	潜在成長率の予期せぬ低下 ………………………………………	210
4	むすびにかえて ……………………………………………………	213

第9章　国債と長期金利

1	長期金利の動向 ……………………………………………………	216
	リスク・プレミアムと財政危機 …………………………………	216
	発行市場の市場実勢化 ……………………………………………	218
2	国債相場の安定性 …………………………………………………	220
	日本特有の要因 ……………………………………………………	220
	国債金利の分析 ……………………………………………………	223
	国債消化能力の見通し ……………………………………………	227
3	長期金利と経済成長率 ……………………………………………	228
	デット・ダイナミックス …………………………………………	228

戦間期のイギリス——ゲディスの斧 ……………………………… 232
　　　ペギング（釘づけ）政策から金融抑圧へ ……………………… 233
　4　国債問題の展望 ………………………………………………………… 235

第10章　欧米における財政改革
　1　本格的な財政健全化 …………………………………………………… 240
　　　各国で実行された緊縮財政 ……………………………………… 240
　　　OECD 各国における財政健全化のエピソード ………………… 241
　　　財政健全化エピソードの概要 …………………………………… 243
　2　財政健全化が始まる動因 ……………………………………………… 245
　　　財政に対する危機感の醸成 ……………………………………… 245
　　　財政健全化に関するマーストリヒト効果 ……………………… 246
　3　景気循環と財政健全化のタイミング ………………………………… 247
　　　財政健全化のタイミング ………………………………………… 247
　　　スウェーデンとアメリカ ………………………………………… 250
　　　二つのタイプの財政健全化——歳出削減型と収入ベース型 … 251
　　　財政健全化を実行する上でのルールの有効性 ………………… 253
　4　ハネムーン効果と再選可能性 ………………………………………… 255
　　　選挙公約と財政健全化 …………………………………………… 255
　　　政府のタイプと財政健全化 ……………………………………… 257
　　　財政健全化と選挙結果 …………………………………………… 258
　　　財政健全化なくして経済成長なし ……………………………… 260
　5　日本への政策的含意 …………………………………………………… 262

参考文献 ……………………………………………………………………………… 267
あとがき ……………………………………………………………………………… 277
索引 …………………………………………………………………………………… 281

図表目次

【図目次】

図 1-1　政府債務残高の推移（対 GDP 比） ······· 7
図 2-1　一般会計と基礎的財政収支の動向（2000〜08 年度） ······· 17
図 2-2　一般会計と国債発行額 ······· 27
図 2-3　一般会計と基礎的財政収支の動向（2011〜17 年度） ······· 33
図 2-4　統合政府のバランスシート（2018 年 3 月末、単位：兆円） ······· 43
図 3-1　個人消費の動向 ······· 51
図 3-2　消費税率引き上げの影響 ······· 53
図 3-3　消費税の増税直前に纏め買いをした品目 ······· 56
図 3-4　消費税増税後の購入行動 ······· 57
図 3-5　税・社会保障についての意識調査（2016 年 12 月） ······· 59
図 3-6　順序ロジット・モデルの基本構造 ······· 61
図 3-7　家計を取り巻く四つの不確実性 ······· 64
図 4-1　税収の動向 ······· 77
図 4-2　コール・レートと円相場 ······· 78
図 4-3　バブル崩壊以降の税収の動向 ······· 81
図 4-4　日本経済の実質成長率の動向（1994〜98 年） ······· 85
図 5-1　公的社会支出の比較（対 GDP 比） ······· 94
図 5-2　政府の公共サービスの増減 ······· 95
図 5-3　政府の公共サービスへの満足度 ······· 97
図 5-4　税・社会保険料の国際比較（対 GDP 比） ······· 98
図 5-5　税・社会保険料の負担感 ······· 99
図 5-6　潜在的国民負担率の許容水準 ······· 101
図 5-7　政府債務の国際比較（対 GDP 比） ······· 103
図 5-8　財政健全化の必要性 ······· 104
図 5-9　財政健全化の方策 ······· 105
図 5-10　消費税の税率水準 ······· 106
図 5-11　順序ロジット・モデルの基本構造 ······· 112
図 5-12　負担が「非常に重い」と回答する確率（年代別） ······· 115
図 5-13　負担が「非常に重い」と回答する確率（所得階層別） ······· 117
図 6-1　社会保障の給付と負担の現状 ······· 121
図 6-2　医療保険制度の給付と負担 ······· 124
図 6-3　低所得階層向けの税と給付（下位 20％の低所得階層、2000 年代） ······· 128
図 6-4　マクロ経済スライドの発動時期の違いによる所得代替率への影響 ······· 139
図 6-5　福祉国家モデルの財政構造 ······· 146
図 6-6　社会保障給付の受給資格 ······· 149

図 6-7	給付と負担の関係	151
図 6-8	充実すべき社会保障サービス	152
図 7-1	税・社会保険料の階層別負担（等価世帯所得に対する税の割合）	161
図 7-2	消費税の階層別負担率	173
図 7-3	消費税の階層別負担額	174
図 7-4	国税と社会保険料の推移（対国民所得比）	186
図 8-1	政府債務と基礎的財政収支（対 GDP 比）の推移	195
図 8-2	逐次チョウ検定の結果	202
図 8-3	政府債務と基礎的財政収支（対 GDP 比）	206
図 8-4	ローリング・ウィンドウの推定結果	207
図 9-1	長期金利の要因分解	216
図 9-2	デット・ダイナミックスの要因分解（対 GDP 比の年平均）	231
図 10-1	OECD 各国における財政健全化と実質 GDP 成長率（%）	248
図 10-2	OECD 各国における財政健全化と GDP ギャップ（%）	249

【表目次】

表 1-1	一般政府の勘定	5
表 3-1	消費税増税の影響に関する推定結果	55
表 3-2	順序ロジット・モデルによる推定結果	69
表 5-1	順序ロジット・モデルの推定結果	113
表 6-1	勤労収入 501〜550 万円世帯の税・社会保険料負担：妻の就業形態別	131
表 7-1	各国政府の税・社会保険料収入（2014 年）	157
表 7-2	消費税の所得階層別負担	169
表 7-3	所得税の所得階層別負担	177
表 7-4	社会保険料の所得階層別負担	188
表 8-1	財政持続可能性に関する Bohn のテスト	200
表 8-2	Bai-Perron のテスト	204
表 8-3	構造変化の回数と時期	205
表 8-4	記述統計量	210
表 8-5	潜在成長率の低下と資金調達コストを考慮した Bohn のテスト	211
表 9-1	10 年物国債名目金利の推定	225
表 10-1	OECD 各国における財政健全化のエピソード	242
表 10-2	OECD 各国における財政健全化による政府債務の安定化	244
表 10-3	OECD 各国における財政収支改善の内訳	252
表 10-4	政府のタイプと政治的位置	256
表 10-5	OECD 各国における財政健全化と選挙	259

第1章
財政問題とは何か

　日本の財政は、長引く低成長とデフレの後遺症とも言うべき政府債務残高の塊と格闘している。しかも貧富の懸隔は広がっている。お年寄りは、医療や介護でいくらかかるのか分からないという不満や不安をかかえている。現役の若い世代も、結婚して子育てができるのか、負担増に耐えていけるのかとの心配が募る。頼みの綱である税・社会保険料には歪みが生じているのに、抜本的な見直しは先送りされている。混沌と社会を覆う閉塞感を払いのけて、希望に満ちた未来へとわれわれを導く曙光が差してくる日は来るのだろうか。

　財政問題は、私たちの暮らし向きにとって大きな問題である。実際、財政や社会保障の問題は世の中で広く認識されるようになった。例えば内閣府「社会意識に関する世論調査」では、国の政策で良い方向に向かっているものとして「医療・福祉」を挙げたのが31%で1位になったのに対して、悪い方向に向かっているものとして「国の財政」を挙げた者が37%でトップになっている（内閣府大臣官房政府広報室［2017a］）。

　また「国民生活に関する世論調査」では、政府はどのようなことに力を入れるべきだと思うかという問いに対して、「医療・年金等の社会保障の整備」を挙げた者の割合が65.1%と最も高かった（内閣府大臣官房政府広報室［2017b］）。以下、「景気対策」(51.1%)、「高齢社会対策」(51.1%)、「雇用・労働問題への対応」(37.3%)、「防衛・安全保障」(36.2%)、「少子化対策」

（35.1％）などの順となっている。

　なぜ日本の財政は最悪の状態になったのだろうか。経済成長によって財政は健全化するのだろうか。給付の重点化や税・社会保険料の引き上げの議論では納税者の視点はどう扱われるべきなのだろうか。少子高齢化、家族及び労働市場の変容を踏まえた社会保障の将来像とは何だろうか。こうした問いに答えるべく、日本財政の診断と処方箋を提示することが本書の目的である。本章では、財政問題とは何かについて私の考え方を語り、本書への誘いとしたい。

1　財政の役割と意義

財政とは何か

　「財政」というと、国の予算をイメージする読者が多いのではないだろうか。それは間違いではない。しかし予算は、民間企業の会計とは明らかに異なる原理・原則によって編成されており、身近に感じることが難しい。そもそも国債が何兆円発行されたといっても、その意味を本当に理解するのは困難だ。『ニューヨーク・タイムズ』のコラムニストであるラッセル・ベーカーは1光年という用語と同じように1兆円というのは難解な哲学的観念であって数学オタクの関心事であると喝破した。確かに10兆円の借金であろうが100兆円の借金であろうが、分からないものは分からない。

　予算と家計の違いで注意する必要があるのは、給付と費用の対応関係である。私たちがスマートフォンやノートパソコンを家電量販店で購入する時は、その度に商品の対価を支払っている。これは専門的には「個別的報償関係」（個々の財貨・サービスの価格を支払って消費するような関係）と言う。政府の公共サービスも無料ではなく、租税や社会保険料のかたちで前払いされている。

　もっとも政府の供給する公共サービスの消費とそれに対する対価の支払い（租税）とは、空間的にも時間的にも切り離されている。それぞれ独自に議

会で審議される予算を経て決定される、というかたちをとっている。これを「一般的報償関係」と言う。政府の果たしている役割は社会にとって有益であるが、その姿は見えにくく、その便益を数量化することに馴染まないものが多いのである。

しかし財政は私たちの日常生活には欠くことのできない、大切な役割を果たしている。教科書的には三つの点を挙げることができる（持田［2009］、1章）。第一に、政府は軍事や司法といった純粋公共財だけを供給しているわけではない。政府は市場では供給できない公共財を提供している。実は純粋公共財の比重はかなり低下している。これに対して、教育、医療、福祉、年金、住宅などの、対価を支払わない人をその消費から排除することのできる財・サービスも政府は供給している。

市場が提供できる私的財を政府が供給するのは、その便益が直接にサービスを受けた個人を超えて社会全体に帰属する有益なサービスを供給するからである。例えば、恵まれない人々に教育や保育の機会、介護サービスを等しく保障するためである。これらのサービスを民間部門に任せると、料金が高くなり、そのサービスを受けることができなくなる人々がでてしまう。リチャード・マスグレイブの財政学体系以来、社会保障制度には累進的な税制と相俟って、市場による不平等な所得分配を是正するという機能があることが標準的理解となっている（Musgrave［1959］）。

第二に、給付の裏側には必ず負担がある。国民には、サービスを利用する権利と同時に、制度を支える責任がある。政府は、民間企業のように財・サービスを生産物市場で販売して代金を獲得することができない。政府は、「個別的報償関係」なしに公共サービスを国民に提供しているので、費用を代金で回収することはできない。そのため他人の負担に便乗しようとする行動を誘発し、各消費者は公共財の負担をしようとしない。この問題を解決する方法が、法律によって費用負担を定め、強制的に徴収する租税と社会保険料である。租税は直接の反対給付なしに、強制的に購買力の一部を政府に納めるものであり、それが政府の活動を支える。国民の側から見ると社会の存立のために、そのコストを拠出する責任が生じる[1]。

第三に、そもそも納税義務は政府債務の累積という困難の中で生成・発展してきたものである。政府の債務をその発生から説き起こすと、当初は、主権者（君主）個人の債務として、その死とともに不履行にされていた。やがて主権（国家）の債務として、主権者（君主）が代わっても永遠に引き継がれるようになり、さらに国家の主権者が君主から「国民」に代わったことによって、公的債務が「国民の債務」となっていった。とはいえ君主の借金に対して議会が保証することが法律に明記されるようになっても、公的債務は徴税請負人制度や官職の売却あるいは戦利品などのその場しのぎの対応によって返済されていた。それが行き詰まると、君主は租税の承諾を豪商や銀行家に懇願するようになったのである。そして租税は懇願した目的以外にも使われるようになり、一般的な納税義務が徐々に完成されていった（シュムペーター［1983］、24-26頁）。公的債務はまさに、租税徴収権を担保にした国民全体の借金だと言うことができる。

政府部門の経済活動

　政府の「家計簿」に当たるのが財政収支である。最初に国民経済計算（SNA）を用いて財政収支を定量的にイメージしておこう。政府の経済活動は、大きく分けて、一般政府（行政的な要素が強い活動や、事業的な色彩があるとしてもほとんどサービスの対価の支払いを直接に必要としない活動）と公的企業（独立採算の事業）に分かれる。両者を合わせて公的部門と言う。SNA体系で公的部門を捉える場合、国内総支出に占める公的支出の割合が有益な指標となる。日本では、政府部門の比重は24.4％とほぼ4分の1となっている。単一の経済主体でこのような規模を持つ主体は存在し得ないであろうから、政府規模の大きさが特筆されるべきである。

　政府部門の経済活動は多様であるが、特に注目すべき点は、準私的財の性

---

1) 社会保険料の性格について補足しておく。社会保険制度では、保険料の納付と受給権の発生との間に、一定の対価関係が認められる。多くの人々は保険料を高齢期の生活費に備える貯蓄の一つと考えている。けれども社会保険制度が成熟するにつれて、当初には持っていた保険的要素は次第に薄れていく。社会保険料の実態は、保険の仕組みと政府の強制力を利用した目的税と保険料の混合であると言える。

格を備えているものであるとか、私的財の現物給付に属するものがかなり大きな比重を占めていて、純公共財と見做される活動は比較的少ないということだ。表1-1を見てみよう。国民一般に便益が広く帰属する最終消費は、国民経済計算では「集合消費支出」と定義されている。イメージで言うと、一般公共サービスや防衛、警察・消防がこれに該当する。これらのサービスの性格からして、純粋公共財としての性格が認められる。2016年度を見ると、この分野の支出はおよそ41兆円であって、全体に占める割合は20%前後で変化も少ない（表1-1）。

誰が便益を受けるかが明確な最終消費は「現物社会移転」と呼ばれる。保健・医療であるとか、教育がほぼこの分類に対応していると言ってよい。これらのサービスの性格からいって、私的財としての性格が認められる。国民健康保険など、地方政府が果たしている役割も小さくない。1994年度には

表1-1 一般政府の勘定

(単位：10億円、%)

(支出勘定)	1994年度		2016年度	
	実数	構成比	実数	構成比
財産所得	16,769	10.0	9,732	4.6
最終消費支出	76,353	45.7	106,206	50.4
(1) 現物社会移転	41,037	24.6	64,545	30.6
(2) 集合消費支出	35,316	21.1	41,661	19.8
現物社会移転以外の社会給付	38,555	23.1	67,787	32.2
経常移転	3,319	2.0	7,302	3.5
資本形成	32,154	19.2	19,728	9.3
合計	167,150	100.0	210,755	100.0

(収入勘定)	1994年度		2016年度	
	実数	構成比	実数	構成比
財産所得	11,595	8.1	7,154	4.1
生産・輸入品に課される税	33,200	23.1	45,189	25.7
(1)生産物に課される税（VAT）	18,937	13.2	31,521	17.9
(2)生産に課されるその他の税	14,263	9.9	13,669	7.8
所得・富等に課される経常税	52,782	36.8	52,080	29.6
社会保障負担	43,724	30.5	69,140	39.3
その他の経常移転	2,197	1.5	2,205	1.3
合計	143,498	100.0	175,769	100.0

(出所) 内閣府『国民経済計算』制度部門別所得支出勘定より作成。

約41兆円であったものが、2016年度には64兆円へと5割増しになっている（表1-1）。国民医療費に係る公費負担が継続的に上昇している。

　これに対して現金給付による社会保障は「現物社会移転以外の社会給付」と定義されている。イメージで言うと老齢年金、家族・児童給付、失業給付、公的扶助がほぼこれに該当する。典型的な現金給付による所得再分配であると言ってよい。1994年度には約38兆円であったものが、2016年度には約67兆円に増大している（表1-1）。日本社会の直面している高齢化や格差・貧困の拡大が、公費負担の一貫した上昇の要因である。

　政府の経費膨張は主に社会保障関連経費、すなわち現物社会移転と社会給付によるものである。一般的なイメージとは異なって、純粋公共財や公共事業費は国際的に見ても低い水準となっている。公共事業費から土地購入代を除いた「総固定資本形成」は、1994年度には約32兆円であったものが、2016年度には19兆円にまで大幅に減少している。

政府の収入

　次に政府の「家計」の収入に目を転じよう。過去20年間で一般政府の支出は167兆円から210兆円へと43兆円増大しているが、収入は143兆円から175兆円へと32兆円しか増えていない（表1-1）。政府の経常支出を賄う財源としては、租税収入が基本であるが、1994年度から2016年度の過去20年間で60％から55％へと比重が低下しているのが目を引く。企業は、家計から生産要素市場に供給された労働を投入して、財・サービスを産出している。この段階で政府が課しているのが「所得・富等に課される経常税」である。具体的には国と地方の個人所得税、法人税が含まれる。1994年度には約52兆円であったが、この20年間、税収は全く増加せず、収入に占める割合は7％ポイント以上も減っている。

　この減少をある程度補っているのが「生産・輸入品に課される税」である。これは家計が財・サービス市場で企業から商品を購入したり、外国から製品を輸入する際に政府が課す税を意味している。大きく「生産物に課される税」と「生産に課されるその他の税」に分けられ、前者はさらに「付加価値型税」、

「輸入関税」及び「その他」（酒税等、特定種類の財貨・サービス等に課される税）に分割されている。また後者は、生産過程に用いられる土地、固定資産等に課される税に分類されている。消費税を中心とする「生産物に課される税」は、デフレと低成長にも拘わらず健闘していることが分かる。1994年度に約19兆円であったものが、2016年度には約31兆円へと大幅に増大し、ウェートも4.5％ポイント上昇した。

過去20年間で伸張著しいのは、租税収入ではなく「社会保障負担」、すなわち社会保険料である。租税に類似した性格を持つ社会保障負担（社会保険料など）は1994年度の43兆円から2016年度の69兆円へと約26兆円も増大している。要するに日本の財政は、所得税・法人税の税収の減少を消費税と社会保険料、なかんずく後者の増収によって食い止めようとしたのである。しかし支出増大のペースには追いつくことができず、財政赤字が恒常的に発生した。

過去22年間、財政赤字が連続してきた結果、2018年度には対GDP比で

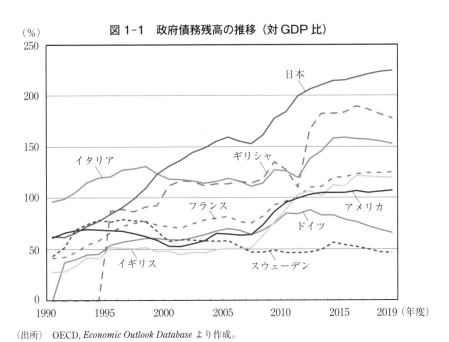

図1-1　政府債務残高の推移（対GDP比）

（出所）　OECD, *Economic Outlook Database* より作成。

226％に相当する政府債務が累積している。この数値はOECD加盟諸国で最も高い水準である（図1-1）。政府資産を相殺したとしても、ネットの政府債務は129％で最も高いことに変わりはない。日本は今後、人口構造は超高齢化社会に突入し、また少子化が進行していく。高齢化が進行する原因の一つは寿命の継続的な延びである。ビスマルクが世界初の社会保険を1889年に導入したときの平均寿命は45歳であったにも拘わらず、定年退職年齢は65歳に設定されていた。年金は例外的に長生きした高齢者が受給するという想定だった。しかし寿命の長い現在の日本では、男性の平均寿命は80.8歳であり、年金の受給期間が大幅に延びた。

それに加えて、戦後の出生率の乱高下が後になって生じていることも高齢化が進行する要因の一つである。総人口における高齢者の数が膨らむと同時に、成人の若年層の割合が減少している。国立社会保障・人口問題研究所によると、総人口は2060年には9,000万人を割り込み、65歳以上の高齢者が総人口に占める割合（高齢化率）は4割近い水準になると推計されている（国立社会保障・人口問題研究所［2017］）。2025年には団塊の世代が全員、75歳以上の後期高齢者になる。労働力の中核をなす15歳以上65歳未満の生産年齢人口は5割すれすれの水準に下がっていく。2050年には被扶養人口と労働年齢の成人数がほぼ肩を並べる。過去を見てもこのような状況に直面した社会は存在しない。政府が何らかの手を打たなければ、人口構成の変化は財政を逼迫させることになる。

2　論点整理と本書のアプローチ

財政健全化への目標の設定

日本の財政が非常に厳しい状況にあることは、経済学者やエコノミストでなくても世の中の多くの人々が感じている。財政健全化、財政再建は大切な目標の一つであるというコンセンサスはできている。しかし、どうやって財政再建を進めるかという段階になると意見が分かれる。厳密に言うならば、目

標についても給付と課税の関係を明確にした大きな将来ビジョンをいかに提示するかという論点がある。

　日本の社会保障の水準は、西欧並みになってきているという意味で、「中福祉」なのであるが、国民負担の方は国際比較で言うと「低負担」に止まったままである。「中福祉・低負担」という組み合わせだから財政赤字が発生し、政府債務が累積する。歳出をカットして「低福祉・低負担」の組み合わせにするか、国民負担を高めて「中福祉・中負担」にすれば、財政赤字は止まるということになる。

　しかし納税者の意識に即して検討すると、話は簡単ではない。公共サービスの増加を望む納税者も、税金の徴収が不可欠であると理解する納税者も、税・社会保障の負担の増加に対しては強い抵抗感を持っている。社会保険料負担については、消費税よりも負担に感じている納税者が多い。日本の納税者の税・社会保険料に対する負担感がこれほどまで大きいのはなぜだろうか。第5章では「税・社会保障についての意識調査（第一次）」データを眺めて、この問いに真正面から取り組んだ。用いた分析手法は順序ロジット・モデル（ordered logit model）の推定である。税・社会保険料に対する負担感が大きくなる理由としては、給付と課税による財政介入が所得分配に与える影響が大きいというのが、本書のスタンスである。

　社会保障給付がそれを真に必要としている人々に重点的に投入されておらず、かつ所得分布の底辺にいる階層が不相応に大きな税・社会保険料を負担している。財政赤字を抑制するためには数字上でどのようなことがなされなければならないか、というそろばん勘定を展開するだけでは有権者の納得は得られない。給付と課税の関係を明確にした、大きな将来ビジョンを提示することが求められている。

　第6章では社会保障制度のあり方について、そして第7章では税制改革の全体構想について議論を展開しつつ、将来ビジョンの提示を試みた。ここでは「国民生活基礎調査」の個票データを活用した。中間層を含む国民全体で広く公平に負担する見返りとして、安心・安全を買うようなかたちで社会保障制度改革を実行しなければならない。「中福祉・中負担」とはおおよそこの

ような内実を備えたものだ、と私は考える。

財政健全化のための改革の手順

　次に手順については、成長が先か、財政再建が先かという対立がある。2012年8月「社会保障と税の一体改革」が民主・自民・公明の3党合意に基づいて国会を通過した。社会保障の機能強化と機能維持のために、消費税の税率を2014年4月から8％、続いて2015年10月からは10％に段階的に引き上げることとされた。かつ消費税の増税は経済状況を好転させることを条件として「平成21年度税制改正法」附則第104条にしたがい、2012年度中に法案を提出することと定められた。

　しかし、消費税の増税は経済成長にとってマイナスであるという暗黙の了解の下に、経済学者、エコノミスト、政策担当者の中には増税を延期すべきだと考えている人もいる。増税や歳出削減をむやみに優先しすぎると、デフレからの脱却が腰折れして税収が減り、財政再建は遠のく。これでは橋本内閣の財政構造改革の二の舞だ、というわけである。個人消費が低迷する原因をどこに求めるにせよ、2014年第3四半期以降、消費税増税が個人消費にある程度の影響を及ぼしたことについては大方の意見が一致している。

　もっとも、2014年4月の消費税増税が、今日に至るまでの消費低迷の「主因」であるかどうかについては意見が分かれる。税・社会保険料負担の増加による可処分所得の伸び悩み、消費者を取り巻く将来の不確実性の高まり、消費者の「デフレ慣れ」など、文字通り複合的な要因が近年の個人消費の低迷を生みだしていると私は考える。個人消費の低迷が長引いているのは、果たして消費税率の引き上げが「主因」であるのだろうか。こうした問題意識の下、第3章では消費税増税のマクロ経済に与える影響を順序ロジット・モデルの推定によって検討した。データとしては「税・社会保障についての意識調査（第二次）」を用いた。「家計を取り巻く不確実性」が長引く消費低迷の規定要因の一つである、というのが第3章の結論である。

　成長が先か、財政再建が先かという今日の論争に影響を与えているのは、1997年の橋本内閣の財政構造改革法の停止・凍結という苦い経験である。

第4章では「増税なき財政再建」と比較しながら、1990年代の財政再建がなぜうまくいかなかったのかについて考察した。

財政改革のモチベーション

　基礎的財政収支（プライマリー・バランス）が均衡している時、成長率＞利子率、であれば、政府債務の対GDP比の値は分母の増加スピードが分子の増加スピードを下回ることがないということになって国債残高は発散はしない。問題は、成長率＜利子率、の場合である。

　国債残高累増の傾向が続く中で、国債市場では円滑に国債が発行されており、政府が資金調達を行う際のコストは歴史的な低水準になっている。財政危機とはリスク・プレミアムが急騰することで高金利が生じ、国債残高が無限に発散する状態に陥ることを言う。このままでは長期金利が上昇するので財政再建をしなければならない、ということは財政学者がここ20年間、くりかえし警告をしてきた。しかし国債市場で形成される長期名目金利には、財政への警告機能は出ていない。学者の警告は「狼少年的」と揶揄する向きもある。

　狼がいつ来るかは分からないが、その確率は高まっている、というのが本書の立場である。第9章では国債相場が安定している要因を考察し、それらが今後どのように変化するかについて若干の状況証拠を提出する。高齢化に伴う家計部門の貯蓄率の低下、租税負担率の引き上げに対する抵抗、そして金融緩和の「出口戦略」を見通した場合、日本の国債相場の安定性は将来にわたっても盤石であるとは言えない。反EU派の台頭とポピュリズム（大衆迎合主義）が席巻するイタリアでは政治混乱が起きている。ギリシャ問題の時のようにマーケットは財政再建に対するコンフィデンス（信頼）を失って、長期金利が経済の実態から離れて上昇した。国債消化を支えてきた基礎的条件に変化が生じれば、何らかの事件をきっかけにして、国債利回りは理論通り、リスクに敏感に反応して上昇することになるだろう。

　国債管理政策はどうあるべきだろうか。財政再建に対するマーケットのコンフィデンス（信頼）を維持するためには何が必要だろうか。「出口戦略」

において、日本銀行の金融政策と財務省の国債管理政策の役割分担はどうあるべきだろうか。こういった問題についても第9章で具体的に考察した。

財政改革を実現するためのリーダーシップ

　選挙の洗礼を受けなければならない政治家にとって、「痛み」を伴う財政健全化は再選の可能性に影響を与える。本来であれば政治家は、高い給付を求めるならば負担水準の引き上げを、逆に高い負担が嫌ならば給付水準の引き下げを受け入れるように国民に選択を迫らねばならない。しかし、有権者は公共サービスの受益・負担関係において、高い給付水準の維持を要求する一方で、負担はできるだけ軽くすべしといった主張が一般的である。

　政治家はこれを受けて選挙の度毎に痛みを伴う争点を隠したり、改革に反対したりすることを行動基準とする。常識的に言うと本格的な財政健全化に取り組んだ政治家は有権者の反発を買い、次の選挙で落選する可能性が高い。財政健全化に熱心な政党やそれに所属する議員の政治生命は長くないと考えられる。

　しかし近年における研究では、困難の中で財政健全化を主導した政治家が次の選挙で再選されていることも明らかにされている。例えば、OECD諸国について1960年から2003年までの164の選挙データを分析したブレンダーとドラーゼンは、経済状況をコントロールしたうえで、1％の財政赤字の削減が現職の再選確率を5.7％高めることを明らかにしている（Brender and Drazen [2008]）。

　第2章では、日本の政治的リーダーが財政・社会保障改革にどのように取り組んできたのかを検証するために小泉内閣、民主党内閣、安倍内閣の財政運営を考察する。具体的には、1）財政再建の目標と歳出抑制手段、2）歳入の確保、3）景気と財政再建、4）改革への熱意を比較した。民自公の3党合意に基づく「社会保障と税の一体改革」（2012年）でピークに達した改革の熱気は冷めている。

　少数の賢人によって財政が運営されるのとは違って、選挙の洗礼をうけなければならない代議制民主主義下では「痛み」を伴う財政健全化の実行は政

治的に難しい。危機が起こる前に先回りして問題を処理する能力に欠けているので、最悪のタイミングで問題を処理せざるをえないと言われる。しかし代議制民主主義下での赤字バイアスを是正する試みがまったくないかというと答えは「ノー」である。

　第10章では、財政健全化という難題に欧米諸国がいかに取り組んできたのかを考察する。われわれは、各国の政策担当者や政治家が財政状況の改善に取り組んだ過去のエピソードからいかなる教訓を導くことができるのだろうか。「痛み」を伴う本格的な財政健全化に着手した動機付けは何であったのか。経済危機の中で財政健全化を行うにはどのようなタイミングで実施し、いかなる戦略やシナリオを描いたのだろうか。国民は財政健全化の結末が公平で効率的であると満足したのか。そして財政健全化を実施する際に政治家は有識者とどのような契約を結んだのだろうか。こうした点を考察したい。

第2章
財政・社会保障改革の軌跡

　橋本内閣（1996～98年）が政治生命をかけた財政構造改革法は後退を余儀なくされ、ついに停止・凍結の方向にもっていかれた。デフレと不良債権問題を中心とした日本経済を取り巻く環境は厳しく、本格的な財政再建に乗り出す条件は整備されていなかった。

　次の財政再建は、小泉内閣（2001～06年）の時期に試みられた。小泉内閣は増税を封印して歳出削減と経済成長によって国債発行を30兆円に抑制することを明言した。しかし、2008年9月のリーマン・ブラザーズの破綻をきっかけとする金融危機の中で、日本経済は戦後最悪のマイナス成長に陥った。

　2009年9月には政権交代が起こり、民主党政権（2009～12年）が発足した。鳩山内閣は「コンクリートから人へ」の選挙公約を優先したため、財政健全化は後退し、消費税率の引き上げも凍結された。しかし野田内閣は民自公の3党合意を取りつけて「社会保障と税の一体改革」の関連法案を国会で可決・成立させる。

　第二次安倍内閣（2012年～）の下で財政再建の努力が払われている。安倍内閣は消費税増税に慎重な立場ながらも、2014年4月には8％への増税に踏み切った。しかし増税後の実体経済の回復が鈍いことを理由に、10％への増税を2度にわたって延期している。本章では小泉内閣、民主党内閣、安倍

内閣の財政運営の流れを振り返ることにしたい。

1　小泉内閣の財政運営

財政再建論の浮上

　小渕内閣、森内閣と短命な政権が続いた後、2001年4月26日に第一次小泉内閣が発足した。自民党の党内基盤のない小泉氏は、圧倒的な国民人気をバックに5年5カ月という長期政権を築いた。小泉内閣の政治運営は「官邸主導」と言われるが、その象徴が、経済財政諮問会議の活用である。2001年に設置された経済財政諮問会議の任務は、「経済全般の運営の基本方針、財政運営の基本、予算編成の基本方針等財政政策に関する重要な事項について審議すること」（内閣府設置法19条）である。これ以降、毎年6月に閣議決定されるいわゆる「骨太の方針」は、各省庁の行う概算要求の準備作業等に反映されることになった。

　こうした財政運営は、従来の自民党政調会・総務会による政策の事前審査制や縦割り行政を前提にした予算作成の積み上げ方式に変更を迫るものと言える。当時、世の中では橋本内閣退陣後に成立した小渕内閣が大幅な歳出増、所得税の定率減税など拡張的財政路線を進めたことへの批判があった。他方では、橋本内閣になってからの消費税率の3％から5％への引き上げが1998年以降の経済の失速の一つの大きな原因であったと考えられていた。こうした背景の下、小泉新首相は自民党総裁選への出馬に当たり、2001年度の国債発行額の限度を30兆円とすることを政策に掲げた。財政規律に関する制約は「国債発行30兆円」という明確なかたちで決定された。

　加えて小泉首相は、在任中に消費税率の引き上げは行わないと明言した。歳入面から枠をはめて財政構造改革をしようというのが「改革なくして成長なし」という看板の意味であろう（今井［2014］、113-114頁）。こうした制約の中で財政に残された選択は予算の総額を増やすことではなく、無駄の多いと言われる予算の中身を見直し、設備投資など民間需要の呼び水となるよ

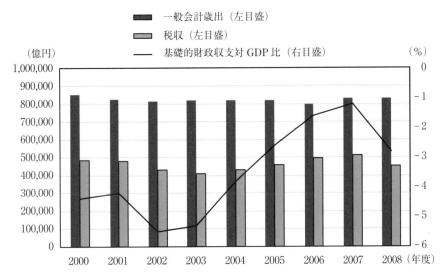

図2-1 一般会計と基礎的財政収支の動向(2000～08年度)

(注) 基礎的財政収支は国・地方(SNA)ベース。
(出所) 財務省「一般会計歳出等の推移」及び内閣府「中長期の経済財政に関する試算」による。

うな支出をできるだけ増やすことしかなかった[1]。図2-1に見られるように、一般会計歳出は81～82兆円で伸びは抑制されていた。

だが、日本経済を取り巻く状況は極めて厳しかった。「ITバブル」崩壊によるアメリカの景気後退の影響を受けて、日本経済は2000年11月の「山」以降は景気が急速に落ち込んだ。日本銀行「短観」で製造業の業況判断を振り返ると、2000年度は「良い」が「悪い」を10％超過していた。しかし2001年度は「悪い」が「良い」を40％も超過している[2]。この数値は1998年のアジア通貨危機の際の景気後退に匹敵する悪いものだ。2002年には銀行のかかえている問題のある債権を厳しく査定する「竹中プラン」によって

---

1) 吉川［2007］、56頁。「国債発行30兆円」のため一般歳出を3兆円削減しなければならないという制約の下でこうした重点化を実現するために、有識者議員は従来の無駄の多い支出を5兆円削り、重点分野を2兆円増やし、全体として3兆円の削減を実現するべきであると主張した。そして公共投資の10％削減が決まったという。
2) 日本銀行「全国企業短期経済観測調査（短観）」(2012年12月及び2018年3月調査全容による)。http://www.boj.or.jp/statistics/tk/index.htm）

不良債権処理が進む。だが金融システムへの不安が高まり、日経平均株価は8,000円台に急落した。

　景気後退による税収の低迷が、「国債30兆円」の前に立ちはだかった。2002年度の予算では「国債30兆円」枠を守ったものの、図2-1に見られるように税収は前年度から4兆円も減少したために、補正予算は35兆円に膨らんだ。2003年度には、税収は前年度からさらに2兆円減少する見込みで、予算ベースでも国債発行は30兆円を突破した[3]。景気後退による税の自然減収と社会保障の自然増により、財政赤字は拡大し続けた。公債依存度は、2001年度の34.3％から2004年度の44.6％へと、10.3％ポイントも上昇した。

　かかる厳しい財政運営に転機が訪れたのは2005年である。輸出の増加により景気回復のきっかけをつかんだ日本経済は設備投資も活発になり、2007年度まで民間需要主導の持続的な経済成長を続けた。また、りそな銀行に2兆円の公的資金を投入したことが奏功し、不良債権問題終結の展望が開けた。2005年には実体経済の成長、金融システムの安定がいずれも実感できる状況となった（吉川［2007］、60頁）。経済の回復に伴って、財政運営も改善の兆しが見られるようになる。図2-1に見られるように、税収は2003年度の40.6兆円から2007年度の51.3兆円へと4年連続で増え、一般会計の公債依存度も44.6％から30.7％へと13.9％ポイントも低下した[4]。これにしたがって国と地方（SNAベース）の基礎的財政収支の対GDP比も4年連続で改善していった。

　経済財政諮問会議の民間議員を務めた吉川洋が指摘するように、小泉内閣にとって政策運営上の課題は当初から三つあった。すなわち、（1）景気回復、（2）金融システムの安定、（3）財政再建、である。この時点で三つのうち（1）と（2）がおおむね実現したわけであるから、財政再建のシナリオを明確にすることが最大の政策課題として浮上したことは自然なことであった（吉川［2007］、60頁）。2005年9月11日に実施された衆議院選挙で自民党は圧勝し、

3）　財務省「一般会計歳出等の推移（当初予算）」による。https://www.mof.go.jp/pri/publication/zaikin_geppo/hyou/g781/781_03.xls
4）　財務省「昭和57年度以降一般会計歳入主要科目別予算」による。https://www.mof.go.jp/budget/reference/statistics/data.htm

公明党と合わせた与党の議席は3分の2を超えた。その後10月31日に内閣改造が行われ、第三次小泉内閣における経済財政担当大臣には「財政再建派」の急先鋒である与謝野馨が就任した。また歳入の増加策として小渕内閣以来続いていた減税政策の転換に着手した。2004年度与党税制改正大綱には「2007年度を目途に、消費税を含む抜本的税制改革を実現する」と記されている。それだけではなく高齢者向けの老年者控除や公的年金等控除の廃止・縮減も明記された。2006年度与党税制改正大綱では小渕内閣時代に導入された所得税の定率減税（税額の20％）の廃止が謳われている。また、減税中心の政策を転換して基礎年金の国庫負担を2分の1に引き上げるための財源補填策が打ち出された。

基礎的財政収支の数値目標と時間軸

　小泉内閣による財政運営には、社会保障給付費の伸びと国民負担率の上昇を極力抑制して上限を設定する歳出削減型である、というイメージがある。それは必ずしも正鵠を射たものとは言えない。小泉内閣が最後に「骨太の方針」を策定した2006年度には、基礎的財政収支の数値目標と時間軸が設定された事実に注目したい。橋本内閣の財政構造改革法に見られるように、それまでの財政再建の数値目標は財政収支に注目するものであった。しかし財政収支には、歳出面に過去の借金の利払い費が、歳入面に公債金収入が含まれている。これに対して、利払い費を除いた一般的な歳出が新たな借入に頼らずに税収等で賄えているかどうかを判断するのが基礎的財政収支である。

　基礎的財政収支を数値目標にした提案としては、本章では、自民党政調会の直属機関である「財政改革研究会」の報告書に注目したい[5]。この報告書は基礎的財政収支の均衡を「入口」として位置付けたうえで、債務残高の対GDP比の安定的な引き下げまで射程に入れつつ、対GDP比で2％程度の基礎的財政収支黒字を確保するという、当時としては意欲的な目標を掲げている。

　しかし本格的に基礎的財政収支の均衡と時間軸を設定したのは2006年「経

---

5) 自由民主党政務調査会財政改革研究会［2005］「財政改革研究会報告（中間とりまとめ）」、を参照。

済財政運営の基本方針」である[6]。いわゆる「骨太の方針2006」では、基礎的財政収支の数値目標と時間軸を定め、徹底した歳出改革による歳出削減を行い、それでも対応しきれない場合には、歳入改革による増収措置で対応することを基本としている。すなわち「2011年度に国・地方の基礎的財政収支を黒字化」し、その後も「黒字幅を確保して、債務残高の対GDP比の発散を止めて、安定的に引き下げる」という目標を設定している。

その達成に必要な「要対応額」16.6兆円に対して、11.4〜14.3兆円については歳出改革で、残りは歳入改革すなわち増税で対応するという枠組みも構築した。歳出面では小泉内閣の最初の5年間と同じペースで削減することとされ、例えば社会保障関係費は自然増を毎年2,200億円ずつ削減することが明記された。また抽象的にではあるが、選択肢としての消費税増税に触れている。

歳入・歳出の一体改革

「骨太の方針2006」において第二に注目すべきことは、単に財政赤字を返せというだけではなく、社会保障の見返りとして増税を行うという「歳入・歳出の一体改革」という新機軸を打ち出したことである。「骨太の方針2006」においては、社会保障給付費の伸びを抑制し国民負担率の上昇を極力抑制して上限を設定する従来の「骨太の方針」とは異なり、社会保障給付費の伸びを抑制するだけでなく、社会保障財源を確保するための税制が必要であるという、制度改革の方向性が示されている（永廣［2014］、134頁）。

社会保障関係費について小泉内閣は、高齢化に伴う自然増を毎年度・一律2,200億円削減した。財政健全化の観点からターゲットになっていたのは医療部門であり、診療報酬及び介護報酬引き下げや公的保険給付の縮小（高齢者医療や食住費の自己負担引き上げ）、そして生活保護老齢・母子加算廃止などが行われた。その影響が産婦人科や小児科の封鎖、あるいは医療・介護職員の待遇悪化と人手不足の深刻化、そして家庭内介護の悲劇という社会問題として表面化した。

---

6)「経済財政運営と構造改革に関する基本方針2006」による。http://www5.cao.go.jp/keizai-shimon/cabinet/2006/decision060707.pdf

転機が訪れるきっかけとなったのは「社会保障国民会議」が2008年11月に提出した最終報告書である[7]。同報告書では、社会保障の進むべき道筋として「制度の持続可能性」とともに「社会保障の機能強化」に向けての改革を提起して、追加所要額を試算している[8]。同会議の最終報告書を受けて、2008年9月に発足した麻生内閣の下では「持続可能な社会保障構築とその安定的な財源確保に向けた『中期プログラム』」が閣議決定された。「中期プログラム」においては社会保障給付費の伸びを抑制するのではなく、堅固で持続可能な「中福祉・中負担」へ向けた「社会保障制度の機能強化」を図るとされた。また機能強化の内容を具体化するために設置された「安心社会実現会議」は翌2009年6月に報告書を纏めて、人生を通じた「切れ目のない安心保障」を構築することを目標に掲げた。

増税の時間軸

　小泉内閣の退陣後には、1年毎に首相が交代するという短期政権が続いた。これらのポスト小泉内閣まで含めた自公政権の財政運営上の特徴は、増税の実施時期を政争から分離して安定的な財源を確保する道筋を明確にしたことである。「中期プログラム」において「国民が広く受益する社会保障の費用をあらゆる世代が広く公平に分かち合うという観点から」消費税を社会保障の安定財源とすることが明確に位置付けられた。そして「3年以内の景気回復に向けた集中的な取組により経済状況を好転させる」ことを前提に「消費税を含む抜本的税制改正を2011年度より実施できるよう、必要な法制上の措置をあらかじめ講じ、2010年代半ばまでに段階的に行って持続可能な財政構造を確立する」と定め、増税の実施時期が具体的に明示された。

　それに加えて政治的なタブーとされた消費税率引き上げ問題を決着させる

---

7) 社会保障国民会議[2008]を参照。
8) 消費税率に換算すると、基礎年金について現行の社会保険方式を前提とする場合は、2015年度で税率3.3〜3.5%程度、2025年度で税率6%程度の新たな財源を必要とすることが明らかにされた。社会保障国民会議が、従来の社会保障関係費の厳しい歳出改革と一線を画して、「社会保障の機能強化」という方向性を打ち出したことについては、永廣[2014]（132-135頁）を参照。

仕組みが「中期プログラム」には埋め込まれている。「中期プログラム」を法制化するかたちで、平成21年度税制改正に係る「所得税法等の一部を改正する法律」附則第104条が2009年3月27日、国会で可決・成立した。附則第104条は、「経済状況の好転」を「潜在成長率の発揮」で図る点が削除されたことを除けば、中期プログラムをそのまま踏襲したものであった。税制の抜本的な改革の実施時期は経済状況の好転如何によって変わりうるとしても、法制上の措置自体は経済状況の如何や好転時期に拘わらず、政府は2011年度までに講じる義務を負うことになった。

「金利・成長率」論争

　長期金利と経済成長率の大小関係をどう見るかをめぐっては、2005年12月から翌年2月にかけて、「骨太の方針」を検討する経済財政諮問会議を舞台に論争が起こった[9]。財政再建シナリオは、基礎的財政収支の均衡を2010年代初頭に達成した後、さらに債務残高の対GDP比を安定的に引き下げるという2段階から成る。異論が出たのは後者のステップについてである。この論争を理解するのは次の恒等式を念頭に置く必要がある。

　　　今期の政府債務の対GDP比
　　　　＝(1＋長期金利)×前期の政府債務の対GDP比
　　　　　＋前期の基礎的財政収支の対GDP比

という関係がある。これを整理すると

　　　政府債務残高の対GDP比の変化
　　　　＝基礎的財政収支の対GDP比の赤字
　　　　　＋(長期金利−成長率)×前期の政府債務の対GDP比

---

9)　金利・成長率論争について詳しくは、吉川[2007]（61-64頁）を参照されたい。同論文は国債市場が自由な市場になった1980年代以降について見ると、ほとんど全ての先進国で国債金利が成長率を上回っていることをデータに基づいて指摘している。

左辺が0以下であれば債務は発散しないから、そのための条件は

基礎的財政収支の対GDP比の黒字≧(長期金利−成長率)

×前期の政府債務の対GDP比

したがって成長率＜長期金利という関係が見られるのであれば、基礎的財政収支が単に均衡するだけでは不十分で、それなりの黒字に転じなければならない。2005年12月26日の経済財政諮問会議では、成長率と利子率の関係について、有識者議員を代表して吉川洋(東京大学教授)より次のようなコメントがあった。

「名目成長率が長期金利よりも高ければ、それだけ債務残高の対GDP比を下げることになる。そうした年が1年でも2年でもあれば、財政再建の立場からすれば助かるわけだが、長期的にはそうしたパターンを期待することはできない。理論的にも長期金利の方が成長率よりも高くなるのが正常な姿であり、また過去の事例を調べても、19世紀以来、長期的には先進国で長期金利の方が名目成長率よりも高くなるということが観察されている。」(「経済財政諮問会議議事録」2005年12月26日)

これに対して2006年2月1日に開かれた経済財政諮問会議では、竹中平蔵総務大臣が次のように発言している。

「わが国の状況を国際通貨基金の国際金融統計を用いて、名目成長率と名目金利の両者を比較が可能な1966年から2003年までの平均で見ると、名目金利の方が名目成長率を下回っている。……経済成長理論において、いわゆる長期均衡の定常状態では名目金利が名目成長率を上回るということ。しかし、重要なのは、この際の金利というのは、民間の金利であって、いわゆる国債金利ではありません。」(「経済財政諮問会議議事録」2006年2月1日)

吉川は再度、次のように発言している。

「多くの国で長い時系列をとりますと、国債市場で規制がきつい時期があったということでございます。……要は規制金利で低くなってい

た時期がかなりあるわけであります。そうした時期を参考にするのは適当ではない。……竹中大臣はソローの新古典派成長モデルでは、民間の金利を考えているが、民間の金利は国債の金利よりも高い、と指摘されたと思う。現実にはもちろんそうですが、なぜ高いかといえばリスク・プレミアムが違うということであります。ソローのモデルは抽象的でありますから、リスクというものは存在しない。要は国債金利といえども結局は民間の資本の限界生産性、そこから決まってくるものだということである。」（同上）

いわゆる「竹中－吉川論争」で問われた論点は、今日の財政再建においても新たな装いをもって蒸し返されている。

2　民主党内閣の財政運営

鳩山内閣のマニフェスト

2009年9月の衆院選挙において民主党は「コンクリートから人へ」のスローガンの下、子ども手当の創設や高校授業料無償化などを公約として掲げた。同党は衆議院480議席中308議席を獲得して圧勝し、歴史的な政権交代が起こり、民主党の鳩山由紀夫内閣が発足した。民主党はその後、菅直人、野田佳彦と2人の総理を輩出して、2012年末の総選挙で惨敗するまで3年半政権を担当した。民主党政権では意思決定プロセスは、自民党内閣時代とは大きく異なっていた。党と内閣の一体化を掲げて、官僚を排除した政務三役会議で意思決定が行われることになった。また国家戦略室を設置し、小泉元首相が活用した経済財政諮問会議は開催されなくなり、事実上活動を停止した。

小泉内閣が退陣すると格差社会批判が起こり、自民党が1年毎に首相を交代させて政権担当能力を失う中で、民主党は小沢一郎代表を中心にして自民党の政策との差別化を図っていた。野党時代の民主党は消費税を念頭に、歳出削減の後に歳入改革を進めるイメージを持ってはいたが、まずは行政改革と歳出削減を行う方針であった。とりわけ特の付く「特別会計」「特定財源」

「特殊法人」を見直そうという問題意識が強かった。

　ところが政権についていざ予算編成をやってみると、一般歳出の半分くらいは社会保障費に充てられており、毎年1兆円規模の自然増があった。この自然増をのみこんで予算をつくることなどを想定せずに民主党は政権を獲ってしまった[10]。小沢一郎の影響力がなくなった菅内閣になってからは、歳出削減の後に歳入改革をするのではなく、早く手をつけて、行政改革や歳出削減と同時並行で歳入改革を行わなければ間に合わないという方針に転換していく。

　「コンクリートから人へ」と予算を組み替えるには膨大な財源がいる。しかし小沢一郎が代表になってからの民主党は、財政健全化と消費税増税には消極的であった[11]。2009年総選挙で掲げられた「マニフェスト」からは、消費税増税の文字は消えている[12]。代表時代の鳩山も衆院任期中の増税を否定すると発言している。代わりに民主党は合計16.8兆円の「ムダの排除」で財源を確保すると有権者に訴えて、選挙で圧勝した（民主党［2009b］）。しかし社会保障を含めて財源確保の十分な裏付けがないままに、マニフェストが最優先された。

　鳩山内閣が創設した行政刷新会議は「事業仕分け」を行ったが、そこから捻出された財源は数千億に止まった（日本再建イニシアティブ［2013］、16-17頁）。無駄な公共事業の象徴として中止が明記された「八ッ場」ダムも、紆余曲折の末に建設再開となり国民の失望を買った。公立高校の実質無償化はほぼ実現したものの、ガソリン税などの暫定税率の廃止は数カ月で断念された。高速道路の無償化も東日本大震災と福島第一原発事故を受けて凍結され、また15歳まで一律に月額2万6,000円を支給する「子ども手当」も迷走を重ねた（日本再建イニシアティブ［2013］、159-194頁）。

10）　民主党の行政改革と歳入改革についての考え方については、伊藤［2013］所収の「特別インタビュー　野田佳彦前首相」（10-11頁）を参照。

11）　民主党のマニフェストにおける消費税の位置付けの変遷については、日本再建イニシアティブ［2013］（25-26頁）を参照。［2014］（132-135頁）を参照。

12）　現行（当時）の税率5％を維持し、税収全額相当分を年金財源に充当するというのが民主党の消費税改革案であった。民主党［2009a］による。

菅内閣の消費税増税論

　財源不足からマニフェストをそのままには履行できなくなる中、2010年6月、民主党政権は鳩山から市民運動家出身の菅直人総理にバトンタッチされた。菅は反小沢の急先鋒である仙谷由人を官房長官、枝野幸男を幹事長に据えて、脱小沢の旗幟を鮮明にしていく[13]。財政健全化と消費税増税に消極的であった小沢一郎の影響力が弱まることによって、民主党政権は菅総理を筆頭にして財政再建に向けて舵を切っていった。

　そうした政治的条件に加えて、財政収支の急速な悪化という経済・財政面での環境変化についても触れておかねばならない。図2-2は一般会計と新規国債発行額の推移を見たものである。2008年秋のリーマン・ショックによる経済の急速な落ち込みの影響で、2008年度に45兆円であった税収は、2009年度には35兆円へと10兆円も減少した。にも拘わらず民主党政権ではマニフェストを最優先したために、2010年度予算は過去最高の44兆円の国債発行を余儀なくされ、当初予算としては戦後発の借金が税収（37兆円）を上回るものとなった[14]。さらに2009年後半からはギリシャの財政危機を発端とするソブリン危機も加わり、日本の政府債務問題への懸念はますます高まっていく[15]。

　財政再建に向けた第一歩となるはずの消費税増税の取り組み方をめぐっても、菅内閣は迷走した。菅首相はかつて財務相として、2010年1月21日の衆議院予算委員会で「逆立ちしても鼻血も出ないというほど完全にムダをなくしたと言えるところ」まで行政改革をやらなければ増税はしないと答弁していた（『朝日新聞』）。民主党政権が消費税率引き上げに言及したのは、2010年7月に予定されていた参議院選挙のためのマニフェストにおいてであった[16]。菅首相は2010年6月17日、消費税の改革案を今年度中に纏めたい、

---

[13]　日本再建イニシアティブ［2013］、8頁。

[14]　データは、財務省「一般会計歳出等の推移（当初予算）」による。https://www.mof.go.jp/pri/publication/zaikin_geppo/hyou/g781/781_03.xls

[15]　ギリシャの財政危機に端を発するソブリン危機の構図については、持田・今井編［2014］の序章と終章を参照されたい。

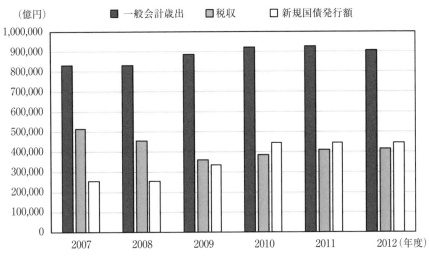

図 2-2 一般会計と国債発行額

(出所) 財務省「一般会計歳出等の推移」による。

税率については自由民主党が提案している 10％を参考にしたいと打ち上げた。

しかし「任期中の 4 年間は消費税の増税の必要はない」というのが前任者である鳩山首相の考え方とされていたから、民主党内には困惑が広がった。その後の説明が二転三転したこともあり、2010 年 7 月 11 日の参議院選挙において民主党は大敗を喫した。後に菅本人も述懐しているように「（増税は）政策として必要でも、持ち出し方が稚拙」であった[17]。2011 年に入って菅は内閣を再改造して、自民党時代から財政再建の急先鋒として知られる与謝野馨を、党外から社会保障と税の一体改革担当の経済財政担当相として迎え入れた（伊藤［2013］、51-58 頁）。ここから民主党政権は「社会保障と税の一

---

16) 民主党［2010］によると、「早期に結論を得ることをめざして、消費税を含む税制の抜本改革に関する協議を超党派で開始します」というのが第 22 回参議院選挙の公約であった。http://archive.dpj.or.jp/special/manifesto2010/data/manifesto2010.pdf
17) 消費税の増税について菅元首相の考え方については伊藤［2013］所収の「特別インタビュー　菅直人首相［当時］」（37-40 頁）を参照。

体改革」へと突き進んでいく。

民主党による「財政運営戦略」の策定

　菅内閣は消費税の増税では迷走したが、財政再建の数値目標と時間軸ならびにその達成方法を設定した。2010年6月22日には「財政運営戦略」が閣議決定された。「財政運営戦略」では冒頭「ギリシャ等のように国債市場におけるわが国の信認が失われ、その結果、金利が大きく上昇し、財政が破綻状態に陥るようなことがないようにしなければならない」と公的債務のリスクに対する内外市場の厳しい視線への危機感を滲ませる[18]。

　そして財政健全化目標として国・地方の基礎的財政収支（以下、PB）については、①2015年度までに基礎的財政収支赤字の対GDP比を2010年度の水準から半減し、②2020年度までに黒字化、③さらに2021年度以降において国・地方の公債等残高の対GDP比を安定的に低下させることが定められた。「財政運営戦略」は安倍政権にも継承され、2018年5月まで財政再建の重石として一定の役割を果たすことになる。

　こうした数値目標を達成する仕組みとして、国の一般会計に「新規国債発行額」と「基礎的財政収支対象経費」という二つの基準が導入されている。中期財政フレームでは2011年度の新規国債発行額について、自公政権で編成された2010年度予算の水準（約44兆円）を上回らないものとし、それ以降の新規国債発行額についても、着実に縮減させることを目指すとされた。

　そのために歳出面では2011年度から2013年度において、「基礎的財政収支対象経費」（国の一般会計歳出のうち国債費等を除いたもの）について、少なくとも前年度当初予算の同経費の規模（71兆円、「歳出の大枠」）を実質的に上回らないこととし、できるかぎり抑制に努めると定められた。一方、歳入面については、個人所得課税、法人課税、消費課税、資産課税等にわたる税制の抜本的な改革を行うため、早急に具体的内容を決定することが謳われた（内閣官房［2012］）。こうして民主党政権では、国の一般会計に関して

---

18)　「財政運営戦略」（閣議決定）による。https://www.kantei.go.jp/jp/kakugikettei/2010/100622_zaiseiunei-kakugikettei.pdf

新規国債発行額と基礎的財政収支対象経費という2点から規律がかけられた。

しかし、「財政運営戦略」では「骨太の方針2006」や「中期プログラム」で示されたような歳出・歳入改革の具体的内容は明示されなかった（永廣［2014］、140頁）。また内閣官房国家戦略室の作成した「財政運営戦略の進捗状況の検証」（2012年1月24日）によると、2015年度中に対GDP比の半減目標の水準が「達成される姿となることが見込まれる」とされている（内閣官房国家戦略室［2012］）。しかし2020年度の財政健全化目標達成に向けては、相当程度の追加的な財政収支改善を行う必要があり、基礎的財政収支（対GDP比）は2020年度でも「3.1％の赤字」であった。

年金交付公債の発行と中期財政フレームワークの規律

2011年3月11日、東日本大震災と東京電力福島第一原発の事故の発生により、政府の危機管理能力が問われることとなった。大震災の被害は自然災害だけではなかった。基礎年金国庫負担割合（2分の1）と歳出予算（基礎年金給付の36.5％）との差額である約2兆5,000億円を抜本的税制改革に至るまでの間、いかに確保するか。この問題に解答を与える責任を大震災後の民主党政権は負うことになった。自公政権下での2004年の法律改正では、全国民に共通する基礎年金についてこれまで3分の1であった国庫負担割合を引き上げるとされていた。現役世代の保険料負担が過重にならないように配慮しながら、年金給付水準を適正に保つために、2009年度までに基礎年金の国庫負担割合を2分の1に引き上げることが定められた。

2009年度には「基礎年金国庫負担割合（2分の1）」について、所得税法等改正法附則104条の税制抜本改革によって安定財源が確保される年度（特定年度）以降、2分の1とすることとされた。それまでの間も「臨時の法制上・財政上の措置」によって2分の1を維持することが義務づけられた。

2009年及び2010年度の差額分については、財投積立金が「臨時の法制上・財政上の措置」、すなわち穴埋めとして使われた。しかし東日本大震災の発生に伴い、2011年度には2.5兆円分を緊急的に震災復興に転用することにな

り、年金財政に穴が空いている状態が生じた。2012年度には財投積立金が復興財源に転用されている中で、政府は中期財政フレームに定めた新規国債発行上限を守るという厳しい選択に直面することとなった。

　最終的に民主党政権は、2.5兆円相当の年金差額分を税制抜本改革で償還される「年金交付公債」を発行することによって確保した。交付公債とは国が特定の機関や会計に、将来の換金を約束して渡す小切手のようなものと言える。年金交付公債は消費税の増税分を充てる約束で発行し、国は年金特別会計の運用機関に渡す。増税が実現した時点で約20年をかけて換金していくという仕組みである。

　このような複雑なことをしたのは、「中期財政フレーム」にある新規国債発行額上限を守るためである。交付国債は相手に渡す時点では現金は必要なく、換金までは政府の予算に計上しなくてすむ。消費税率引き上げを当て込んだ「年金交付公債」という奇策によって、新規国債発行額を44兆円以下とする中期財政フレームの規律を守ったのである。

　1,000兆円以上に達する政府債務をかかえる日本にとっては、「埋蔵金」や「交付公債」に頼って予算の帳尻合わせを行う綱渡りの財政運営は限界に達していた。国の歳入を増やす消費税増税の実現が不可欠であることが誰の目から見てもはっきりしていた。これ以降、増税へ向けての動きが加速していくのは、不自然なことではない。2011年1月14日、改造後の菅内閣が自民党時代から消費税増税論者として知られる与謝野馨を党外から社会保障と税の一体改革担当の経済財政担当相として迎え入れたのはその第一歩だった。

野田内閣と3党合意

　2011年9月、民主党政権では菅直人に代わって野田佳彦が総理に就任した。野田は鳩山・菅とは違う保守政治家であり、極めて現実的に物事を進めようとした。社会保障と税の一体改革を民主・自民・公明の3党合意に持ちこんだのも、野田総理だから実現したと言える[19]。一体改革の歳出面での柱である社会保障の機能強化については、2010年の11月、政府与党の社会保障改革検討本部の有識者検討会（座長：宮本太郎・北海道大学教授）が「安心と

活力への社会保障ビジョン」[20]と題する報告書を纏めた。この報告書は「高齢者世代を給付対象とする社会保障から、切れ目なく、全世代を対象とする社会保障への転換」することを打ち出していた。いわゆる社会保障の「機能強化論」である。

一体改革のもう一方の側面、すなわち増税の時期と税率そしてまた法制上の措置については、「社会保障改革集中検討会議」の報告書に明記された。すなわち「2015年度までに段階的に消費税率を10%まで引き上げつつ、税収の全額の使途を社会保障4経費に充当する」と増税の時期と税率が記された。与謝野が大連立も夢想して仕込んだ社会保障と税の一体改革の流れは、民主党政権の誕生とともに地下に潜っていた。その伏流が約1年半を経て表舞台に姿を現し、奔流になった[21]。

野田総理は2012年2月17日、「社会保障・税一体改革大綱」を閣議決定するに至った。そして自公両党に歩み寄っていく。2010年7月の参議院選挙で連立与党は過半数割れになっている一方、法案を衆議院で再可決するために必要な3分の2の議席を連立与党は持っていなかった。かつ民主党内には法案に反対する議員が相当数いたことから、民主・自民・公明の部分連合とも言うべき3党の合意が増税法案成立の前提であった。

その大綱に基づく「社会保障の安定財源の確保等を図る税制の抜本的な改革を行うための消費税法の一部を改正する等の法律案」が国会に提出され、2012年8月10日に成立した。法案に反対する民主党の小沢一郎に同調する議員は反対票を投じたうえで離党し、「国民の生活が第一」を結成し、民主党は事実上分裂した。関連法案は「近いうちに国民に信を問う」との約束と引き換えに参議院で可決・成立した。

「社会保障と税の一体改革」においては社会保障の機能強化と機能維持のために、消費税の税率を2014年4月から8%、続いて2015年10月からは10%に段階的に引き上げることとされた。かつ消費税の増税は経済状況を好

---

19) 社会保障と税の一体改革をめぐる3党合意の経緯については、伊藤［2013］の他、今井［2014］及び永廣［2014］が優れた論稿であり、参照されたい。
20) 社会保障改革に関する有識者検討会［2010］を参照。
21) この表現は清水［2013］、第4章による。

転させることを条件として「平成21年度税制改正法」附則第104条にしたがい、2012年度中に法案を提出することと定められた。税制の抜本的な改革の実施時期は経済状況の好転如何によって変わりうるとしても、法制上の措置自体は経済状況の如何や好転時期に拘わらず、政府は2011年度までに講じる義務を負うことになった。

3 安倍内閣（第二次）の財政運営

好循環による税収増

　2012年末に発足した第二次安倍内閣の下でも、社会保障関係費を中心とする歳出の膨張は止まらず、予算規模は過去最高を更新している。しかし、借金への依存度はリーマン・ショック以前の水準に下がった。安倍内閣による予算編成は、本稿執筆時点で6回に及ぶ。図2-3に見られるように予算編成の規模を示す一般会計（当初予算ベース）は2012年度の90.3兆円から2017年度の97.4兆円へと約7.1兆円増えている。特に高齢化の進展を背景に社会保障関係費の膨張は止まらず、2017年度は33兆円に達し、2012年度当初予算の30兆円から3兆円以上も膨らんでいる。

　それでも2017年度新規国債の発行額は34.3兆円で、2012年度と比べると9.8兆円近くも減額されている。借金への依存度を示す公債依存度も47.6%から35.6%へと12%ポイントも低下した[22]。税収によって政策的経費をどれだけ賄われているかを示す基礎的財政収支（PB）も改善の兆しが見られる。図2-3に見られるように2015年度の基礎的財政収支の対GDP比はマイナス2.9%（2010年度はマイナス6.3%）となり、基礎的財政収支の対GDP比半減目標を達成した[23]。

　歳出膨張と借金抑制の両立を可能としたのは、6年度中で5年度にわたる対前年度比での税収増である（図2-3）。2012年度の当初予算ベースで41.5

[22) 財務省「一般会計歳出等の推移（当初予算）」による。https://www.mof.go.jp/pri/publication/zaikin_geppo/hyou/g781/781_03.xls

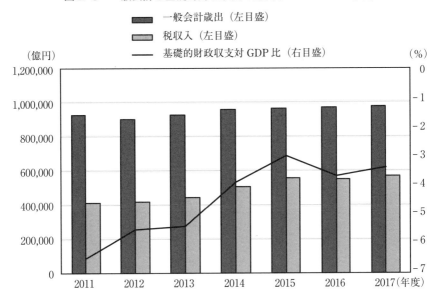

図2-3 一般会計と基礎的財政収支の動向（2011～17年度）

（注）基礎的財政支出は国・地方（SNA）ベース。
（出所）財務省「一般会計歳出等の推移」及び内閣府「中長期の経済財政に関する試算」による。

兆円であった国の税収は、2015年度では55.3兆円に増えた。バブル崩壊直後の1993年度以来、四半世紀ぶりの高さである。2012年度決算からは、11.3兆円の増加であり、2014年度の消費税率8％への引き上げ分を除いても6.3兆円の増収になる[24]。金融緩和に軸足を置いた「アベノミクス」は、企業収益を伸ばし税収が増える好循環を生んだ。その成功が、歳出削減を先送りしながら新規国債発行を減らすことを可能にしたと言える。

アベノミクスによって財政運営はどのように変わったのだろうか。2012年12月26日、第二次安倍内閣が発足すると脱デフレを最重要課題に、①大胆な金融緩和、②機動的な財政出動、③民間投資を喚起する成長戦略、の3本の矢を推進した。最初の二つの矢でマイナスのGDPギャップ（実力から

---

[23] 2016年度には、税収等の減少に加えて「未来投資」に係わる歳出増の影響から、基礎的財政収支の対GDP比はマイナス3％になった。
[24] 財務省「昭和57年度以降一般会計歳入主要科目別予算」による。https://www.mof.go.jp/budget/reference/statistics/data.htm

の下振れ）を解消し、最後の矢で潜在成長率を引き上げる（実力の底上げ）という経済政策である。「異次元の金融緩和」によって円安は一気に加速し、2012年末に1ドル＝83円だった円相場は、2015年6月には1ドル＝123円をつけて、リーマン・ショック前の水準に戻った。その後も、110円台の円安が続いている。

　こうした円安に支えられて、輸出関連企業を中心に業績が改善した。日本銀行の短観によると、全産業の経常利益は2012年度の37.4兆円から2017年度の58.3兆円へと1.55倍増えた[25]。企業収益の改善を反映して株価も上昇した。2012年末に1万0,604円であった日経平均株価の終値は、2017年末には2万2,916円と2.16倍に膨らんだ[26]。2017年第4四半期のGDPは、このペースが1年間続くと仮定した年率換算で1.6%増となり、8四半期連続のプラス成長を維持した。また労働需給も引き締まり、総務省「労働力調査」によると、2017年度の完全失業率は2.7%となり、1993年度以来24年ぶりの低水準だ。アベノミクスの下で日本経済が活気を取り戻し、税収が増え、借金への依存度が下がったのは事実である。

大胆な金融緩和

　アベノミクスは金融緩和に依存しており、「異次元の金融緩和」を収束させる「出口戦略」への筋道は不透明である。日本ではバブル崩壊に対応し、1990年代半ば過ぎには短期金利はゼロにまで引き下げられ、一段の低下の余地はなくなっていたが、1998年からはマイルドなデフレが始まり、一段の緩和が求められる状況に陥った。このため短期金利引き下げ以外の手段での経済刺激が求められた。この手段は非伝統的金融政策と総称される。

　日本銀行が考えたことは、短期金利が下がらないのであれば、総需要に直接影響する長期金利を下げることだった。理論上、長期金利は現在から将来にかけての短期金利の予想とリスク・プレミアムの合計となる。したがって、

---

25) 日本銀行「全国企業短期経済観測調査（短観）」（2012年12月及び2018年3月調査全容）による。http://www.boj.or.jp/statistics/tk/index.htm
26) 日経平均株価リアルタイムチャートによる。https://nikkei225jp.com/chart/

ある程度の期間まで短期金利＝０％を続けると約束すれば、長期金利が下がって経済を刺激すると日本銀行は考えた。この政策は1999年4月に導入され、「時間軸政策」と呼ばれることになった。時間軸政策には効果があり、長期金利は下がり続けたが、デフレは止まらなかった[27]。

　金利があまり下げられないならば、マネーの量を拡大してはどうかというのが量的緩和政策（QE: Quantitative Easing）である。すなわち、中央銀行が長期国債等[28]を大量に購入してリスク・プレミアムを下げることである。長期金利が下がり（＝国債価格は上昇）、結果として準備預金等のベースマネーも増えて総需要も刺激される。黒田総裁の下での最初の金融政策決定会合（2013年4月4日）は「異次元」の金融緩和策として、向こう2年間でベースマネーの量を2倍にし、日本銀行が保有する国債の満期までの平均残存期間を約7年に延長するという方針を打ち出した。さらに2014年10月31日、国債買入の増額を中心とした追加緩和[29]を市場参加者の意表をつくかたちで行った。また2016年1月29日にも、大方の予想を裏切って史上初のマイナス金利導入を決定した。

　金融緩和開始から1年あまりは円安や原油高の影響で物価が上がり、消費者物価の上昇率は一時は1％台をつけた。それをピークに消費者物価の上昇幅は縮小し、2016年度にはマイナス圏に沈んだ。原油価格が急落したため、日本銀行はエネルギー品目を除く物価統計（いわゆる「コアコアCPI」）も作成したが、その指標でも最近ではゼロ％近傍となっている。植田和男が指摘しているように、マネーの伸びが高まれば2〜3年程度の期間でそれにほぼ見合ってインフレ率が高まるという貨幣数量説は、ここ数年の経験の説明には無力である[30]。

---

27)　植田［2005］、6章、を参照。
28)　長期国債の他にも社債、株式、REIT、コマーシャルペーパーが大量に購入されている。
29)　2014年10月の追加緩和では、長期国債の買入額を年50兆円ベースから80兆円に増やし、日経平均株価などに連動する金融商品・ETF（上場投資信託）の購入量は年1兆円から3兆円に拡大された。
30)　植田和男「マイナス金利政策の功罪（経済教室）」『日本経済新聞』2016年2月8日付。

二度にわたる増税延期

　民主党政権下での「社会保障と税の一体改革」においては、社会保障の機能強化と機能維持が決まった。その一環として消費税の税率を、2014年4月から8％、2015年10月からは10％に段階的に引き上げることとされた。安倍首相は2013年10月1日に増税を決断し、翌2014年4月1日、消費税率は17年ぶりに5％から8％へと引き上げられた。政府は消費税増税に伴う駆け込み需要の反動減は夏にかけて収まり、2014年第3四半期には回復すると想定していた。

　しかし反動減が長引いたうえに、夏場の天候不順も重なり、2014年第3四半期のGDPは実質で年率1.9％減で、2014年第2四半期に続いて2期連続でマイナス成長を記録した。一部の論者の間では、「デフレ脱却はまだ道半ばで、負のショックがあれば元に戻りかねない」という声が勢いを増した。他方、景気への影響は大事であるが、消費税の増税は社会保障の安定という長期的な課題に対処するために必要なことであり、短期的な景気とは別に考えるべきだとの専門家の意見も出された[31]。しかし安倍首相は2014年11月18日、突如衆議院選挙の争点に消費税延期を掲げて解散、勝利して2015年10月に予定されていた消費税増税を延期した。

　その後の2016年6月に「新しい判断」によって、2017年4月に予定されていた増税も、2019年10月へと2年半再延期されてしまった。主要国首脳会議（伊勢志摩サミット）で安倍首相は、世界経済が「リーマン・ショック前に似ている」との認識を示し、「危機に陥る大きなリスクに直面している」と強調した。しかし、サミット直前に提出された内閣府「月例経済報告」では「景気は、このところ弱さも見られるが、ゆるやかな回復基調が続いている」と指摘している[32]。

---

31) 消費再増税延期をめぐる本田悦朗（内閣官房参与）と吉川洋（東京大学教授）のコメントは、それぞれを代表する議論である（「点検　アベノミクス①」『日本経済新聞』2014年12月3日付）。
32) 内閣府［2016a］「月例経済報告」（平成28年5月）による。http://www5.cao.go.jp/keizai3/getsurei/2016/0523getsurei/main.pdf

経済学的に言うと、消費税増税後の消費動向は想定通りの現象が起きたと考えられる。駆け込み需要とその反動は、単に消費の実現時点がシフトしたにすぎない。本来は短期的に相殺されるはずで、それによって景気回復が弱まることにならない。問題は増税による家計の実質所得の減少効果である。しかし、これも2〜3年程度の時間をかけて賃上げによって元に戻していくしかない。

　第3章で詳しく分析するように、消費回復の足取りが重いのは家計の可処分所得の伸び悩み、将来の不確実性に原因がある。家計が感じている不安の一つは、社会保障の将来像がはっきりしないことである。公的年金制度は大丈夫なのか。税・社会保険料の負担増に耐えていけるのか。医療や介護でいくらかかるのか分からないという不安だ。個人消費を根本的に伸ばすために政府が行うべきことは、吉川・山口［2017］でも指摘されているように「社会保障と税の一体改革」を実行に移して、将来に対する不安を和らげることである。増税を先延ばしにしたからといって消費に力強さが戻るわけではない。

社会保障給付の効率化

　一般常識とは異なって、政府債務が累積した主な要因は「土建国家」の肥大化ではなく、高齢化に伴う社会保障関係費の増大にある（第1章）。教育費や産業経済費などの非社会保障支出は名目ベースで見て横這い状態が続き、国土保全及び開発費はほぼ一直線に下落している。社会保障関係費以外では歳出削減の余地はほとんどないのが実状である。実のところ、非社会保障支出が国民総生産に占める割合は、経済協力開発機構（OECD）の加盟国の中では最下位だ。日本の財政再建では、社会保障水準を維持するなら増税が、増税が嫌なら社会保障の水準カットが不可欠であり、この選択を国民に迫り、社会保障と税の一体改革を実現する必要がある。

　もっとも社会保障関係費の伸びを年間5,000億円に抑制してきたように、安倍政権が改革に取り組んでいないわけではない。しかし自公両党で3分の2を超える衆議院の議席という豊富な政治的貯金があるならば、より大きな改革がなし遂げられる。にも拘わらず、給付の効率化に向けての手立てはい

まひとつ見えてこない。それどころか2018年の「経済財政運営の基本方針」では、社会保障関係費の伸びを抑制する数値目標（3年間で伸びは1.5兆円）そのものが見送られてしまう。

　医療財政を持続可能にするには、簡単に言えば、公費以外の新たな財源を確保するか、国民医療費の伸びを抑制するかの二つの方途がある。公費負担に頼らず自己負担、もしくは保険料で不足分を賄うということは、市町村国保、後期高齢者、協会けんぽの三つの制度の自己負担もしくは保険料で賄うことを意味する。しかし、相対的に給付リスクが高く、財政負担能力が低い、市町村国保や後期高齢者制度の保険料や高額医療費の自己負担額を引き上げることは政治的に見て簡単ではない。さしあたり負担能力のある後期高齢者の保険料引き上げにどこまで踏み込むかが焦点である[33]。

　自己負担や保険料引き上げで不足分を賄うことができないとすれば、何らかのかたちで医療費の伸び率を抑制するしかない。すなわち医療費の伸び率をゼロないしマイナスに抑制するためには、診療報酬単価を一律に下げることであるとか、初診料などの患者負担を大幅に引き上げるという方法である。もちろん高額という理由だけで診療単価を削減するのは、医療の自己否定になる。初診料などの患者の自己負担を大幅に引き上げれば、低所得者を中心に必要な受診の抑制が生じる可能性があり、公的医療保険としての存在意義が問われることになる（印南編［2016］、190-195頁）。

　このように社会保障関係費の効率化のためには、現役世代の負担を増やさないための、高齢者の負担増及び医療費の伸びを抑制するための初診料・診療単価の見直しが必要である。同じように公的年金の持続可能性を高めるには、支給開始年齢の引き上げや年金課税の見直しといった点に踏み込んだ改革が求められる。

33）　公費が入っていない組合健保や共済組合からの支援を増やすという、財政調整という選択肢がある。しかし後期高齢者医療支援制度への支援を増やすことには強い抵抗感があり、財政調整は簡単ではない（印南編［2016］、188-189頁）。

基礎的財政収支均衡の目標年度

　第二次安倍内閣は、民主党政権時の計画を踏襲して中期財政計画を決定したが[34]、基礎的財政収支（PB）均衡の達成は２度にわたる消費税増税の延期によって遠のいた。にも拘わらず安倍首相は2017年10月、衆議院選挙の争点に8％から10％への消費税増税の増収分の使途見直しを掲げて解散、勝利して幼児教育の無償化などの財源を確保する検討に入った。しかし2012年の自民、民主、公明の社会保障と税の一体改革をめぐる3党合意では、消費税収の使途は「社会保障4経費」[35]に充てることを決めている。増収分の使途見直しは、一体改革の根幹に影響を及ぼす。

　事実、国際公約として2020年度としてきた基礎的財政収支の黒字化目標の達成はさらに遠のいた。内閣府の資料によれば2020年度の基礎的財政収支の対GDP比は経済再生ケースでも1.9％の赤字と推計されている。G20財務相・中央銀行総裁会議で、日本は2010年のトロント・サミットで約束した黒字化目標の公約を撤回した。国際通貨基金（IMF）のラガルド専務理事が警鐘を鳴らしたように[36]、公約撤回で海外の目線はより厳しくなった。

　目標年度の先送りにより、基礎的財政収支均衡の時期は2018年度「経済財政運営の基本方針」において2020年度から2025年度へと大幅に先送りされた。しかし団塊の世代が75歳以上の後期高齢者に段階的に突入するのは2022年であり、移行が終了する2025年度では遅い。従来の財政健全化計画では社会保障の伸びを抑制する数値目標（3年間で伸びは1.5兆円）が掲げられていたが、「経済財政運営の基本方針」では数値目標は見送られた。歳出の縛りは緩んだのである。

　その代わりに「経済財政運営の基本方針」では、国と地方の債務残高を2021年度に対GDP比で180％台前半にする新指標を掲げている。だが、低

---

[34] 第一に、国と地方を合わせた基礎的財政収支を2010年度の対GDP比6.6％から2015年度には3.3％に半減させる。第二に、2020年度までに基礎的財政収支を黒字化する。第三に、その後に政府債務の対GDP比を引き下げていく、というのがその柱である。
[35] 「社会保障4経費」とは、年金、医療、介護、少子化対策の4分野を指す。
[36] 「日本、黒字化目標の公約撤回」『日本経済新聞』2017年10月15日付。

金利で財政規律に緩みがでる副作用も無視できない。新指標では、分子の債務残高が長期金利、分母の名目 GDP が経済成長率の影響を受ける。内閣府の資料では大幅な基礎的財政収支赤字が残っていても、債務残高の対 GDP 比は 2017 年度をピークに低下していき、2021 年度には目標を達成してしまう[37]。通常、経済が成長すれば長期金利も上昇する。しかし日本銀行の異次元の金融緩和により、長期金利が 0％近傍に抑えられている結果、円安による企業業績回復を背景に名目成長率が金利以上に上昇したからである。

　しかし、金利が経済成長率より低い状態は長続きしない。当分は金融緩和により金利は人為的に抑えられるが、正常化の「出口」ではこの関係は逆転する。内閣府の資料でも 2024 年以降は経済成長率より金利水準が高くなると想定している[38]。そうなれば基礎的財政収支赤字は発散し、財政再建は2度と達成できなくなる。まずは基礎的財政収支を回復させて政策的な経費と税収入を同額に抑制して、後世代への借金を増やさないことが重要である。それを達成した後に基礎的財政収支の黒字分を債務返済に充てて、債務残高の対 GDP 比を引き下げていくことが財政健全化の正しい手順である。

成長による財政再建

　経済成長率は少し高い方がいいということは間違いではない。しかし、本来国民が負担するべき痛みが打ち消されるわけではない。日本の財政健全化は、基本的には負担率を引き上げる方向でないと実現できない。そもそも基礎的財政収支黒字化という目標は、第二次臨調が掲げた特例国債ゼロという目標に比べると控え目な基準である[39]。しかしそのような甘い基準ですら、1965 年度の国債発行再開以来、バブル期の 6 年間しか達成されていない[40]。しかも利払費を賄うには足らず、国債残高が絶対額で減少した年度はバブル

---

37) 内閣府［2018］「中長期の経済財政に関する試算」（平成 30 年 1 月 30 日経済財政諮問会議提出）による。http://www5.cao.go.jp/keizai2/keizai-syakai/shisan.html
38) 内閣府［2018］の「マクロ経済の姿」（8 頁）による。
39) 米澤潤一は次のような表現で本質を衝いている。「『プライマリー・バランス均衡』と立派なことのようにいうが、実は民間企業でいえば利息を全て追貸しに頼るという、貸出条件緩和先企業の基準である」（米澤［2013］、151 頁）。
40) 基礎的財政収支は国の一般会計ベース。

期を含めて1年もない（米澤［2013］、115頁）。特例公債依存から脱却できたのも、1990年度から1993年度までの4年間しかない。経済成長による自然増収にウェートを置いて財政再建を行う考え方は、過去半世紀の財政史を回顧するかぎり証明されていない。また、外国での大規模な財政健全化の逸話においても、主流とはなっていない（第10章）。

　言うまでもなく、高めの経済成長による自然増収にどれだけ期待できるかは、租税構造に左右される。名目経済成長率と税収の伸び率の関係を示すのが、「税収弾性値」である。GDPが前年度比1％伸びた際に税収が1％伸びれば、弾性値は1である。税収弾性値は、財政再建を論じる場合には重要な指標となる。弾性値が高ければ経済成長に比べて税収が増えやすくなり、増税や歳出抑制の必然性が薄れるからだ。このため税収弾性値をめぐる論争がさかんとなり、近年では吉川洋と竹中平蔵の対談が話題になっている[41]。

　税収弾性値を高く見積もる人々は3〜4であると主張するが、税収弾性値を計算する際の分母である名目成長率についてはゼロ近傍であるため数値は振れやすい。内閣府の資料によると「1980年代の税収弾性値は1.3〜1.4であったが現在の税収弾性値は1強程度とみられる」とされている[42]。その要因としては、(1) 個人所得税については長期的に弾性値が低下傾向にある、(2) 法人税の弾性値は高いが、その比重は低下しつつある、(3) 間接税の弾性値はほぼ1であり、かつ税収の中での比重が高まっている、などが指摘されている。2013年度の景気回復局面においては、一時的に企業業績の上振れに伴って法人税収が伸びたが、池尾和人が指摘するように、継続的に1を上回り続けるというのは不自然である[43]。

---

[41] 「国債」（竹中平蔵・東洋大学教授と吉川洋・立正大学教授の対談）『日本経済新聞』2016年8月7日付。
[42] 内閣府［2011b］「財政・社会保障の持続可能性に関する『経済分析ワーキング・グループ』中間報告」による。http://www5.cao.go.jp/keizai2/keizai-syakai/k-s-kouzou/shiryou/wg1-1kai/pdf/5-1.pdf
[43] 池尾［2013］、312-313頁。

量的・質的金融緩和の副作用

　日本銀行が大量に長期国債を購入していると、「財政ファイナンス」になる可能性が高まると指摘されている。財政ファイナンスとは、中央銀行による国債の直接引受けが財政規律を失わせてしまうことを言う。ただし財政ファイナンスか否かの判断基準は、金融引締めの必要が生じた時に保有している国債を日本銀行が自らの判断で売却できるかどうかである。図 2-4 に示されるように、一般政府の B/S と日本銀行の B/S を連結して統合政府の B/S を考える。箱の左側は資産の内訳、右側は負債の内訳を示している。統合政府の B/S では、これまでの政府資産（金融資産と行政財産）は市中消化された国債（国債Ⅱ）とベースマネー（準備預金と日本銀行券）の発行によってファイナンスされている。

　ここで、財政赤字の累積額が非常に大きくなっていて、財政再建の見通しも全く立たないというような状況になり、新規国債の発行どころか、借換債の発行も市中では難しくなっているとする。そうした状況では日本銀行が（保有国債）を売却してベースマネーの量を削減するような措置をとるならば、政府は資金繰りに窮してしまい、満期の到来した国債の償還にも支障を来すデフォルトに陥ってしまう（池尾［2013］、198-199 頁）。こうした財政破綻の危機に直面すると、日本銀行は物価安定に専念できなくなり、「出口」なき「財政従属」に陥ることになる。

　金融政策によって、資産構成が変わるとともに規模全体も変化したことが理由である。伝統的な金融政策では、日本銀行の金融市場調節は短期の資産の買い入れや資金供給に限られていた。これに対して日本銀行の黒田総裁が進めている量的・質的金融緩和の実施は異なったものである。すなわち、国債買入の規模が大幅に拡大するとともに、買い入れた国債の年限が長期化し、かつそうした非伝統的な資産買入をオープン・エンドで継続するというフォワード・ガイダンス政策が公表された。これは、「2％の物価安定目標を安定的に持続するために必要な時点まで量的・質的金融緩和を継続する」と明確に約束することで市場参加者の予想に働きかけ、長期金利に下押し圧力が

図2-4 統合政府のバランスシート（2018年3月末、単位：兆円）

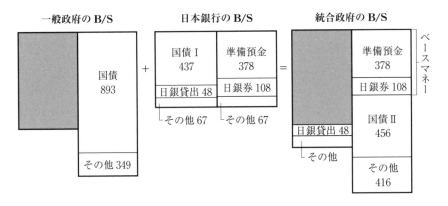

（注） 一般政府の資産について資金循環統計は金融資産574兆円を掲載しているが、行政財産等の有形固定資産を除いている。財務省「貸借対照表」によると一般会計・特別会計の資産は672兆円（うち現金・有価証券は470兆円、有形固定資産は181兆円）である。

（出所）日本銀行「資金循環統計」より作成。

かかることを狙ったものである。また宮尾龍造は構造ベクトル自己回帰モデルを推定して、そのような効果が存在していることを実証している（宮尾[2016]、102-105頁）。

しかし長期国債の買い入れには、財政規律に対する副作用がある。2013年1月に公表された政府と日本銀行の政策連携、いわゆる「共同声明」では、日本銀行は2％物価安定目標の実現に努力するだけでなく、政府による「持続的な財政構造を確立する」ことが確認されている[44]。安倍内閣は消費税増税を2度延期し、社会保障制度改革も道半ばであり、基礎的財政収支の均衡目標は2020年度から2025年度に後ズレしている。この点では政府は不作為の責任をまぬがれるものではない。

もっとも意図したものではないにせよ、結果的に債務者である政府に借金

---

44) 内閣府・財務省・日本銀行［2013］「デフレ脱却と持続的な経済成長の実現のための政府・日本銀行の政策連携について（共同声明）」（平成25年1月22日）。http://www5.cao.go.jp/keizai1/seifu-nichigin/2013/0122_seifu-nichigin.pdf

しやすい環境をつくっているのは日本銀行による量的・質的金融緩和であることも事実である。通常、金融機関は、満期までの利息及び額面と発行価格の差額の合計よりも低い価格でしか国債を購入しない。しかし金融機関は現在、満期までの利息及び額面と発行価格の差額の合計より高い価格で国債を落札している。マイナス金利の下では日本銀行が国債の落札価格よりも少し高めの水準で買い取りを行っているので、金融機関は損をしないからである。要するに、マイナス金利では借金する国に利益が生じるが、日本銀行は、落札価格で発生した金融機関の損失を「日銀トレード」による買い取り価格の微調整を行うことによってカバーしている。

長期国債買入の持つ副作用は、国債発行への心理的な抵抗感が薄れることだけではない。日本銀行は2016年9月21日に導入した「イールドカーブ・コントロール」によって10年物の長期金利をゼロ％程度に誘導することにコミットした。これによって翁邦雄が指摘するように、長期国債金利による財政への警告機能は完全に失われることになる（翁［2017］、219-222頁）。

日本銀行が保有している国債（国債Ⅰ）は、日本銀行の資産であると同時に、政府の負債である。政府と日本銀行をひとくくりにする統合政府の考え方に基づいて、日本銀行の資産と一般政府の負債を相殺すると、国債（国債Ⅱ）は粗債務ベースでも456兆円に縮小する（図2-4）。これをもって日本の財政状況は好転しているという議論がある[45]。しかし、この議論は異次元緩和で民間の保有する国債（国債Ⅱ）は減っている反面、民間に対する負債として日銀当座預金が増えている事実を見落としている。日本銀行には、資産と同時に、銀行から受け入れている準備預金という負債が378兆円存在する。日本銀行の資産と一般政府の負債が大規模に相殺されたならば、日本銀行は準備預金の引き出しに応じられなくなる。日本銀行が長期国債を大量に購入することによって起きていることは、統合政府の負債の満期構成が短期化していることにすぎない[46]。

45) 例えば元英金融サービス機構（FSA）長官のアデア・ターナー氏の議論が該当する。アデア・ターナー「ヘリコプターマネーの是非（上）（経済教室）」『日本経済新聞』2016年6月7日付を参照。
46) この点については、池尾［2013］（189頁）、翁［2017］（214頁）を参照。

4　むすびにかえて

　本章では、小泉内閣、民主党内閣、安倍内閣（第二次以降）の財政運営を振り返った。これらのエピソードはいくつかの教訓をわれわれに与える。第一は、財政再建の目標と歳出抑制手段についてである。2006年「骨太の方針　2006」を転機にして、財政再建の目標は赤字国債発行ゼロから基礎的財政収支の均衡に変わった。基礎的財政収支を均衡させるには、政策的な経費と税収入を同額に抑え、後世代への借金を増やさないことが重要になる。政策的な経費では社会保障関係費が最大のウェートを占めているから、この費目の伸びをいかに抑制するかが鍵を握る。小泉内閣は高齢化に伴う自然増を毎年度2,200億円削減したものの、医療崩壊などを引き起こすこととなった。

　麻生内閣の「中期プログラム」においては、社会保障給付費の伸びを抑制するのではなく、堅固で持続可能な「中福祉・中負担」へ向けた「社会保障制度の機能強化」を図る方向へと軌道修正された。民主党政権下では「新規国債発行額」と「基礎的財政収支対象経費」という二つの基準が導入されたが、「骨太の方針2006」や「中期プログラム」で示されたような歳出・歳入改革の具体的内容は明示されなかった。安倍内閣は社会保障関係費の伸びを年5,000億円に抑制してきた。しかし豊富な政治的貯金があるにも拘わらず、給付の効率化に向けての手立ては見えてこない。2018年「経済財政運営の基本方針」では、社会保障関係費の伸びを抑える数値目標が消えた。政策的経費の伸びを抑制する仕組みは緩んだのである。

　第二は歳入の確保についてである。基礎的財政収支は、政策経費の抑制だけで均衡を達成することはできない。税収入の拡大を図るには、1994年以降の減税措置を廃止したうえで、消費税の増税を行う必要があった。1,000兆円以上に達する政府債務をかかえる日本にとって、「埋蔵金」や「交付公債」に頼って予算の帳尻合わせを行う綱渡りの財政運営は限界に達している。橋本内閣による消費税引き上げは1998年以降の経済失速の大きな原因と考え

られていたので、小泉首相は在任中に消費税率の引き上げは行わないと明言した。増税の時期が具体的に明示されたのは麻生内閣による「中期プログラム」においてであった。「中期プログラム」では、「国民が広く受益する社会保障の費用をあらゆる世代が広く公平に分かち合うという観点から」消費税を社会保障の安定財源とすることが明確に位置付けられた。

民主党・野田内閣では、民自公の 3 党合意にこぎつけ、国会で成立した「社会保障と税の一体改革」においては社会保障の機能強化と機能維持のために、消費税の税率を 2014 年 4 月から 8％、続いて 2015 年 10 月からは 10％に段階的に引き上げることとされた。

第三は、財政再建と景気との関係についてである。不良債権問題が先送りされる中で、1997～98 年のクレジット・クランチが発生したことは第 4 章で検討する。1990 年代の日本経済には、財政再建に耐えうる体力はなかった。しかし本章が対象とした 2000 年代は少し事情が違う。2005 年には実体経済の成長、金融システムの安定化が実感できる状況になり、財政再建が課題として浮上した。一般的には、成長率が潜在成長率を上回って GDP ギャップが縮小していく段階で財政健全化を行うことが望ましい。後知恵ではあるが、小泉内閣下の 2005～06 年は増税のタイミングであった可能性が高い。

安倍内閣（第二次）による金融緩和に軸足を置いた「アベノミクス」は、企業収益を伸ばして税収が増えるという好循環を生んだ。にも拘わらず安倍首相は 2014 年 11 月 18 日、突如、衆議院選挙の争点に消費税延期を掲げて解散、勝利して 2015 年 10 月に予定されていた消費税増税を延期した。その後の 2016 年 6 月には「新しい判断」として、2017 年 4 月の増税予定も 2019 年 10 月へと再延期した。二度にわたる増税延期は、経済的なロジックと決定過程が不透明であり理解に苦しむものだ。

第四は、政治的リーダーシップについてである。社会保障水準を維持するならば増税が、増税が嫌ならば社会保障の水準カットが不可欠であり、この当然の選択を正面から国民に迫ることが政治的リーダーには求められる。しかし、政治家は増税を嫌う。特に万人の生活を直撃する消費税は選挙に弱いため、過去の首相たちは政治生命と引き換えに消費税の導入や税率アップに

取り組んできた。第4章で見るように、大平正芳首相、中曽根康弘首相、竹下登首相、細川護煕首相、そして橋本龍太郎首相は財政再建に真剣に取り組んだ。

　これらの首相と肩を並べて歴史に名を刻む政治家は、野田佳彦首相、谷垣禎一元自民党総裁、与謝野馨氏の3人であろう。野田は、民主党内の強い反対論を押し切って、消費税の増税法を成立させた。そして2012年11月に衆議院の解散を決断し、民主党は選挙で惨敗して政権を失った。与謝野は、自民党に長く在籍した経歴を持ちながら、あえて民主党政権の内閣に入閣し、社会保障と税の一体改革を担当する初代大臣を務めた。谷垣は、衆議院解散を主張していた野党第一党の総裁でありながら、「消費税はやらない」として政権を獲った民主党の増税法案成立に協力した。また谷垣は、社会保障と税の一体改革法案の成立後の2012年9月の自民党総裁選には出馬できなかった。他方、在任中の増税を凍結した首相は2人、同一任期中に2度も増税を延期した首相は1人である。

第3章
消費税増税と日本経済

　財政健全化を進めつつ、社会保障の安定財源を確保し持続可能としていくためには、税や社会保険料の負担増は避けられない。「中福祉」というレベルに合わせて、国民全体で広く公平に負担するものとして、消費税は基幹的な役割が期待されている。

　もっとも、消費税の増税は経済成長にとってはマイナスという暗黙の了解の下、経済学者、エコノミスト、政策担当者の中には増税を延期すべきだと主張している人もいる。増税や歳出削減をむやみに優先しすぎると、デフレからの脱却が腰折れして税収が減り、財政再建は遠のく。これでは橋本龍太郎政権の財政構造改革の二の舞だ、というわけである。

　もちろん、目先の景気に配慮することは間違いではない。しかし消費税増税は社会保障の安定という長期的課題のためには必要なことであり、短期的な景気とは別に判断すべきものだと考える経済学者も少なくない。そもそも個人消費の低迷が長引いている「主因」は、消費税率の引き上げなのであろうか。本章では、2014年4月に実施された消費税増税がマクロ経済に与えた影響について考察する。

1 マクロ経済の俯瞰

個人消費の低迷

　2012年末、民主党から3年ぶりに政権を奪還した自民党・第二次安倍内閣は、消費税の増税には慎重な立場ながらも、2014年4月には8％へ税率を引き上げた。第1四半期には消費税増税前の駆け込み需要による消費が伸びた後、第2四半期にはその反動で年率換算で消費は19％減少した。ここまでは想定通りであった。しかし第3四半期に入ってからも国内需要の弱さから景気回復の足取りは重く、政府は2015年に予定されていた2回目の税率引き上げを延期した。増税延期を表明した記者会見で安倍首相は「(増税を)再び延期することはないと断言する」「リーマン・ショックや大震災のような事態にならないかぎり、2017年4月から消費税率を10％に引き上げる」との公約も掲げた。しかし「海外リスク」を理由に消費税の増税をさらに2年半先送りし、2019年10月まで再延期した。

　2014年4月の消費税率引き上げから4年がたつが、日本経済の成長率は1％弱で実体経済の回復は鈍い。2015年10-12月期（第4四半期）のGDP改定値によると、成長率は年率換算で1.1％減で、2015年度に入り四半期では2度目のマイナス成長に陥った。月次ベースで見ることができる内閣府の「消費総合指数」によると、消費税率引き上げ後の反動減を脱して、消費はいったんはゆるやかな回復期に戻ったかに見えた（図3-1）。しかし回復力は弱く、2015年8月をピークに足下までゆるやかな減勢傾向にある。

　15年夏以降、明らかに個人消費の勢いは失速している[1]。また物価変動の影響を除いて比べるためGDPの実質値を見ると、増税前の13年度に294兆円あった家計最終消費支出は14年度に287兆円に減っている。増税前の駆

---

1) 日本銀行の「経済・物価情勢の展望（展望レポート）」によれば、2017年度には家計消費は底堅さを増している。その要因として耐久財が、自動車や家電の買い替え需要を主因に、ゆるやかな増加傾向にあることを指摘している。日本銀行［2017］、22頁。

図 3-1　個人消費の動向

(2011 年 = 100)

(出所) 内閣府「消費総合指数」による。

け込み需要の反動減と誰もが考えた。だが個人消費はその後も戻らない。直近データで見ると 16 年度は 290 兆円で低空飛行が続いている（内閣府 [2017]）。個人消費は長期にわたって低迷している。よく言っても回復は力強さを欠いていると言わざるを得ない。

消費税増税「主因」説

　日本の個人消費は、なぜ低迷しているのだろうか。1997 年には消費税増税直後にアジア通貨危機に見舞われたが、当時と比べても低迷は長引いている。ヨーロッパ諸国に見られるように、日本の消費税に相当する付加価値税を引き上げた後にも、個人消費は減らずに伸び続ける例も珍しくない。内閣府は 2011 年、与謝野馨・内閣府特命担当大臣の指示を受けて「社会保障改革に関する集中検討会議」の幹事委員を中心に、主要国における 2000 年以降の全 38 回の税率引き上げについて分析した。それによると 6 割に当たる 24 回は個人消費が増税後に落ち込んだが、4 割の 14 回では増税後も消費は伸びたという（内閣府 [2011a]、55-56 頁）。

消費の低迷について政府の考え方を、増税延期の判断理由から推測してみよう。安倍首相は 2016 年 3 月 22 日に開催した国際金融経済分析会合にクルーグマン・プリンストン大学名誉教授を招いた。首相が「日本は増税で消費が力強さを失っている。欧州はそれほど影響がない」と尋ねたのに対してクルーグマンは「財政出動が今後なくなると受け止められたためではないか。日本の就労人口も減っている」と答えた。同氏は終了後、首相官邸で記者団に「消費税率アップは今やるべきことではない」と増税反対の姿勢を鮮明にした（『日本経済新聞』2016 年 3 月 23 日付）。

　消費税増税の再延期について、本田悦朗・内閣官房参与は 2016 年 5 月に行われたインタビューに次のように答えている。「消費増税はできるだけ消費や GDP の落ち込みが小さくなるタイミングを選ぶことが大切だ。消費や企業マインドが不安定な時に増税すると予想外の落ち込みを示すというのが 2014 年の増税の教訓だ」（本田 [2016]）。本田は、個人消費の回復力が弱いのは消費税率引き上げが原因である、という認識を示している。個人消費が低迷する原因をどこに求めるにせよ、2014 年第 3 四半期以降、消費税増税が個人消費にある程度影響を及ぼしたことについては大方の意見が一致している。

　もっとも、2014 年 4 月の消費税増税が、今日に至るまでの消費低迷の「主因」であるかどうかについては意見が分かれる[2]。われわれは、税・社会保険料負担の増加による可処分所得の伸び悩み、消費者を取り巻く将来の不確実性の高まり、消費者の「デフレ慣れ」など、文字通り複合的な要因が近年の個人消費の低迷を生みだしていると考えている。

2）「今後の経済財政動向等についての集中点検会合」（2013 年 9 月 6 日）では 7 割を超える有識者・専門家から予定通りに消費税率を引き上げることが適当との意見が述べられたが、デフレ脱却が難しくなるリスクがあるとの意見があった（内閣府 [2013]）。また「今後の経済財政動向等についての点検会合」（2014 年 11 月 26 日）では予定通り消費税率を引き上げることが適当との意見が相当数あったが、数名は消費税率の引き上げを当面見送るべき、あるいは、引き上げを一定期間、例えば 1 年半程度延期すべきとの意見であった（内閣府 [2014]）。

2　消費税増税前の駆け込み需要と反動減

異時点間の代替効果と実質所得効果

　よく知られているように、消費税の増税は二つのルートを通じて消費に影響を及ぼす。消費税率の引き上げは、①税率の引き上げ前後の駆け込み需要の発生とその反動（異時点間の代替効果）と、②税率上昇による物価上昇に伴う家計の実質可処分所得の減少（所得効果）、という二つの経路を通じて、実体経済に影響を及ぼすと考えられる（図3-2）。

　このうち、①の駆け込み需要と反動の影響は、主として家計支出（個人消費と住宅投資）で発生すると考えられている。②は増税分が価格に転嫁されることに伴って消費者の実質所得が減少することであり実質所得効果と呼ばれる。もっとも異時点間の代替効果は一定期間、例えば連続する2～3・四半期で均されるが、後者は消費の恒常的な下押し要因となる。したがって長

図3-2　消費税率引き上げの影響

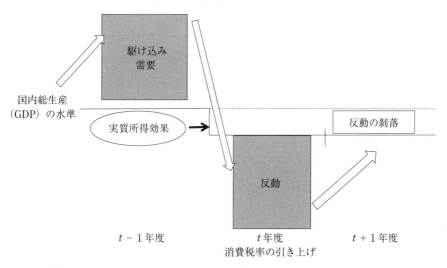

（出所）日本銀行『経済・物価情勢の展望（展望レポート）』2016年1月による。

期にわたる消費低迷の原因を探るには消費税の増税による所得効果に注目する必要がある。

　ここでは、駆け込み需要とその反動について、基本的な事実を整理しておくことが適切であろう。駆け込み需要と反動減についてはすでに研究が存在するが、ここでは最もシンプルな方法をとることにしたい。実質民間最終消費を可処分所得と金融資産と高齢化比率に回帰するモデルを四半期データを用いて推定して、税率引き上げ前後の消費税ダミーの係数が有意であれば、異時点間の代替効果が存在していると考える[3]。モデルは以下の通りである。

$$RC_i = \beta_1 + \beta_2 RYD_i + \beta_3 RYD_{i-1} + \beta_4 RMA_i \\ + \beta_5 D2013_4 + \beta_6 D2014_1 + \beta_7 D2014_2 + \beta_8 OLD_i + u_i$$

　ここで、RC_iは実質民間最終消費支出、RYD_iは実質国民総可処分所得を示し、内閣府「国民経済計算」からデータを採った。RMA_iは実質金融資産残高を示し、日本銀行「資金循環統計」から得ている。OLD_iは65歳以上人口の割合である。期間は1997年第1四半期から2016年第1四半期までとし、原系列の対数変換を行って推定を行った。さらに$D2013_4$　$D2014_1$　$D2014_2$はそれぞれ2013年第4四半期、2014年第1四半期及び2014年第2四半期を表わす消費税ダミーである。異時点間の代替効果の理論から期待される符号はβ_5とβ_6とがプラス、そしてβ_7がマイナスである。

　表3-1(1)はベースモデルの推定結果である。ダービン=ワトソン統計量は1.127であるが、これは下限分布の下側5％の棄却域の臨界値（1.49）を下回っている。したがって有意水準5％で帰無仮説は棄却され、攪乱項には有意な正の系列相関があると判断される。系列相関がある場合には、通常のt検定

---

[3] 内閣府『平成27年度　年次経済財政報告』は、消費税率引き上げによる家計部門への影響を考察するために、消費関数を推計している（内閣府[2015]）。この消費関数では民間最終消費支出を雇用者報酬、金融資産残高、高齢者率、時間ダミーに回帰している。一方、本章では後に触れるように、個人消費の説明要因としては雇用者報酬よりも可処分所得をより重視しているので、雇用者報酬ではなく可処分所得を説明変数に投入している。

表 3-1　消費税増税の影響に関する推定結果

被説明変数：ln 実質民間最終消費支出

	(1) ベースモデル	(2) コクラン=オーカット法を適用したモデル	(3) ラグ付き内生変数を含むモデル
定数項	7.401***	7.462***	4.321***
	(0.50)	(0.67)	(0.77)
ln 実質国民総可処分所得	0.429***	0.445***	0.41***
	(0.03)	(0.03)	(0.03)
ln 実質国民総可処分所得 ($i-1$)	−0.154***	−0.126***	−0.325***
	(0.03)	(0.03)	(0.05)
ln 実質金融資産残高	0.059	0.021	0.062*
	(0.04)	(0.04)	(0.03)
ln 高齢化比率	0.192***	0.21***	0.095***
	(0.03)	(0.04)	(0.03)
ln 実質民間最終消費支出 ($i-1$)			0.456***
			(0.09)
消費税ダミー（2013 年第 4 四半期）	0.008	0.003	0.007
	(0.01)	(0.01)	(0.01)
消費税ダミー（2014 年第 1 四半期）	0.035***	0.032***	0.033***
	(0.01)	(0.01)	(0.01)
消費税ダミー（2014 年第 2 四半期）	−0.024***	−0.024***	−0.036***
	(0.01)	(0.01)	(0.01)
自由度修正済み決定係数	0.96	0.99	0.97
標本数	73	73	73
ダービン=ワトソン統計量	1.127	2.105	−

(注) カッコ内の数値は標準誤差。***、**、*はそれぞれ 1％、5％、10％水準で係数がゼロであるという帰無仮説を棄却したことを意味する。ラグ付き内生変数を含むモデルでは、ダービンの代替的方法 (Durbin's alternative) による検定とブロイシュ=ゴットフレイ (Breusch-Godfrey) 検定を行った。いずれの検定においても、系列相関がないという帰無仮説が採択された。

を用いると、本来有意でない推定結果を有意であるとみなす誤りをおかす可能性が高くなる。

　この問題に対処するために表 3-1(2)では、このモデルにコクラン=オーカット（Cochrane-Orcutt）法を適用した推定結果を示している。ダービン=ワト

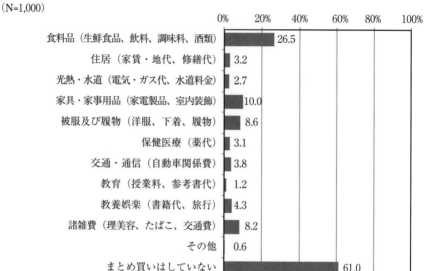

図3-3 消費税の増税直前に纏め買いをした品目

ソン統計量は2.105に増加しており、上限分布の下側5％の棄却域の臨界値（1.77）を上回っている。したがって有意水準5％で帰無仮説は採択され、攪乱項の系列相関は除かれた。しかし、実質金融資産残高と消費税ダミー（2013年第4四半期）が有意に確定されていない。したがってこの結果は満足すべきものではない。

つぎに攪乱項の系列相関を除く別の方法として、ラグ付き内生変数を含むモデルを推定し、その推定結果を示したのが表3-1(3)である。ラグ付き内生変数を含むモデルの場合は、ダービン＝ワトソン統計量は適用可能でないことが知られている。ここではダービンの代替的方法（Durbin's alternative）による検定とブロイシュ＝ゴットフレイ（Breusch-Godfrey）検定を行った。いずれの検定においても、系列相関がないという帰無仮説は棄却されず、採択された。消費税ダミー（2013年第4四半期）は有意ではないが、実質金融資産残高が統計的に有意に確定されている。この結果は満足すべきもので

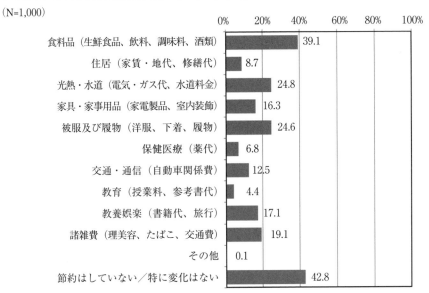

図 3-4　消費税増税後の購入行動

2014年4月の消費税増税後、商品・サービスの購入を節約するようになりましたか。節約するようになったと思う品目をお選びください。（お答えはいくつでも）
(N=1,000)

あり、ラグ付き内生変数を説明変数に加えることによって攪乱項の系列相関が除かれた。

　上記のモデルで実質国民総可処分所得、実質金融資産残高、高齢化比率のパラメータはいずれも統計的に有意で符号条件を満たしている。ここでの関心は消費税ダミーのパラメータであるが、2014年第1四半期のパラメータと2014年第2四半期のパラメータはいずれも有意で符号条件も満たしている。このことは駆け込み需要で2014年第1四半期には3.3％ほど実質民間最終消費支出は増大したが、その反動で2014年第2四半期には3.6％ほど減少したことを意味する[4]。

---

4)　高野・菊池・井上［2015］は、欧州諸国の付加価値税引き上げ時の駆け込み需要・反動の大きさは日本より小さいと指摘している。その理由は、欧州では消費増税前から徐々に価格は引き上げられ、増税時には企業が増税分を消費者に転嫁せずに負担している点をあげている。増税前後の景気の攪乱を抑えるためには、政府による「転嫁対策」を無理に行うべきでない、としている。

マクロ経済から見て、2014年4月の消費税増税には、駆け込み需要とその反動減というかたちで異時点間の代替が起こったことは明らかだ。

基礎的支出と選択的支出

マクロ・データからは、どのような財が駆け込み需要の対象になったのかは分からない。ここでは筆者が日本を対象にして行った「税・社会保障についての意識調査（第二次）」（以下、「意識調査(2)」）を用いて、この点を掘り下げたい。われわれは2014年4月の消費税の増税直前に纏め買いをした経験の有無と、纏め買いをした品目について尋ねた（図3-3）。纏め買いをした人々の割合は39％であった。一方、纏め買いをしなかった人々の割合は61％であり、前者を22％も上回っている。次に纏め買いの品目では、非耐久財である「食料品」が26.5％と最も多く、これに耐久財の「家具・家事用品」10％、半耐久財の「被服及び履物」8.6％、サービスの「諸雑費」8.2％が続いている[5]。

消費税の増税を見越して一斉に耐久財を駆け込んで購入するというイメージで語られることが多いが、実像はこれとはやや異なっている。2014年4月の消費税増税前に纏め買いをしたのは3人に1人の消費者にとどまり、対象となった品目は非耐久財である「食料品」が多かった。纏め買いをした人々の性別と年齢から判断すると、1997年に纏め買いを経験した40代主婦層が60代となり、纏め買いの主役となっていたと推測される。

また、2014年4月の消費税の増税後には、どのような商品・サービスの購入行動を節約するようになったかを尋ねた（図3-4）。財布のひもが固くなったと回答した消費者は57.2％で、「節約はしていない／特に変化はない」と回答した消費者42.8％を15％ほど上回っている。節約するようになった品目では基礎的支出の「食料品」が39.1％と最も多く、これに基礎的支出の「光熱・水道」の24.8％、選択的支出の「被服及び履物」の24.6％、選択的支出の「諸雑費」の19.1％、選択的支出の「教養娯楽」の17.1％が続いている[6]。消費税増税による実質所得減少のしわ寄せがいく支出項目は、弾力性

---

[5] 四つの形態（耐久財、半耐久財、非耐久財、サービス）については、内閣府「国内家計最終消費支出88目的分類の形態について」を参照。

図 3-5　税・社会保障についての意識調査（2016 年 12 月）

2014 年 4 月の消費税増税後、あなた自身の消費にどのような影響がありましたか。下記の選択肢の中から、最も近いものをお選びください。ご自身やご家族、近隣地域の状況からお答えください。

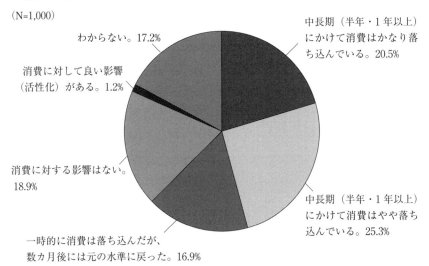

の高い選択的支出だけではなく、必需品である基礎的支出（食料品や光熱・水道）にも広がっていることが分かる。ただし消費税増税に伴う駆け込み需要とその反動減は消費者全体に広がったわけではない。約 3 分の 1 の消費者は増税前の纏め買い行動も増税後の節約行動も行ってはいない。

6）　基礎的支出と選択的支出の区分は、総務省「家計調査」（家計収支編）時系列データ（2 人以上の世帯）による。支出弾力性とは、消費支出総額が 1％変化する時に各財・サービス（以下「支出項目」という）が何％変化するかを示した指標である。支出弾力性が 1.00 未満の支出項目は基礎的支出（必需品的なもの）に分類され、食料、家賃、光熱費、保健医療サービスなどが該当する。1.00 以上の支出項目は選択的支出（贅沢品的なもの）に分類され、教育費、教養娯楽用耐久財、月謝などが該当する。

3 消費税増税による実質所得効果

モデルの基本構造

ここでは、消費税増税による実質所得効果が個人消費に及ぼした影響を考察する。「税・社会保障についての意識調査（第二次）」のデータを使って、中長期的な個人消費が、消費税負担感や可処分所得の伸び悩み、将来の不確実性の高まり、デフレ慣れした価格意識などにどのような影響を受けるかについて、順序ロジット・モデル（ordered logit model）を用いた推定を行う[7]。

被説明変数として用いた中長期的な消費動向は、「2014年4月の消費税増税後、あなた自身の消費にどのような影響がありましたか」という質問に対する5段階の回答について、順番に1から5を割り当てたものを使った。すなわち「消費に対して良い影響がある」「消費に対する影響はない」「一時的に消費は落ち込んだが、数カ月後には元の水準に戻った」「中長期（半年・1年以上）にかけて消費はやや落ち込んでいる」「中長期（半年・1年以上）にかけて消費はかなり落ち込んでいる」という回答について順番に1～5を割り当てた。いずれも数値が大きくなるほど、消費を抑制・節約するように設定されている。被説明変数が連続変数ではなくて、数通りの限られた値しかとらない離散変数になっているので、順序ロジット・モデルとして推定できる。

被説明変数の概要を示すと、以下の通りである（図3-5）。最も多い回答は「中長期にかけて消費はやや落ち込んでいる」で25.3％であった。次に多

---

[7] この調査は、国民の公共サービスや納税に関する意識を把握し、今後の経済政策のあり方などを検討するための基礎資料とするために実施した。調査期間は2016年12月、調査エリアは全国として対象は20歳から79歳までの男女1,000人を無作為抽出で選んだ。抽出の条件として国勢調査の性別・年齢別構成比に準拠して割り当てたうえで実査した。実際の調査は株式会社ネオマーケティングに委託し、同社が運営する「アイリサーチパネル」を活用した。同社のパネルへの登録者数は全国で約327万人。毎年モニター属性を更新してメインテナンスが行われている。

図3-6　順序ロジット・モデルの基本構造

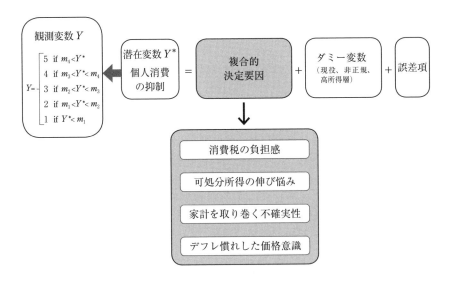

い回答は「中長期にかけて消費はかなり落ち込んでいる」で20.5％となった。一方、「消費に対する影響はない」と「一時的に消費は落ち込んだが、数カ月後には元の水準に戻った」と回答した消費者は全体の36％となった。増税により家計の実質所得が減少して消費を抑制する、という所得効果は確かに存在していると言える。ただし、実質所得の減少によって消費を抑制していると見られる消費者は全体の半分弱と推察される。他方、駆け込み需要と反動減が均されるだけで、消費の基調的な動きには増税は影響がないと回答した消費者は、全体の3分の1強、が存在している。消費税の増税による実質所得効果はひかえめに見ておいた方がよさそうだ。

モデルの基本構造は図3-6に示した。潜在変数Y^*は、複合的決定要因とダミー変数及び誤差項によって決まる。複合的決定要因として、ここでは消費税の負担感、可処分所得の伸び悩み、家計を取り巻く不確実性、デフレ慣れした価格意識、という四つの要因があると考える。潜在変数は、上記のような決定要因だけではなく、回答者の属性などの影響を受けると考えられる。ここでは現役（20～59歳）、非正規、高所得層という3種類のダミー変数

を投入する。こうして決まる潜在変数 Y^* はデータとしては観察されない。観察されるのは観測変数である被説明変数 Y で、潜在変数 Y^* が大きくなるにつれて $\{1,2,3,4,5\}$ の5通りの観測値をとる。潜在変数がどの水準を超えると観測値が変わるかは閾値（cut point）と呼ばれる m_i によって決まる。

消費税の負担感

　ここでは投入した説明変数の概要を説明しておく。第一は消費税の負担感である。消費税の負担感は重いかと聞かれれば、誰もが「重い」と回答してしまう可能性がある。われわれが着目したのは、消費税増税に伴う移行措置により2013年10月から2017年3月までの間、税抜き表示と税込み表示が混在することが認められていることである。仮に消費者が8％への消費税率引き上げを生活に係わる甚大なコスト増として受け止めているとすれば、消費者は税抜きか税込みかを店員に聞くなどして確認したうえで、税抜き表示であれば税込み価格に変換するはずである。

　われわれは商品の値段がいくらであれば税込み・税抜きを確認するかを尋ねて、その回答には「100,000円以上」「20,000円以上～100,000円未満」「10,000円以上～20,000円未満」「2,000円以上～10,000円未満」「200円以上～2,000円未満」「200円未満」という順番に1～6を割り当てている。いずれも数値が大きくなるほど、消費税の負担感が大きくなるように設定されている。

　データの概要を示すと以下の通りである。商品の値段がいくらであれば税抜きか税込みかを確認しようとするかという問いに対して「2,000円以上」と回答した消費者の割合は60.7％になった。一方、「200円未満」と「200円以上～2,000円未満」を合わせた回答者の割合は39.3％であった。これは少なくとも2,000円までの価格帯では約4割が税抜きか税込みかの確認を怠ることを意味する。このような消費者は160円を超える数百円のところに閾値を持ち、それ以下の消費税を無視する消費者である。この結果から、86％の人が160円までの消費税負担であれば気に留めず、約61％の人は160円の負担も無視することが分かる。

可処分所得の伸び悩み

　個人消費の回復が弱い理由としては、実質賃金の低下が挙げられる。例えば、OECDの対日審査報告は「名目賃金の上昇は物価上昇に追いつかず、購買力と消費マインドが悪化した」と指摘している（OECD［2015］, p.16）。「2014年以降における収入の増減」について尋ねたところ、最も多い回答は「あまり変わっていない」で43.7％であった。収入が「増えた」または「やや増えた」と回答した消費者の割合は12％で、その理由としてベースアップや一時金を挙げた回答者が多い。一方、収入が「減った」と「やや減った」と回答した消費者の割合は38％であり、その理由として基本給や年金給付金の切り下げを挙げた回答者が多い。労働需給の改善が賃金上昇の後押しになり、所定内給与でのベアにより名目賃金は増加したが、その伸びは物価を考慮すると弱く、収入上昇には「実感」が伴っていない。

　2015年夏以降、実質賃金は小幅ながらプラス基調に転じており、個人消費の動きと必ずしも整合性は取れていない。個人消費の低迷は単純に所得面だけでは説明できないかもしれない。むしろ注目すべきは、税・社会保険料の急増による可処分所得の伸び悩みであろう[8]。われわれは「直近1～2年の、勤め先等からの収入から税・社会保険料を差し引いた可処分所得」について尋ねて、その回答には、「増えた」「やや増えた」「どちらとも言えない」「やや減った」「減った」という順番に1～5を割り当てた。いずれも数値が大きくなるほど、可処分所得が伸び悩んでいるように設定されている。

　最も多い回答は「どちらとも言えない」で38.6％となった。次に可処分所得が「増えた」と「やや増えた」を合わせると11.2％にとどまる。一方、可処分所得が「減った」と「やや減った」を合わせると29％となり、「増えた」と回答した消費者の3倍近くになった。家計の収入に対する税・社会保険料負担の割合は趨勢的に上昇を続け、7割近い家計が可処分所得の伸び悩みを

---

[8] 「アベノミクス」開始前の2012年を100とすると雇用者報酬は、2016年第1四半期には105に増えたのに対して、税・社会保険料負担を除いた可処分所得は100に止まっており、両者の乖離幅は拡大している。毎年のように国民年金保険料や厚生年金保険料が上がり、介護保険料や健康保険料も上昇していることが背景にある。

実感している。

家計を取り巻く不確実性

家計を取り巻く将来の「不確実性」の高まりも、中長期的に消費者が財布のヒモを締めている理由として考えられる。ライフサイクル仮説によれば、家計消費はその家計が生涯に獲得できる所得に依存して決定される。このた

図 3-7　家計を取り巻く四つの不確実性

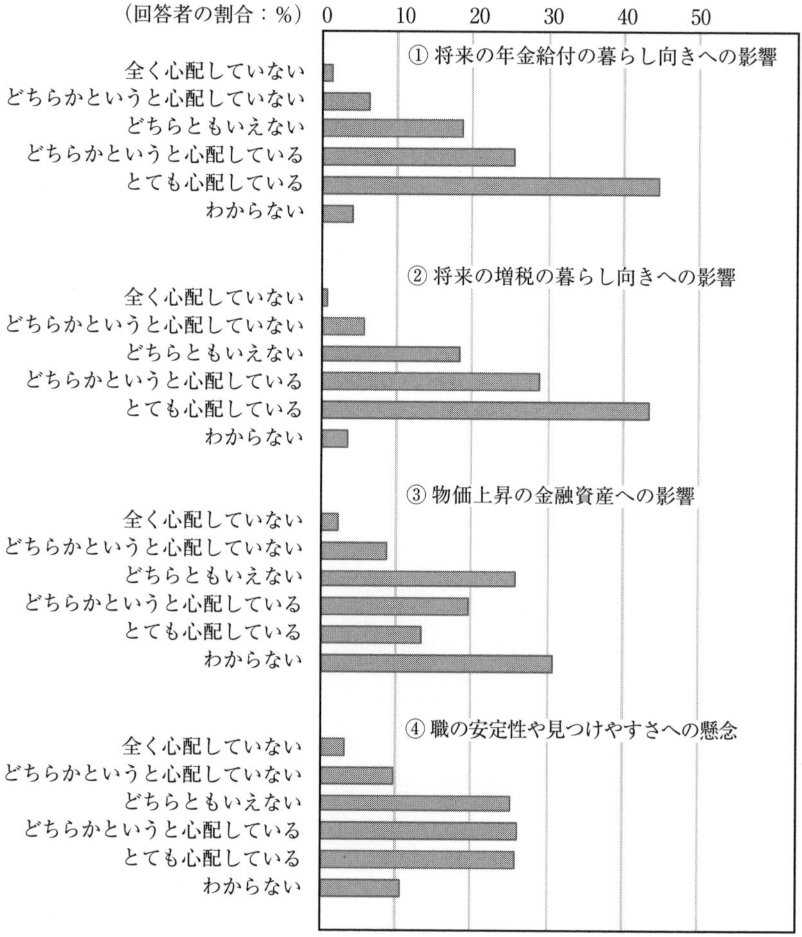
(回答者の割合：%)
0
10
20
30
40
50
① 将来の年金給付の暮らし向きへの影響
全く心配していない
どちらかというと心配していない
どちらともいえない
どちらかというと心配している
とても心配している
わからない
② 将来の増税の暮らし向きへの影響
全く心配していない
どちらかというと心配していない
どちらともいえない
どちらかというと心配している
とても心配している
わからない
③ 物価上昇の金融資産への影響
全く心配していない
どちらかというと心配していない
どちらともいえない
どちらかというと心配している
とても心配している
わからない
④ 職の安定性や見つけやすさへの懸念
全く心配していない
どちらかというと心配していない
どちらともいえない
どちらかというと心配している
とても心配している
わからない

め、ある程度将来の所得や支出を予想できる状況下にあれば、家計は消費を長期にわたり均して行うため、毎期の消費は大きくは変動しないはずである。しかし、家計が仮に将来の所得や支出の不確実性に直面すれば、それ以降の期の消費を抑制し、貯蓄を積み増すことで将来の不確実性に備えようとするはずである（池尾［2013］、吉川・山口［2017］）。

　われわれは、家計を取り巻く不確実性を四つの側面から尋ねた。四つの側面とは「将来の年金給付」「国の借金を返済するための将来の大増税」「将来の物価動向が金融資産に及ぼす影響」「職の安定性や見つけやすさなどの雇用環境」である。それぞれについて回答は「全く心配していない」「どちらかというと心配していない」「どちらともいえない」「どちらかというと心配している」「とても心配している」という順番に1～5を割り当てた。次に5点尺度による測定結果を用いて不確実性尺度を作成した。クロンバックのα係数（Cronbach's coefficient alpha）を計算したところ0.7694となり、個別的な項目間で一貫性があると考えられる。この尺度は数値が大きくなるほど家計を取り巻く不確実性が高まるように設定されている。

　データの概要を示すと以下の通りである。将来の年金給付について尋ねて、「削減されない」「多分、削減されない」「どちらでもない」「多分、削減される」「削減される」の五つの回答の中から自分の考えに近い選択肢を選んでもらった。最も多いのは「年金給付は削減される」で40.7％であった。次に「年金給付は多分削減されると思う」の30.6％であり、両者を合わせると71.3％の消費者が将来における年金給付削減を予想していることが分かった。

　次に、将来の年金給付が暮らし向きに影響する懸念があるかを改めて尋ねた（図3-7）。最も多いのは「とても心配している」で44.5％であった。次に「どちらかというと心配している」の25.4％であり、両者を合わせると69.9％の消費者が将来の年金給付が暮らし向きに及ぼす影響を懸念している。同じようなことは「国の借金を返済するための将来の大増税」についての不安にも表われている[9]。労働需給が改善しているためか、「将来の失業や就職難」を心配している消費者の割合は、年金や増税に不安を抱いている消

費者よりも20%ポイント少ない[10]。

デフレ慣れした消費者の価格意識

　日本では、1999年頃からごく短い中断を挟んで、消費者物価指数はほぼ一貫して低下している。消費者の価格に対する目は厳しくなり、価格に対する需要の弾力性が高まっている（渡辺編［2016］、13頁）。消費者は18年以上にわたるデフレ状態に慣れていたために、消費税増税で価格が引き上げられることが、予想以上にマイナスの影響を及ぼした可能性が指摘されている。個人消費低迷が長引く理由として、デフレに慣れた消費者の価格意識が挙げられる。

　われわれは、将来の物価の展望についてどう思うかを尋ね、その回答に「金融政策や財政政策によって急速なインフレに転じると思う」「金融政策や財政政策によってやがて物価も反転上昇すると思う」「わからない」「インフレ期待を起こせばデフレ脱却は可能であると思う」「デフレはずっと続くと思う」という順番に1～5を割り当てた。数値が大きくなるほど家計のデフレ・マインドが強くなるように設定されている。

　最も多いのは「わからない」で40.1％であった。次に「デフレはずっと続くと思う」の22.6％であった。一方、「金融政策や財政政策によってやがて

---

9) データからは、大増税時代の到来によって暮らし向きが悪くなるのではないかという不安も明らかになった。国の借金を返済するための将来の大増税時代について「やって来ない」「多分、やって来ない」「どちらとも言えない」「多分、やって来る」「やって来る」の五つの回答の中から自分の考えに近い選択肢を選んでもらった。最も多いのは「大増税時代は多分やって来ると思う」の37.3％であった。「大増税時代はやって来る」と回答した消費者と合わせるとその割合は56.3％となる。一方、大増税時代は「やって来ない」または「多分、やって来ない」と回答した消費者の割合は10.2％に止まった。次に改めて将来の大増税が暮らし向きに影響する懸念があるか尋ねた。最も多いのは「とても心配している」で43.3％であった。次に多いのが「どちらかというと心配している」の28.7％であり、両者を合わせると72％の消費者が将来やって来るであろう大増税が暮らしを直撃することを懸念している。
10) 調査では将来の職の安定性や見つけやすさ等の雇用環境について懸念があるかを尋ねた。最も多いのは「どちらかというと心配している」で25.9％であった。次に多い「とても心配している」と回答した消費者と合計するとその割合は51.6％になった。一方、「全く心配していない」または「どちらかというと心配していない」と回答した消費者の割合は12.7％であった。

物価も反転上昇すると思う」が15.7％、「インフレ期待を起こせばデフレ脱却は可能であると思う」が15％であった。18年以上にわたる値下げに慣れきった消費者の価格マインドからはデフレ的なバイアスが払拭できていない。

次に、インフレになった場合に金融資産価値が目減りするという懸念があるかを尋ねた。「とても心配している」または「どちらかというと心配している」と回答した消費者は全体の32.7％であった。一方、「全く心配していない」または「どちらかというと心配していない」と回答した消費者は全体の10.9％であった。しかし残りの56.4％は「わからない」または「どちらともいえない」との回答であった（図3-7）。ここからも消費者の「デフレ慣れ」を垣間見ることができる。

年齢、雇用形態及び所得階層に関するダミー変数

われわれは、年齢、雇用形態及び所得階層といった属性に着目してダミー変数を投入した。高齢化の影響を捉えるために、20〜59歳の現役層に1、60歳以上に0を割り当てるダミー変数をつくった。60歳以上の高齢者の消費水準は、現役層に比べると8割程度にすぎない。また現役層と比べると、高齢者の所得水準は低いだけではなく、自動車や家電など耐久消費財への支出の必要性も小さい。高齢者の増加は構造的に個人最終消費の伸びを抑制する要因となっているはずである。いまひとつ一つの消費を下押しする要因として非正規労働の増大も無視することはできない。非正規雇用の増大の影響を見るために契約社員、派遣労働者、パートタイム労働者を「非正規」として括り、1を割り当てた。最後に高所得階層ダミーとして、年収1,000万円以上と答えた回答者に1を割り当てた。日経平均株価は、2013年1月から2016年1月までの間に、57.3％上昇した。アベノミクスによる景気回復の初期の影響は、資産効果を通じた個人消費の増加によってもたらされた。高所得階層は株式の保有率が高く、アベノミクスによる資産効果の恩恵を受けていると考えられる。

4　消費低迷に関する推定結果と政策的含意

順序ロジット・モデルによる推定結果

　次にわれわれは、中長期的に見た消費の落ち込みを被説明変数とする順序ロジット・モデルによる推定を行った。結果は表3-2に示す通りである。ここから分かることを纏めよう。

　第一に「家計を取り巻く不確実性」は、長引く消費低迷の規定要因の一つであった。投入した全てのモデルに、1％有意水準で係数はゼロであるという帰無仮説を棄却した。これらはブート・ストラップ法（500回くりかえし）による誤差の推定を行っても安定して有意な効果を示していた。年金給付の削減や大増税への不安から、消費者は財布のヒモを固くしていると考えられる。他の要因を平均値に固定して限界効果を計算すると、「心配していない」消費者が「中長期的に消費がかなり落ち込む」確率は3.9％であるのに対して、「とても不安」な消費者では45％に達した。両者の差は40.1％である。将来の不確実性が増すほど消費が抑制されることが裏付けられた。

　第二に「可処分所得の伸び悩み」の効果も明瞭だった。投入した全てのモデルにおいて、係数は1％水準で有意かつプラスであることから、個人消費を抑制する要因であることが分かる。可処分所得の代わりに「収入の伸び悩み」を投入したモデルも推定したが有意にはならなかった。家計の収入に対する税・社会保険料負担の割合がこのところ趨勢的に上昇しているが、家計が可処分所得の伸び悩みを実感し、節約志向を強めている様子がうかがわれる。他の要因を平均値に固定して限界効果を計算すると、可処分所得が「増えた」消費者の「消費がかなり落ち込む」確率は11.3％であるのに対して、可処分所得が「減った」消費者では確率は33.6％であった。可処分所得が伸び悩むほど消費が抑制されていることが裏付けられた。

　第三に「消費税負担感」と「価格意識」の係数は、統計的に有意かつプラスであった。消費税の負担感が強く、デフレ慣れした価格意識を持つ人ほど、

表 3-2　順序ロジット・モデルによる推定結果

被説明変数：中長期的に見た個人消費の落ち込み

消費税の負担感	0.184**
	(0.077)
可処分所得の伸び悩み	0.343***
	(0.088)
家計を取り巻く不確実性	0.697***
	(0.116)
デフレ慣れした価格意識	0.209**
	(0.085)
現役（20〜59歳）ダミー	0.447**
	(0.182)
非正規ダミー	0.322
	(0.321)
高所得者ダミー	−0.994**
	(0.390)
対数尤度比	−610.1
疑似決定係数	0.079
標本数	457
閾値（cut point）1	1.248
閾値（cut point）2	4.075
閾値（cut point）3	5.159
閾値（cut point）4	6.688

(注) 係数は潜在変数に与える影響度合いを示しており、限界効果ではない。カッコ内の数値は標準誤差。***は1％、**は5％、*は10％水準で係数がゼロであるという帰無仮説を棄却したことを示す。

中長期的な個人消費を抑制していると言える。もっとも有意水準は5％なので、実際には偶然にすぎないのに誤って「意味がある」と判断している可能性が多くて5％はあると考えられる。

　第四に「現役ダミー」と「高所得者ダミー」はいずれも5％水準で有意となった。「現役ダミー」の符号から判断すると、現役世代は60歳以上の高齢者に比べて節約志向が強いと言えそうだ。将来の可処分所得の増加が期待しにくい中で、若者世帯でも年金など社会保障制度の持続性に対する疑念は広がっており、貯蓄性向を上昇（消費性向を低下）させていると見られる（吉川・

山口[2017]）。一方で、「高所得者ダミー」の符号はマイナスなので、年収1,000万円以上の高所得者は増税による影響はあまり受けていないと考えられる[11]。

消費低迷に関する政策的含意

　実証分析から導かれる政策的含意は何であろうか。第一は、現役世代の中・低所得層が受ける増税時の負担感に配慮する必要性である。消費税増税によって現役世代の個人消費がある程度落ち込むことは避けられそうにない。消費税増税による実質所得減少のしわ寄せがいく支出項目は、弾力性の高い選択的支出だけではなく、必需品である基礎的支出（食料品や光熱・水道）にも広がっている。しかし、節約志向を強めているのは低所得層だけではない。消費の抑制は中所得層にまで広がっている。高所得層以外は、税率引き上げに伴う実質所得下落の影響を大きく受けて、消費行動を冷え込ませている。とはいえ消費喚起策の効果は一時的なものだ。増税時には負担軽減を真に必要とする低所得層に的を絞った対策だけではなく、中所得層が支払った消費税が社会保障となって戻ってくるという感覚が持てる将来像を有権者に語る必要がある。

　第二に、消費税増税を先延ばしにしたからといって、消費に力強さが戻るわけではない[12]。われわれは、2014年4月の消費税増税が今日に至るまでの消費低迷の「主因」であるという見方については疑問を禁じ得ない。順序ロジット・モデルの推定結果を見るかぎり、消費回復の足取りが重いのは家計の可処分所得の伸び悩み、将来の不確実性に原因がある。このうち家計の可処分所得の伸び悩みのかなりの部分は、社会保険料負担の継続的な上昇に

---

11)　われわれは順序ロジット・モデルに低所得者ダミーも投入して推定したが、有意とならなかった。増税による実質所得効果は、低所得層だけでなく中所得層を含む広範囲にわたっていることが示唆される。
12)　宇南山は、家計調査の個票データを用いて消費税率引き上げが消費に与える影響を測定している。それによると備蓄不可能な非耐久消費財に対する支出は、2013年10月の増税アナウンス時点では4.1％低下したが、増税実施時点での消費の減少は小さい。アナウンスをした場合には、税率引き上げを多少延期したとしても消費の回復は望めないと指摘している。この点については宇南山[2016]を参照。

よって説明できる。第5章で見るように、社会保険料は所得税や消費税に比べて逆進性が強く、かつ負担感も大きい。社会保障制度改革国民会議でも指摘されているような「社会保険料負担の公平性」のための措置を実行するべきであろう。

　第三に、可処分所得の伸び悩みと並んで重要なファクターは、家計を取り巻く不確実性である。家計が感じている不安の一つは社会保障の将来像がはっきりしないことである。公的年金制度は大丈夫なのか。税・社会保険料の負担増に耐えていけるのか。医療や介護でいくらかかるのか分からないからという不安だ。したがって、個人消費を根本的に伸ばすために政府が行うべきことは、吉川・山口［2017］でも指摘されているように「社会保障と税の一体改革」を実行に移して、将来に対する不安を和らげることである。増税の再延期で国民は楽になったように見えるかもしれないがそうではない。これらの不安を和らげるためには、社会保障制度の機能強化で対応するしかない。これが本章の結論である。

第4章
幻の財政構造改革

　日本では、真剣な歳出抑制とバブル景気で税収が伸びたことにより、1990年度には特例公債からの脱却と基礎的財政収支の黒字化が実現した。しかしそれも束の間であった。1993年頃から財政は金融と並んで景気対策の一翼を担うことになり、国債残高が爆発的に累積する時代に突入した。1997年、橋本内閣は予定されていた消費税増税を行うとともに、財政構造改革法による緊縮財政に着手した。しかし財政構造改革法は後退を余儀なくされ、停止・凍結された。

　日本経済は1997年度に入ると予想外の景気低迷に陥り、20カ月継続する平成不況に突入することになる。この原因としては、消費税率引き上げ、所得税の特別減税の中止、ならびに社会保険料の引き上げによる、合計して9兆円の国民負担増のデフレ効果が指摘されてきた。しかしその一方で、消費税率引き上げの影響は夏頃までに消え、この時期に相次いで発生したアジアの経済危機と大手金融機関の破綻の方が景気低迷の原因だとする意見も出されている[1]。

　橋本緊縮財政の失敗は、成長が先か財政再建が先かという今日の論争にも影を落としている。本章では「増税なき財政再建」と比較しながら、1990年代の財政再建がうまくいかなかった原因について考察したい。

---
1) 財務省財務総合政策研究所財政史室編［2017］、413頁。

1　増税なき財政再建

赤字公債依存からの脱却

　「増税なき財政再建」を看板に掲げた1980年代の財政再建は、「ゼロ・シーリング」あるいは「マイナス・シーリング」と呼ばれる厳しい歳出抑制を通じて行われた。そして1980年代後半になるとバブル景気が起きて、財政は1990年代初めには自然増収を通じて「再建」されてしまう。この時代の体験は、増税の前に徹底した歳出抑制を行うという考え方を社会に埋め込んだ。以下、ごく簡単に振り返っておく。

　「福祉元年」と呼ばれた1973年には第一次オイルショックが起き、その後の不況期に財政赤字は急速に拡大した。1975年度には特例公債を発行せざるを得なくなり、国債の大量発行が始まった。高度成長期には均衡（歳出＝歳入）を維持していた日本の財政は、この時期に一大転機を迎えた。1979年総選挙において、大平首相は、自民党の公約に税率5％の一般消費税導入を書き込んだものの、選挙に敗北した。有権者の関心は第二次オイルショック後の景気回復にあり、政府債務負担の問題よりも、さしあたりの負担軽減を選択した。一般消費税導入の失敗を経験して、日本の政府は増税に対する国民の抵抗がいかに強いかを思い知らされることとなった。しばらくの間は別の手段を探る方が賢明であったが、政府の採りうる選択肢は限られていた。いつか世論が増税を受け入れるであろうとの期待を抱いて、政府は歳出抑制を追求するしかなかった。

　当時の財政再建は「増税なき財政再建」と呼ばれたが、これには二つの特筆すべき注目点があった。その一つは、赤字公債依存からの脱却という目標を掲げたことである。一般消費税導入を取り下げた後、大平首相は、1984年までに赤字公債依存体質から脱却する目標を掲げる。大平首相が志半ばで亡くなった後に後継首相となった鈴木首相は「増税なき財政再建」を公約に掲げ、ゼロ・シーリングを予算に導入した。概算要求に戦後はじめて上限が

設定されることになった。こうした努力にも拘わらず決算ベースで見た税収入が当初予算額を下回り、1984年度までに赤字公債依存を脱却することは断念せざるを得なくなった。

このため1983年には、赤字公債依存脱却の年度を昭和65（1990）年度に設定することになり、歳出抑制のために、より厳しい手法が採用されることになった。その実現に向けて、一般歳出を前年度以下に抑制する緊縮政策が1987年まで5年間続けて堅持された。米澤が指摘するように、「この時期こそ本当に真剣な歳出抑制が行われた時代」である（米澤［2013］、90-91頁）。

いま一つの注目点は、赤字公債依存脱却という目標を達成するために、シーリングという財政統制を用いたことである。これは歳出抑制のため概算要求額を一律に抑制する方法だった。1984年度予算で経常支出は前年度の90％以下、投資的経費は同じく95％以下と上限が設定された。この方法は極めて有効であって、一般歳出増加のペースはかなりの程度抑制された。1979年度には一般歳出は13.9％増加したが、1980年には5.1％、1982年には1.8％に抑制され、そして1983年以降の5年間は伸びは止まった。消費者物価指数（CPI）で実質化すると、1987年度の一般歳出は1979年度のそれよりも9％も小さい。1987年度には公債依存度は16.3％へと下がり、国民経済計算上の「一般政府」の財政収支は対GDP比で0.7％の黒字に転換した。財政収支が増税なしに達成されたのは、ある意味では大きな成功と言える。

隠れ借金による支払い時期の先送り

しかし「増税なき財政再建」の成功は、手放しで褒められるものではない。第一に、シーリングという手法には問題もあった。シーリングの対象は、国債費と地方交付税を除く一般歳出に絞られた。一般歳出をターゲットにすれば、有権者は財政健全化の目標を理解することができ、達成度を評価できる。ほぼ10年間にわたって一般歳出の伸びが抑制されたことには、政治的な訴求力があった。しかし、財政赤字の息の根を止めるまでには至らなかった。成果がいま一つ迫力に乏しいものになってしまった理由は、一般歳出の外側に置かれた公債費と地方交付税交付金の2大費目が実は毎年二桁台で伸びて

いたからである。この時期の財政赤字の規模は、大まかに10～13兆円台である。一方、一般歳出は約32兆円だ。公債費と地方交付税交付金が減らなければ、要歳出削減額は一般歳出の3分の1に及ぶことになる。国民がこのような規模の歳出削減を受け入れることは到底無理であった。

　特別会計であるとか地方財政に対する一般会計からの繰り入れを後年度に繰り延べるという手法も多用された。この「隠れ借金」は支出を削減する性質ではなく、支払い時期を遅らせるだけの一時しのぎであった[2]。当初予算では一般歳出を抑制しておきながら、会計年度の途中で補正予算を組んで膨張させる、といったことも日常化していた。かくて戦後初とも言える本格的な財政健全化の試みは、歳出抑制を軸にしたものであった。それでも増税の前にまずは歳出抑制という「国民気質」は、この時期にしっかりと社会に根を下ろした。

バブルによる僥倖がもたらした財政再建

　第二に、財政再建が「成功」したことの本当の秘訣は、バブル景気が生み出した税収の自然増にあった。1980年代の前半、税収入の決算額は当初予算額をかなり下回っていた。しかし1986年以降は両者の関係が逆転するという「僥倖」に恵まれる。1986年から1990年までの5年間では、棚ボタ式の税収入の増加は合計で約20兆円にものぼった。この点を図4-1から見ておこう。

　決算税収の対当初予算超過は年度内自然増収と呼ばれる。成長率と物価上昇率が低下した1980年代前半の経済状況の下では税収の伸びも低迷し、財政収支の改善も遅々として進まず、1981年度の既存税収の総ざらい的な増税以降、経済界の強い反対によって本格的な増税はほとんど不可能となった。

　しかし、日本経済がバブル経済に踊る中で、財政はその自動安定化（ビルトイン・スタビライザー）機能によって、事実上、ゆるやかに引締めに向かっていく。1986年以降には、5年連続で年度内自然増収によって歳入が大幅に増加した。その結果、財政赤字は急速に縮小し、国民経済計算上の一般政府

[2)]「隠れ借金」の学術的な研究として宮島［1989］を参照されたい。

は黒字化している。この時、1987年11月に竹下内閣が発足して以来、大きな政治課題となった税制改革6法案が1988年12月24日、国会を通過し、翌1989年4月1日から消費税が導入された。10年間で2回の失敗を経た後に、消費税法案は88年12月国会を通過した。国・地方を通じる増収額は差引2.4兆円となり、ネットでは減税となった。バブル景気で税収も好調だったため、この程度のネット減税はのみ込めると思われたのだろう。もっとも25年間では累計60兆円の国債残高増要因となった。

プラザ合意と巨大バブルの発生

第三に、財政再建の一応の「成功」という日本をめぐる事態は、思いもよらなかった方向に展開していく。政府部門の赤字が縮小したため、経常収支の黒字が拡大して、国際的な批判、特に米国からの批判を招くことになった。1980年代前半、米国は「レーガノミックス」によるドル高と経常収支赤字

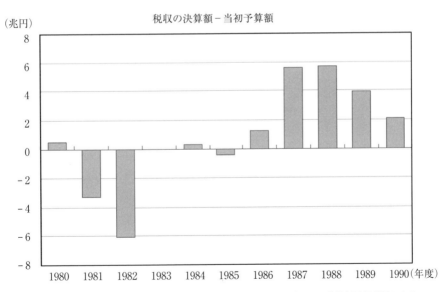

図4-1　税収の動向

(出所) 大矢俊雄編著［2015］『図説　日本の財政（平成27年度版）』図表 I.1.9、東洋経済新報社による。

拡大に悩み、日本などとの間では貿易摩擦が引き起こされた。また、米国内には日本が円安操作をしているとの批判も生じていた。円ドル・レートの推移を纏めた図4-2からも分かるように、ドル高・円安の傾向にあった。この傾向の是正は1985年9月のプラザ合意まで待たなければならなかった。この合意を受けてドルは1ドル＝260円から1ドル＝160円に下落した。1987年2月のルーブル合意（為替レートを1ドル＝153円を基礎にして上下2.5％に収まるように協調介入）後もドル安は続いた。

この外圧は日本政府を苦境に立たせた。一方において緊縮財政の手綱をここで少しでも緩めるような事態になれば、これまでの努力は水泡に帰してしまう。しかし他方で、米国との厳しい貿易摩擦は鎮静化しなければならない。円の切り上げ幅は想像以上に大きく、日本経済は低迷を続け、拡張的・緩和的経済政策以外には打つ手はないという状況だった。その結果、1987年、日本銀行は2.5％という歴史的水準に公定歩合を引き下げ、政府は公共事業による財政刺激政策を採用した。財政金融両面での緩和的な政策によって民間消費と投資は急激に回復し、株価と地価を押し上げて、巨大なバブルが発

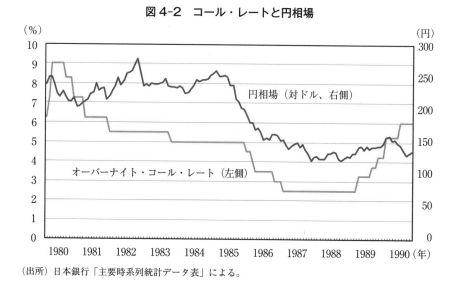

図4-2　コール・レートと円相場

（出所）日本銀行「主要時系列統計データ表」による。

生することになった。1989年に導入された消費税をもってしても、世の中に充満していた楽観ムードを打ち消すことはできなかった。

2 財政構造改革法の停止・凍結

財政危機の再燃

　平成当初の3年間（1989〜1991年度）では実体経済の好況とバブルが頂点に達したが、その最大の貢献は税収の好調である。その成果が、1990年度の特例公債依存体質からの脱却の成功とその継続である。それだけではない。先行する不況期に特例として採用したいわゆる「隠れ借金」はもちろん、国債償還のための定率繰り入れや、決算剰余金の2分の1の繰り入れ等、法律上の規定を一時停止して支出を抑制していたような措置も解除して正規のルールに戻すなど財政体質の回復を実現した。「この時期の財政は、恐らく第二次大戦後最も短期間に目覚ましい充実振りを示した例」であると言う[3]。

　しかし1987年から90年まで続いたバブル景気は、1991年2月に山を迎え、それ以降の日本経済は深刻な不況に陥っていく。株価は1990年1月に下落しはじめ、高騰していた地価も翌1991年1月には下がりバブル景気は弾けた。それでも人々は景気後退は一時的な現象にすぎず、やがて力強く以前のように回復するであろうと楽観していた。しかし景気後退が始まったことで、1992年度決算では11年ぶりに一般会計の歳入歳出の決算上の不足である歳入欠陥が発生した。財政危機の再燃である。

　不況の深化とともに、経済界・労働界・野党などからの景気対策としての財政出動を求める声は高まっていく。だが「15年の苦闘」の後やっと1990年度に特例公債依存体質から脱却したものの、累積した公債がもたらす財政硬直化をかかえている財政当局は、財政の景気政策的運用には慎重だった。特に特例公債再依存に結びつきかねない歳出増や減税については、終始慎重

3）　財務省財務総合政策研究所財政史室編［2017］、229頁。

な立場を堅持しようとした[4]。

　しかし、そのような財政理念に導かれた当初予算は、執行過程で毎年修正を余儀なくされた。想定外の景気悪化に対する大型経済対策が採用され、その裏付けとして補正予算が組まれた。財政政策は1991年末の宮澤内閣の発足とともにさらに積極化し、1992年3月末に緊急経済対策、同年8月に総合経済対策、翌1993年4月に新総合経済対策が打たれた。宮澤内閣は、1992～93年度に4回にわたり総事業規模合計45.2兆円の総合経済対策を決定して建設国債を増発し、有効需要の下支えを行った。それは財政規律の観点からは受け入れがたいものであったが、深刻化する経済状況を背景とする社会全体の財政への期待の強さから見て、到底無視しうるものではなかった。しかしストック調整と資産デフレによる不況の深刻化はなかなかとまらず、ついに1994年度予算は赤字国債の再発行に追い込まれた[5]。

　バブル経済の崩壊が税収にどのような影を落としたのかを図4-3で確認したい。この時期の予算を導いたのは、経済の前提を比較的楽観的に捉え、バブル期の異常な拡張が収まって正常な状況になり、インフレなき穏やかな成長路線に入るだろうという考え方だった。毎年の政府の経済見通しの水準はそうした見解に基づいて提起され、当初予算での税収はその線に沿って見込まれる。だが1991年度からは予算の執行とともに見通しと実体との乖離が広がってゆき、1992年度以降はその度合いが深刻化する。まず1991年度の税収が当初見積もりに比べて大幅な減収となることが明確になる。1991年度の約2兆円にのぼる税収減は、1992年度、1993年度まで尾を引いた。さらに1993年7月に公表された1992年度決算では、歳入不足が明らかとなり、財政状況の悪化が顕在化した。1992年度の税収は当初予算との対比で8.1兆円の減収であり、補正後と比較しても3兆円の大幅減となったのである。決算での歳入不足は1991年、92年と連続して発生したものであり、そのこと自体、戦後初めてのことである。いずれも決算調整資金からの借入によって

---

4) 財務省財務総合政策研究所財政史室編［2017］、290頁。
5) 1994年には、減税特例公債という名称の特例公債が発行された。短期間で整備されるはずの税によって償却が保証されるという設計になっていて、単純な赤字公債とは異なることが含意されていた。

対処された。

国民福祉税構想の公表と白紙撤回

　深刻化する経済状況を背景とする社会全体の財政への期待の強さから見ても、優先課題は景気回復であった。しかし政府部内において財政健全化への模索は続いていた。そうした中、1993年8月に自民党政権が続いた「55年体制」が崩壊し、不安定な政治体制に突入する。日本新党の細川護熙代表を首相とする反自民・非共産8党派による連立政権が1993年8月9日に誕生したのである。1994年2月の公表後、一夜にして白紙撤回された国民福祉税構想はその産物である。

　日本は貿易不均衡の是正も兼ねて、アメリカのクリントン大統領からは内需拡大に向けて思いきった所得税減税を執拗に求められていた。国内的には所得税減税と消費税増税により直間比率を是正し、そのうえで景気への配慮から所得税減税を先行させるという方向感は早い段階で共有されていた。しかし消費税に基本的に反対である連立与党の社会党は、所得税減税と消費税増税は切り離して、（赤字国債を発行して）減税を行うべきとの立場に固執

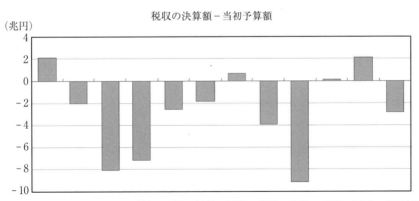

図4-3　バブル崩壊以降の税収の動向

（出所）大矢俊雄編著［2015］『図説　日本の財政（平成27年度版）』図表I.1.9、東洋経済新報社による。

した。大蔵省は厳しい財政状況から所得税減税と消費税増税の一体処理を強く求めており、両者の間の溝は深かった[6]。消費税導入を含む1989年の抜本改革以降、5年の長きにわたって閉塞状況にあった税制改革は深い眠りから醒め、新たな局面を迎えようとしていた。

　1994年2月に予定されていた日米首脳会談までに所得税減税の方針を固める必要があり、また懸案の政治改革関連法案が成立したのをきっかけに、社会党を除く小沢一郎等の連立政権の中枢は、大蔵省の主張に同意するかたちでまとまった。それが1994年2月3日未明の細川首相による「国民福祉税」構想の発表につながった。所得税・住民税の5.3兆円を中心に総額6兆円の減税を先行させて景気を浮揚させる、3年後に消費税を「国民福祉税」に衣替えして税率も3％から7％に引き上げるというのがその骨子である。消費税は1回税率を上げると永久に続くので減税分はいずれ取り戻すことができるし、財政再建に資するという見立てである。

　なぜ国民福祉税だったのだろうか。大蔵次官就任当時（1993年6月）、齋藤次郎は政治情勢が不安定なため消費税増税については「極めて慎重」であった。次第に消費税増税の方向で努力を始めたのは1993年後半であったが、1994年1月末の「政治改革の決着に伴い、消費税引き上げの機運が盛り上がって」きた。税財政政策のあり方については「バブル期過剰投資の結果完全に供給過剰経済」になっているので、税収は今後増加するよりも減少する。「社会保障関係費は増加する一方だし、公共事業関係費も景気との関係から当面減少する目処がない」。こういう状況下では、「現実問題として増税の対象として消費税しかない。いわんや減税先行の場合、それの穴埋めとしての消費税の増税についてはこれを行うのは論理的に当たり前のことではないか」というのが齋藤の結論であった[7]。

　細川首相も福祉の財源として消費税率の引き上げに前向きであった。1月12日夜、細川は公邸に尾崎護元大蔵事務次官を招いて意見交換を行っている。その日の日記に「国民全てのための制度である基礎年金部分につきては、消

---

[6] 財務省財務総合政策研究所財政史室編［2013］、248頁。
[7] 財務省財務総合政策研究所財政史室編［2014］、118-120頁。

費税を財源として（あるいは財源の一部として）利用することは一つの考えであり、年金保険料の引き上げの代わりに消費税率を引き上ぐることは、国民の納得をえやすきものと思料するところなり」と記している[8]。

しかし社会党を説得する時間的余裕もなく[9]、小沢一郎と大蔵省の主導で国民福祉税構想は固まったものであった。それは与党の社会党や身内の武村正義官房長官からも反対を受け、一夜にして白紙撤回となった。大蔵省は1994年度には財源なしの5.5兆円の定率減税に追い込まれた。自民党・社会党・新党さきがけの連立による村山内閣はわずか半年後の同1994年9月、増減税一体処理による税制改革案を立案して国会を通過した。消費税税率を1997年度に3％から5％へ引き上げることが決まり、その環境を整えるため先行する3年間、所得税を中心とする5.5兆円規模の減税が行われることになった。

先行減税の財源として発行されるつなぎ国債の償還費用も含めて、増減税をあくまで一体処理することとされ、改革全体では歳入中立とされた。また消費税増税の最終判断は経済状況を勘案して1996年に下すことになる[10]。いったんは白紙撤回された国民福祉税構想であったが、7カ月後には、あらたな装いで復活した。それは「減税先行、後年度増税」というリスクの大きい「捨て身の選択」でもあり、綱渡りのように保たれてきた財政規律を持続させることは次第に困難になっていく。

---

8) 細川［2010］の1994年1月12日の項。官房副長官の石原信雄の証言は、2人の記憶を間接的に裏付ける。89年の消費税導入は「本来5％で税収中立になる制度設計」だったが3％に抑え込まれ、「最初から2％穴が空いていた」。「大蔵省の連中にすればそれが根っこにつねにあった」。厚生省が当時、打ち上げていたエンゼルプランの将来負担を勘案すると「やはりもう1％いるんじゃないか」ということで社会保障全体の目的財源として「国民福祉税」もいいだろうということで大蔵省と「小沢さん」（小沢一郎新生党代表幹事‐筆者注）は税率を7％にした（細川［2010］、348-349頁）。
9) 当時、社会党委員長であった村山富市は「国民福祉税なんて全然相談もない……僕は真っ向から反対した」と証言している。細川［2010］、345-346頁。
10) 当時政府税調会長であった石弘光は「景気対策として強く要請された減税と財政健全化を両立させるためには、先行減税＝後年度増税の組み合わせしか他に手段がなかったと言えよう。苦渋の産物であった」と回想している。石［2008］による。

消費税の増税と財政構造改革法

　1995年度から96年度にかけての日本経済は、順調に実質経済成長を続け、バブル崩壊後の停滞から本格的に回復した、という見方が有力であった（吉川 [2013]、49頁）。図4-4に見られるように、1995年第1四半期から97年第1四半期までの間、実質GDPは前期比で見ると増え続けた。橋本内閣が組閣された1996年の経済活動は特に力強かった。実質GDPは三つの四半期で年率に換算して4〜5％ほど成長した。

　政府の経済見通しも、1997年度の成長率を名目3.1％、実質1.9％とし、極めて楽観的な姿勢を見せていた。消費税率引き上げの影響もあって、名目成長率の方が実質成長率を上回り、デフレからの脱却を見据えていた。この政府の楽観的な景気予測に対して、民間調査機関のそれはおしなべて厳しく、大きく下回るものだった。こうした期待の下に、以下に述べるような厳しい財政健全化計画が立てられた。

　1996年6月に政府は、当時の景気回復をも踏まえて、法律に定められている通りの消費税引き上げ実施をさしたる議論もなく閣議決定した。増税による増収額は5.2兆円程度と見込まれていたが、3年前から5.5兆円の所得税減税が先行して行われており、追加的な緩和策は採られなかった。

　そして翌1997年4月、消費税率の2％引き上げによる約5兆円と、すでに決定されていた特別減税2兆円の打ち切りによって、7兆円規模の増税が行われる。また同1997年9月には社会保険料が引き上げられ、4月の増税に加えてさらに約2兆円の新たな負担増が生じた。同1997年第2四半期のマイナス成長は、想定の範囲内の出来事と受け止められた。そして実質GDPなど前期比は、第3四半期に入ると全体としてプラスに転じる。

　もっとも1997年5月に景気は「山」を迎え、翌1998年から日本経済は深刻な不況に陥った。将来の経済見通しに関する信頼はすでに悪化の方向をたどっていたが、橋本内閣は財政構造改革法を制定して、財政赤字累増傾向に歯止めをかけ財政健全化に向けた努力を続けた。政府は財政構造改革を打ち出し歳出面の見直しを進め、財政赤字の削減を図ろうとした。このために財

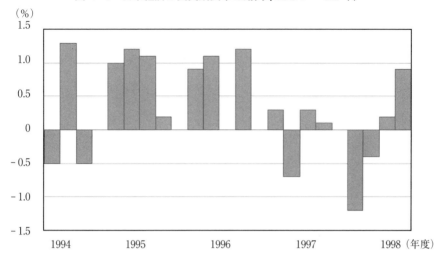

図 4-4　日本経済の実質成長率の動向（1994〜98 年）

（注）実質 GDP の四半期別（季節調整済み）データの対前期比増加率。
　　左端より 1〜3 月、4〜6 月、7〜9 月、10〜12 月。1994 年のみ左端は 4〜6 月。
（出所）内閣府「国民経済計算」2018 年度版による。

政制度審議会の中に財政構造改革特別部会が設けられ、そこで準備作業が行われた。この作業は、橋本首相の下で政治的なプロセスに移されることになる。財政再建策を具体化するために、首相自ら座長となる財政構造改革会議が創設され、歴代の首相経験者も取り込んだ政治力によって、歳出見直しを図り財政赤字の縮減を図ろうとした。これは「増税による財政再建策は政治的に困難と、首相は始めから断念したからである[11]」。

でき上がった財政構造改革法は、2003 年度までに国及び地方の財政赤字を対 GDP 比を 3 ％以下にし、赤字公債からの脱却を達成することに目標が置かれた。そして最初の 3 年間を集中改革期間とし、主要な経費に量的縮減目標を設定するものであった。このように個別の歳出毎に削減計画が示され、当時としては画期的な内容であった。

しかし、財政構造改革法は 1997 年中に起こった二つの大事件に飲み込まれてしまった。同 1997 年 7 月にアジア通貨危機が発生して、輸出企業を中

11）　財務省財務総合政策研究所財政史室編［2017］、518 頁。

心に需要の急速な減退が起こった。それに続いて秋には山一証券の廃業や、北海道拓殖銀行の破綻など連続して大型金融機関の破綻も発生し、クレジット・クランチが引き起こされた。法人企業は投資を控え、雇用不安を抱いた家計も消費を大幅に抑制した。民間消費は第4四半期にはついにマイナスに転じ、実質 GDP も 1998 年から 99 年の 8 四半期のうち三つの四半期で前期比がマイナスになった。1998 年は戦後経済史の中でも最も厳しい年であった。歳出構造の改革による削減は、結果的に最悪のタイミングとなってしまった。

それ以降、せっかく成立した財政構造改革法は、まず目標年度を 2 年遅らせ、またいくつかの弾力的な修正を施したが、その施行の停止、そして最後は法案が凍結されるまでに至った。かくして「戦後初めて本格的な財政再建に乗り出したにも拘わらず、政府の試みはマクロ的な経済環境と整合せずにあえなく挫折することになった[12]」。

3　経験から導かれる一般的教訓

財政再建と政治的リーダーシップ

景気対策としての財政出動を社会が求めている時に財政再建を行うには、政治的リーダーシップが不可欠である。1980 年代の歴代総理大臣は政治生命と引き換えに財政再建に取り組んできた人物が多い[13]。大平首相（1978～80 年）は三木内閣の蔵相時代に赤字国債の大量発行に踏み切ったことを悔やみ、衆議院選挙で一般消費税導入を公約に掲げた。中曽根首相（1982～87 年）の党内基盤は弱小派閥であったが、レーガン、サッチャーを意識して「シャウプ税制以来の抜本改革」に着手した。むろんリーダーシップの取りかたには様々なかたちがある。消費税を導入した竹下首相（1987～89 年）は、上意下達よりも下からの合意形成を重視した。しかし自民党内で最大派閥の首領である竹下派の優位性と影響力は比類なきものであった。

---

12) 財務省財務総合政策研究所財政史室編［2017］、518 頁。
13) 消費税導入に至る政治的ドラマについては、石［2009］（3～5 章）を参照。

橋本首相（1996〜98年）には強い意志があり、かつ竹下登から最大派閥を継承したのである意味では環境は整っていた。1府22省庁から1府12省庁にと中央省庁の再編に道筋をつけた功績は特筆すべきものだ。そして1980年代の歴代首相のように、増税と財政再建に政治生命をかけた。合意形成を取りつけることにも注意を払った。前述のとおり、財政再建策を具体化するために、首相自ら座長となる財政構造改革会議が創設され、歴代の首相経験者も取り込み政治力によって歳出見直しを図り財政赤字の縮減を図ろうとした。その顔ぶれは与党内部の反対意見を先手をうって封じるのに十分だった。

　たしかに比較的多数の小規模な野党が存在していた1980年代とは違って、橋本内閣の時代には有力な野党が与党・自民党と対峙していた。しかし野党は内輪もめの多い寄合所帯であり、野党幹部の政策スタンスが与党・自民党に近かったので影響力は小さかった。このように見ると1990年代の政治的リーダーシップは1980年代のそれに比べて弱かったとは言えない[14]。両者の間に違いがあるとすれば、1990年代の政府は3党による連立政権であるのに対して、1980年代には自民党が単独で政権を握っていたことである。しかし連立のパートナーが財政再建に対する首相の熱意に水をさしたという証拠はない。

　要するに、橋本首相は厳しい歳出削減と消費税率引き上げへの政治的抵抗には打ち克ったものの、経済環境の悪化には負けたのである。財政再建には、困難な目標へも勇敢に立ち向かっていく騎士のような信念が必要である。しかし目標到達の障碍となる要素に全く注意を払わないほど騎士の個性が強すぎたとしたら、マイナスであったかもしれない。

財政再建の内容

　「増税なき財政再建」のもとでは、政策的経費である一般歳出の伸び率は1〜5％に抑制され、1983年以降はゼロ・シーリングが適用された。財政構造改革法が実施される以前の一般歳出の伸び率は1〜3％であったが、実施

---

14) 1980年代と1990年代のリーダーシップの比較については、Miyazaki [2006]（pp.135-139）を参照。

後の歳出削減はそれよりもさらに厳しかった。一般歳出は1998年には1.3％も減少している。財政構造改革による歳出抑制は、「増税なき財政再建」のそれに比べて不徹底であったというわけではない。法律的な拘束力のある歳出削減目標を掲げたという点は評価される。

財政構造改革法に瑕疵があったことは否定できない。同法では、歳出削減額や赤字国債脱却の目標年度はかなり機械的に決められていた。外部からのショックに対して柔軟に対処する景気弾力条項は入っていなかった。同法が改正された当時は、日本経済はすでに深刻な不況に陥っていた。改正によって付された停止条件は、2期連続して四半期ベースの実質GDP成長率が1％以下というものであった。これは実質GDP成長率がマイナス2％以下の時に停止される欧州連合（EU）の安定・成長協定と比べると寛大である[15]。財革法はEUの安定・成長協定を参考にしたものと言われるが、景気回復を求める世論を反映して緩やかなものになった。

大きな違いがあるとすれば、それは歳出側にではなく、歳入側、特に当初予算の税収と税収決算との乖離にあった。1990年代の予算を導いたのは、経済の前提を比較的楽観的に捉え、バブル期の異常な拡張が収まって正常な状況になり、インフレなき穏やかな成長路線に入るだろうという考え方だった。毎年の政府の経済見通しの水準はそうした見解に基づいて提起され、当初予算での税収はその線に沿って見込まれる。しかし1991年度から予算の執行とともに見通しと実体との乖離が広がってゆき、1992年度以降はその度合いが深刻化した。しかも政府の経済見通しは1997年度の成長率を名目3.1％、実質1.9％としていたように、極めて楽観的な姿勢が続いた。消費税率引き上げの影響もあって、名目成長率の方が実質成長率を上回り、デフレからの脱却を見据えていた。この政府の楽観的な景気予測に対して、民間調査機関のそれはおしなべて厳しく、大きく下回るものだった。事実、予想外の景気低迷となり平成不況（第二次）に突入することになる。

これとは対照的に1980年代末から1990年代初頭にかけては、バブル景気によって棚ボタ式に税収が急増し、財政は再建されてしまう。1990年度に

---

15) Miyazaki [2006], pp.136-137.

は赤字国債依存から脱却した。歳出抑制は、財政健全化を進めるうえでの必要条件である。それなしに世論は増税の必要性を受け入れようとはしない。これは1979年に日本政府が一般消費税の導入に失敗したことから学んだ苦い教訓である。しかし税収が1980年代前半のように伸び悩んでいたならば、歳出抑制だけではとても目標を達成することはできなかった。もっとも経済が好調だったことが自動的に財政・予算の良好なパフォーマンスをもたらしたわけではない。税収の豊かさはしばしば放漫財政を結果として引き起こしがちだからである。この時期（1990年前後）の予算編成関係者は当時の豊富な税収に不安定な要素が少なからず含まれていることに留意して、むしろ意識的に引締めを強めて、財政の体質を強化することを志していた[16]。

企業に残る雇用、設備、債務の三つの過剰問題

　1980年代後半に発生したバブルは、実体経済を覆う「泡」と見なされていた。つまりバブル崩壊により「泡」の部分が消えるだけで、当初は実体経済には影響ないと考えられていた。ところがこの楽観的な見解は、日本経済の長期停滞が続き、誤りであることが明確になった。バブル崩壊後も政府の認識は甘く、いずれ本格的に日本経済の自律した回復が実現可能だと終始楽観的であった。1992～2002年の間には、12回もの財政出動を中心とした各種の経済政策が実行されたが、低迷する日本経済を浮上させることはできなかった[17]。

　このように政府がくりかえし景気対策を発動しても日本経済が本格的に回復できなかった背景には、バブル崩壊により企業が三つの過剰（雇用、設備、債務）をかかえそれを解消できないという実態があった。とりわけ不良債権の問題はそれ以降も長く尾を引くことになり、最悪期を脱するには2003年のりそな銀行への公的資金投入をまたねばならなかった。資産価格バブル、1980年代の金融規制緩和のあり方等が不動産関連融資を積極化させ、その後の資産価格の低下が借り手、貸し手双方の財務状態を悪化させた。問題が

---

16)　財務省財務総合政策研究所財政史室編［2017］、229頁。
17)　財務省財務総合政策研究所財政史室編［2017］、352頁。

長引いた一つの理由は、銀行が迅速な不良債権処理に対して明らかに消極的であり続け、「追い貸し」を行ったことだ。そうせざるを得なかった理由は植田和男が指摘するように、自己資本不足のため大規模な不良債権処理に伴う実現損を会計的に認識する体力がなかったからである（植田［2005］、22-26 頁）。

　政府サイドからの抜本的な政策的取り組みも遅れた[18]。1991 〜 92 年、バブル崩壊後に生じた不良債権処理を見越して宮澤喜一首相は、大蔵省に対して不良債権処理に取りかかるように指示しようとした。しかし、大蔵省はこの指示を拒否した。1995 年頃から本格的な不良債権処理が始まったが、村山富市内閣の提出した住専処理法案が農林系統金融機関の負担を公的資金が肩代わりする解決案だったために国民の怒りを買った。法案を作成した村山内閣自体が 1996 年 1 月に総辞職、責任者の武村蔵相も退任してしまう。1996 年 6 月に発足したばかりの橋本内閣は住専処理法案を成立させたが、それ以降はむしろ不良債権処理は進まなくなった。こうして問題が長引く中で、財政規律を確立しようとした懸案の財政構造改革法は 1997 年 11 月に国会で成立した。この「財政引き締め策は、金融危機の解決策が模索されている最中に実施されようとするもので、政府の取るべき政策の一貫性を大きく欠くものであった[19]」。1997 年に起こったアジア通貨危機や橋本内閣の財政引締めなどが引き金になって、いくつかの金融機関が破綻したほか、広く金融市場全体で流動性需要やリスク・プレミアムが急上昇し、すでに不良債権問題に苦しんでいた金融機関では資金調達が困難となった（植田［2005］、164 頁）。

　財政構造改革による財政再建よりもやはり、不良債権の処理と金融システムの安定化を優先し、日本経済を再生するのが先決であった。雇用、設備、債務の面で三つの過剰問題が企業に残る中での本格的な財政再建は時期尚早であった。

18）　村松［2010］、28-29 頁による。村松は「政官スクラム型リーダーシップ」が発揮できなかった重要な例として 1990 年代の不良債権処理問題を位置付けている。
19）　財務省財務総合政策研究所財政史室編［2017］、580 頁。

第5章
中福祉・低負担の深層

　日本の社会保障の水準は西欧並みになってきているという意味で、「中福祉」なのであるが、国民負担の方は国際比較で言うと「低負担」に止まったままである。「中福祉・低負担」という組み合わせだから財政赤字が発生し、政府債務が累積する。歳出をカットして「低福祉・低負担」の組み合わせにするか、国民負担を高めて「中福祉・中負担」にすれば財政赤字は止まるということになる。

　しかし、財政赤字を抑制するためには数字上でどのようなことがなされなければならないか、という議論だけでは不十分である。日本の納税者は、どのようなサービスを社会的に供給するのが望ましいと考えているのだろうか。国民負担率についてあるべき水準はどのくらいか。本章では「税・社会保障についての意識調査（第一次）」から得られたデータを使って、いかなる属性や行政サービス意識を持つ人が税・社会保険料に負担感を抱くのかを順序ロジット・モデルで推定する。

1　はじめに

日本では 24 年連続で財政赤字が続いた結果、政府債務の対 GDP 比は

1992年度の70%から2016年度の226%へと3倍も増加した。これは他の先進諸国も経験したことのないような未知の領域といってよい。基礎的財政収支の赤字も対GDP比で6%を記録している。日本の財政赤字がこれだけ拡大している理由は、税収に比べて歳出が多いからである。歳出面では基本的に、社会保障関係の支出拡大が財政赤字の主要要因になっている。公的年金や介護・医療保険の制度は、本来は社会「保険」の仕組みのはずだから、保険料収入で支出を賄えるように制度設計されていなければならない。

ところが、日本の場合には歴史的な経緯からそのようにはなっておらず、保険料収入だけでは支出を賄えない。ゆえに国庫負担その他のかたちで補填が行われており、その額は年々増加している。結局のところ、社会保障支出を含む政府支出に比べて税金と社会保険料を加えた国民負担が少ないので、財政赤字が発生している（池尾 [2013]、306 頁）。

社会保障支出と財政赤字とがコインの表裏の関係にあることは、予算のいくつかの項目を拾えば一目瞭然であろう。社会保障の給付はおおよそ115兆円である（2014年度予算ベース）。そのうち保険料で賄われているのは64兆円、残りのなかの約43兆円は税金（公費負担：国31.1兆円、地方11.9兆円）である。もっとも社会保険料は、1990年代半ば以降は、ほぼ横ばいで推移している。その結果、社会保障給付と社会保険料収入の差額が広がって、公費負担の増加をもたらしているのだ。

例えば、国の一般会計95.8兆円から国債費と地方交付税交付金を除いた政策的経費56.5兆円のうち、5割を超える30.5兆円が社会保障関連の支出となっている。文教・科学技術・公共投資など他の予算は全て削減が続く中で、社会保障関連の支出のみが毎年1兆円以上、増え続けている。この公費負担は本来であれば、現役世代の負担で賄われるべきものである。しかし2014年度当初予算における公債依存度が43%であることから、公費負担の半分弱は将来世代の負担で賄われている状況にある。

しかし、財政赤字を抑制するためには数字上でどのようなことがなされなければならないか、という議論だけでは不十分である。公的部門は、国防・外交・司法など民間によっては供給できない「純粋公共財」のほか、教育、

社会保障など民間でも供給可能な「準公共財」をも供給している。こうした広範な「準公共財」のうちどれだけを公的部門が供給するかによって、国民負担の水準は当然変わってくる。

したがって、国民の負担は「準公共財供給上の効率性」「分配上の公平」「選択の自由」といった諸点についての社会的合意、すなわち、納税者がどのような経済社会を望むかについての選択の結果として決まってくるものなのである（吉川［1999］、177-178頁）。本章では、一方では社会保障支出や税・社会保険料についての国際比較データに基づいて日本の財政を位置付けながら、他方ではわれわれが行った「税・社会保障についての意識調査（第一次）」をこれらの財政データと突き合わせる。

2　「中福祉」の綻び

財政指標から見た「中福祉」

日本の社会保障の現状の水準が「中福祉」であるという点から考えてみよう。そもそも「中福祉」は1980年代のいわゆる「土光臨調」の頃に、さかんに使われた表現である。臨時行政調査会の基本答申では西欧型の高福祉・高負担ではなく、経済の活力維持と国民の生活安定とを両立させる道として中福祉・中負担が掲げられた（臨時行政調査会［1982］）。しかしこの表現はその後、表舞台から退いていった。

転機が訪れたのは、「社会保障国民会議」が2008年11月に提出した最終報告書である（社会保障国民会議［2008］）。同報告書は、社会保障の進むべき道筋として「制度の持続可能性」とともに「社会保障の機能強化」に向けての改革に取り組むべきことを提起した。これを受けて同年12月に閣議決定された「中期プログラム」においては社会保障給付費の伸びを抑制するのではなく、堅固で持続可能な「中福祉・中負担」の社会保障制度の構築が目指された。「安心社会実現会議」も翌2009年6月に報告書を纏めて、人生を通じた「切れ目のない安心保障」を構築することを目標に掲げた。

二つの報告書は自公政権下で纏められたものであるが、民主党への政権交代以降も精神は引き継がれている。菅内閣の下で設置された「社会保障改革に関する有識者検討会」の報告書は「参加保障、普遍主義、安心に基づく活力」の三つの理念に基づいて社会保障制度改革は進められるべきであると提起している（社会保障改革に関する有識者検討会［2010］）。これらの報告書には「中福祉」という言葉そのものは見当たらない。しかし、これまでの国民皆保険・皆年金を維持しつつも、健康で安定した収入を稼得している現役向けの社会サービスも拡充するという共通した目標が掲げられている。

　日本の社会保障が「中福祉」であるという捉え方は、国際比較データによっても裏付けられる。図5-1はOECDの社会支出データベースから作成した社会支出の国際比較である。このグラフでは高い方の極にはフランス、デンマークなどが集まり、そして反対の極にはメキシコ、韓国、チリなどが固まっている。日本の社会支出の対GDP比のランキングは上から数えても下から数えてもちょうど真ん中とは言えないものの、その近傍に位置している。中位数（median）の近傍であるという意味で日本の社会保障はやはり「中福祉」

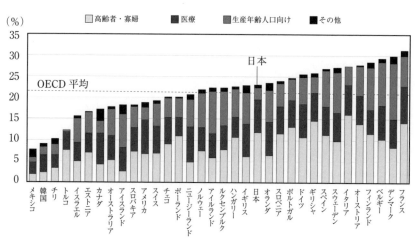

図5-1　公的社会支出の比較（対GDP比）

（注）生産年齢人口向けの社会支出には家族、積極的労働市場政策、失業給付、障害給付を含む。
（出所）OECD, *Social Expenditure Database* より作成。

である。

　日本の社会保障に関していま一つ付け加えるべき特色は、社会支出の内容が年金、医療といった高齢者向けの給付に傾斜していることだ。これらは社会支出全体の5分の4を占め、OECD諸国の中では2番目に高くなっている。現役の生産年齢人口が主たる受給者となるのは家族関連給付、積極的労働市場政策、失業給付、そして傷病給付などである。だがこれらの給付水準は低く、社会支出全体の5％を占めるにすぎない。

公共サービスへの満足度

　次にわれわれが実施した「税・社会保障についての意識調査（第一次）」（以下、「意識調査(1)」）の内容を先に見た「中福祉」の財政指標と突き合わせてみよう[1]。政府の公共サービスを今より増やすべきかどうかについて、公共サービス全般、社会資本、年金・医療・介護、低所得者対策、教育・子育

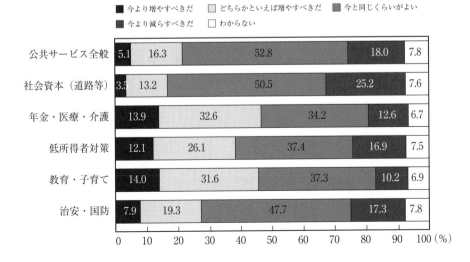

図5-2　政府の公共サービスの増減

あなたは政府の公共サービスを今より増やすべきだと思いますか、それとも減らすべきだと思いますか。（お答えはそれぞれ1つずつ）
※増やすときは税金増があるとお考えください。

第5章　中福祉・低負担の深層

て、治安・国防の6項目について尋ねた（図5-2）。ここには「中福祉」の財政指標の場合とは著しく異なった社会保障の側面が示されている。すなわち、社会支出の対GDP比のみに依拠すれば、あたかも日本の社会保障が西欧並みに近づいているように見える。しかし、納税者の意識に即して検討すると、到底そうは言えそうにはないことが分かる。

　第一に、政府支出の中でも社会保障や福祉・教育・子育てといった納税者の安心に影響を与えるサービスに必要性を感じている。「今より増やすべきだ」と「どちらかといえば増やすべきだ」を合わせると年金・医療・介護では46.5％、教育・子育てでは45.6％、低所得者対策では38.2％が「増やすべきだ」と考えている。一方、社会資本と治安・国防では現状維持でよいと感じている納税者が多い。「今と同じくらいがよい」と「今より減らすべきだ」を合わせると社会資本では75.7％、治安・国防では65.0％の納税者がサービスは現状程度かそれ以下でいいと考えている。福祉のように納税者個人への便益の帰属が比較的明瞭な準公共財への支持が高い一方で、治安・国防といった便益が薄く少しずつ帰属する純粋公共財については支持が高まりにくいのだろう。

　ここでの問題はその先にある。すなわち第二に、納税者は年金・医療・介護、低所得者対策、教育・子育てサービスに対する不満感が強く、政府がこれらの公共サービスを増やすべきだと感じている。公共サービスへの満足度を見ると、納税者は公共サービスや公共政策にあまり満足していないようである。「大いに満足」と「どちらかといえば満足」を合わせると公共サービスに満足している納税者は21.9％である（図5-3）。

　一方、「やや不満」と「大いに不満」を合わせると32.2％の納税者が公共サービスに不満をいだいていて、満足している納税者の割合を10.3％も上回っている。「やや不満」と「大いに不満」を合わせた数値が最も大きいのは、年金・

1）　本章では「税・社会保障についての意識調査（第一次）」を実施し、その結果をもとに分析している。アンケート調査は全て株式会社ネオマーケティングに委託して2016年1月に実施した。同社に登録された稼働中のモニター約327万人（母集団）の中から、1,000サンプルを無作為に抽出している。20～79歳の男女の各年齢階級（10歳レンジ）の度数の割合が日本の人口構成比となるように抽出している。

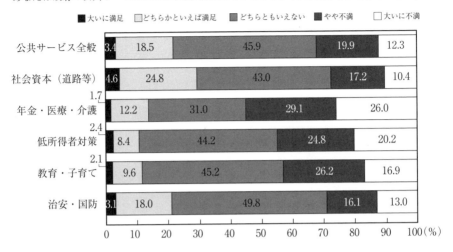

図5-3 政府の公共サービスへの満足度

医療・介護で55.1％となっている。「やや不満」と「大いに不満」を合わせた数値が次に大きいのは低所得者対策で45.0％、第三番目に大きいのが教育・子育ての43.1％であった。

以上を纏めれば次のようになろう。高齢者は医療や介護でいくらかかるのか分からないという不満や不安をかかえている。現役の若い世代も結婚して子育てができるのか、負担増に耐えていけるのかと思っている。日本の社会保障は、数字のうえでは「中福祉」と位置付けられるけれども、その内実には綻びが生じていると言わざるを得ない。

3 「低負担」の呪縛

国民負担率の国際比較

社会保障の持続可能性を高め、なおかつ機能強化をするには、税・社会保険料の負担増は避けられない。第二次臨調以降、国民負担率の抑制が、また近年では財政赤字を加えた潜在的国民負担率の抑制が重要な財政健全化ない

し財政規律の目標に掲げられてきた（宮島［1992］、2章）。「国民負担率」とは税と社会保険料負担が国民所得に占める比率を指す。日本では後に見るように、他の先進諸国と比べて国民負担率は低い。しかし現行制度の下では今後は国民負担率の上昇が見込まれるが、国民負担率上昇は経済成長に悪い影響を与える、ということが政府によって強調されてきた。

その中で1990年代に入ると、国税を中心に国民所得比で見た租税負担率が大幅に低下する。それはバブル崩壊に伴う税収自然減と、景気対策への大幅減税政策の相乗的な結果である。それに比べて社会保険料の方は、年金にしても医療にしても基本的には給付費用に見合うような財政計算にしたがって保険料率の引き上げが計画的に行われる。一時の凍結や見送りが行われても、ある程度は着実に負担率が段階的に引き上げられてきている。

それにしても、日本は「低負担」を選択している。これは国民負担率を他の先進諸国と比較した図5-4からも裏付けられる。ここでは分母に国民所得ではなく、あえて国内総生産を用いていることに注意されたい。国内総生産

図5-4 税・社会保険料の国際比較（対GDP比）

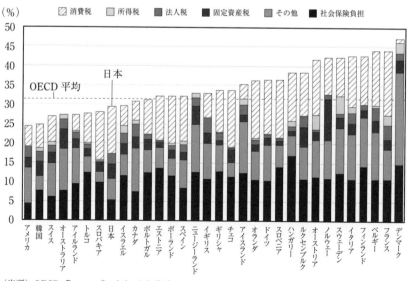

（出所）OECD, *Revenue Statistics* より作成。

(GDP)から国民所得(NI)を計算する際には間接税を控除し、補助金が加算される。このため国民所得を分母にすると、間接税への依存度が高い国ほど国民負担率が過大に表示されるというバイアスが生じる。OECDの歳入統計でも掲載されているように、国内総生産を分母にした国民負担率を用いる方が、よりフェアな国際比較を行うことができる。国民負担率は、サッチャー・レーガンが目指した社会と北欧型の福祉国家との間に広がるスペクトラムの中から、納税者がどのような社会を選択するかによって決まるものである。

アメリカの社会保障は、雇用関係をベースとする民間福祉を基軸とし、現役世代向けの公的な医療保険はない。その特色は、国民負担率の低さにある。これに対して、男性稼ぎ主の加入する社会保険を中核とするドイツの特色は、国民負担率がアメリカとスウェーデンとの中間に位置するということにある。しかし、それよりも重要な特色は社会保障負担の高さにある。つまり、ドイツ・フランスの特色は租税負担よりも社会保険料負担の高さにあるといってよい。

一方、市民に対して社会サービスを普遍主義的に供給するスウェーデンの

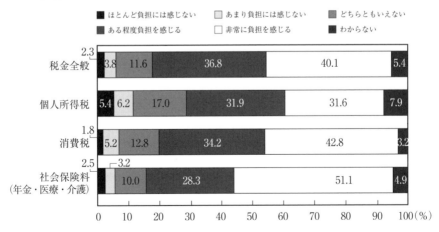

図5-5　税・社会保険料の負担感

特色は、租税負担も社会保険料負担も高く、したがって国民負担率が高いという点にある。しかも、租税負担率が高く、ミニマム保障とスタンダード保障を可能にしている。ひるがえって日本の特色を見てみると、国民負担率はアメリカを若干上回っている程度である。しかし、租税負担率は公的医療保険がないアメリカよりも低い。つまり、アメリカ同様に国民負担率が低いけれども、相対的にはドイツ・フランスといった大陸型の福祉国家のように社会保険料負担が高いという特色を備えている。こうした日本の特色を見れば、「中福祉・低負担」であるといってよい（持田［2009］、286-289 頁）。

税・社会保険料負担への抵抗感

　次に「意識調査(1)」の結果を先に見た「低負担」の財政指標と突き合わせてみよう。われわれは、税・社会保険料に対する負担感、税についての意識などの項目についてアンケートをとった（図5-5）。ここには「低負担」の財政指標の場合とは著しく異なった国民負担の側面が示されている。国民負担率のみに依拠すれば、根本的には租税負担率の低さに問題があるのだから、それを西欧並みに引き上げて、少子高齢化の社会保障の充実と財政健全化に寄与すべきだという議論になる。しかし納税者の意識に即して検討すると、話はそう簡単ではないことが分かる。

　第一に、納税者は税金や社会保険料をかなり負担に感じているようである（Q2）。税金全般で見ると「ある程度負担を感じる」と「非常に負担を感じる」を合わせると、納税者の76.9％が税金に負担を感じている。一方、「ほとんど負担には感じない」と「あまり負担には感じない」を合わせると6.1％であり、負担を感じていない納税者はごく少数にとどまる。また「非常に負担を感じる」納税者の割合が最も大きいのは、社会保険料（年金・医療・介護）で51.1％となっている。「非常に負担を感じる」が次に大きいのが消費税で42.8％、第三番目が個人所得税で31.6％であった。公共サービスの増加を望む納税者も、税金の徴収が不可欠であると理解する納税者もともに、税・社会保障負担には強い抵抗感を持っているようである。とりわけ社会保険料負担については、消費税よりも負担に感じている納税者が多いことを銘記すべ

図5-6 潜在的国民負担率の許容水準

財政赤字を含めた、税や社会保険料の国民負担率を潜在的国民負担率といいます。わが国の潜在的国民負担率は現在、50.8％と推定されています。あなたはわが国の潜在的国民負担率は将来的にどの程度まで許容できると考えますか。（お答えは1つ）

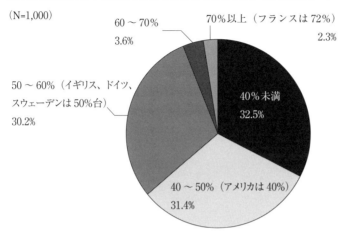

　きだろう。
　第二に注目すべきは、潜在的国民負担率の許容水準についてである（図5-6）。「潜在的国民負担率」とは財政赤字を含めた、税や社会保険料の国民負担率である。アンケートでは日本の潜在的国民負担率の水準と他の国の水準を比較できるようにアメリカ、イギリス、ドイツ、フランス、スウェーデンの潜在的国民負担率の情報を提示した。そのうえで、日本の潜在的国民負担率をどの程度までなら許容できるかについて尋ねた。一番多い回答は「40％未満」で32.5％、次に多いのが「40〜50％」で31.4％、第三番目は「50〜60％」で30.2％であったが、それぞれの比率はほぼ拮抗している。
　単純な集計結果を見るかぎり潜在的国民負担率の許容水準を50％以下とする意見は63.9％を占める。日本では北欧諸国やフランスのような高負担を受け入れる納税者は現状では少数と考えられる。納税者の大多数は、ほぼ現状程度の潜在的国民負担率ならば許容できると考えている。

4 「財政健全化」という試練

政府債務累積の比較

　世界的に見ても未曾有の高齢化が進んでいるが日本の社会保障の水準は「中福祉」である。にも拘わらず「低負担」であるために、財政収支の悪化と政府長期債務残高の累増に歯止めがかからない。財政健全化をめぐる政府の取り組みをごく簡単に振り返り、これに対する納税者の意識を対比させよう。

　日本の政府長期債務残高の対 GDP 比は 226％に達し、他の先進国の中では圧倒的に高水準である（図 5-7A）。債務から資産を差し引いたネット政府債務残高で見ると、絶対水準は低くなるものの、日本の順位に変化はない（図 5-7B）。もっとも、国債は例外的に低い金利で安定的に消化されている（図 5-7C）。国債金利が低いのは、一つには異次元の金融緩和を行う日本銀行が、国債を大量に購入しているからである。さらに 20 年来のデフレーションをはじめとして名目経済成長率の低迷、日本の投資家が外国の資産よりも国内の資産に多く投資する傾向（ホーム・バイアス）などが、長期金利の低下に与っていることはよく知られている。

　しかし、国内非金融部門による財政赤字の低金利でのファイナンス（資金調達）がこれから先も永遠に続けることはできないかもしれない。その意味で日本の財政は長期金利の上昇にかなりぜい弱な体質になっていると言える。

　日本では、バブル崩壊後の最初の財政再建計画である財政構造改革法がたった 1 年で凍結に追い込まれた。そのことがトラウマとなって、財政健全化は長い間、封印されることになった。1999 年度から自民党と自由党の連立政権の下で消費税収入の使途を基礎年金・介護・医療に限定することが決まり、さらに 2003 年度改正で簡易課税制度の適用上限や免税点の大幅な引き上げが実施された。だが、それ以外には消費税に関する大きな改正はしば

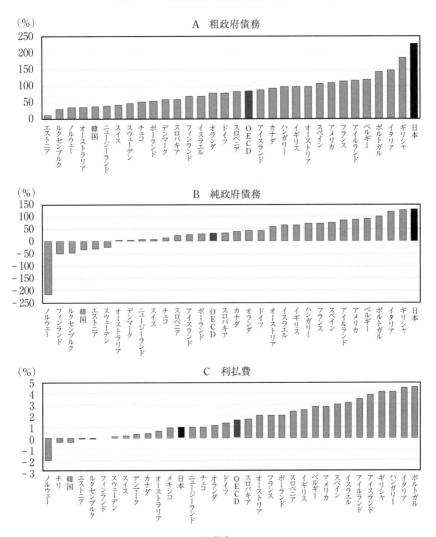

図 5-7 政府債務の国際比較（対 GDP 比）

（出所）OECD, *Economic Outlook Database* より作成。

らくの間はなされなかった（財務省財務総合政策研究所財政史室編 [2014]、717-718 頁）。税率の引き上げは小泉内閣の 5 年半は凍結され、その後、麻生政権の下で 2009 年度税制改正によって 3 年後の税率引き上げが明記され

たが、直後の衆議院議員選挙で民主党の鳩山内閣が成立、4年間は税率の引き上げを行わないことが明言された。

　財政健全化に向けた一里塚になったのは、野田内閣による「社会保障と税の一体改革」の下で消費税の税率引き上げの議論が活発となり、2012年に税・社会保障の一体改革をめぐる3党合意が成立したことにあった。その後、民主党から政権を奪還した自民党・第二次安倍内閣は、2013年に中期財政計画を策定した。それは民主党政権の下で2010年に策定された財政戦略を基本的には踏襲するものになっている。すなわち、(1)国・地方の基礎的財政収支を2010年の6％から2015年には3％へと半減、(2)2020年に基礎的財政収支を黒字化、(3)その後、政府債務の対GDP比の安定的な引き下げがそ

図5-8　財政健全化の必要性

高齢化が進み、社会保障費は毎年、1兆円ずつ増えています。お金を使うばかりで借金を重ねてきた結果、国の長期債務はGDPの2倍に達しています。誰かが、どこかで負担増を受け入れなければ、さらに先送りが繰り返されていきます。いつまでもこのような状況がつづくわけではありません。財政赤字と政府債務についてあなたの意見に最も近いのはどれですか。（お答えは1つ）

(N=1,000)

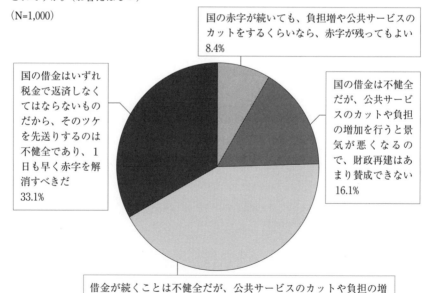

国の赤字が続いても、負担増や公共サービスのカットをするくらいなら、赤字が残ってもよい　8.4％

国の借金は不健全だが、公共サービスのカットや負担の増加を行うと景気が悪くなるので、財政再建はあまり賛成できない　16.1％

国の借金はいずれ税金で返済しなくてはならないものだから、そのツケを先送りするのは不健全であり、1日も早く赤字を解消すべきだ　33.1％

借金が続くことは不健全だが、公共サービスのカットや負担の増加は急にはできないので、徐々に赤字の解消を図ればよい　42.4％

の骨子である。安倍内閣は2014年4月に消費税の税率引き上げを実施した。しかし2015年10月の10％への引き上げは2度の延期決定を経て、2019年10月まで先延ばしになっている。

増税の許容範囲

　ここまで紹介をしてきた「意識調査(1)」と、財政赤字拡大や政府債務の累積の問題を突き合わせてみよう。ここには政府債務に関するマクロ統計の場合とは著しく異なった財政赤字の側面が示されている。質問にあたっては、高齢化の進行に伴い社会保障関係費が毎年1兆円増加していること、国の長期債務残高がGDPの2倍に達していること、負担増を受け入れなければ問題が先送りされることを示して、財政健全化の必要性を感じているかどうかを尋ねた（図5-8）。「借金が続くことは不健全だが、公共サービスのカットや負担の増加は急にはできないので、徐々に赤字の解消を図ればよい」と「国

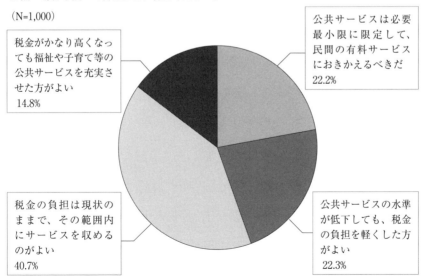

図5-9　財政健全化の方策

公共サービスと税金の関係についての主張のうち、あなたの見解にもっとも近いのはどれですか。（お答えは1つ）※税金には社会保険料も含むとお考え下さい。あてはまるものが無い場合も強いて言えばをお答えください。

(N=1,000)

- 税金がかなり高くなっても福祉や子育て等の公共サービスを充実させた方がよい　14.8％
- 公共サービスは必要最小限に限定して、民間の有料サービスにおきかえるべきだ　22.2％
- 税金の負担は現状のままで、その範囲内にサービスを収めるのがよい　40.7％
- 公共サービスの水準が低下しても、税金の負担を軽くした方がよい　22.3％

の借金はいずれ税金で返済しなくてはならないものだから、そのツケを先送りするのは不健全であり、1日も早く赤字を解消すべきだ」を合わせると、75.5％の納税者が財政健全化が必要であると感じている。

一方、「国の借金は不健全だが、公共サービスのカットや負担の増加を行うと景気が悪くなるので、財政再建はあまり賛成できない」と「国の赤字が続いても、負担増や公共サービスのカットをするくらいなら、赤字が残ってもよい」を合わせると24.5％となった。納税者の多くは、日本の財政や経済が危うい状況にあることはすでに気づいていると考えられる。

では財政健全化の方策についてはどのような態度をとっているのだろうか。アンケート結果を見ると、納税者は公共サービスの給付を削減して負担水準を維持することを優先しているようである（図5-9）。「税金の負担は現状のままで、その範囲内にサービスを収めるのがよい」と回答した納税者が最も多く、40.7％になっている。次に多いのが「公共サービスの水準が低下しても、税金の負担を軽くした方がよい」で22.3％、その次は「公共サービスは必要最小限に限定して、民間の有料サービスにおきかえるべきだ」で22.2％であった。一方、「税金がかなり高くなっても福祉や子育て等の公共

図5-10 消費税の税率水準

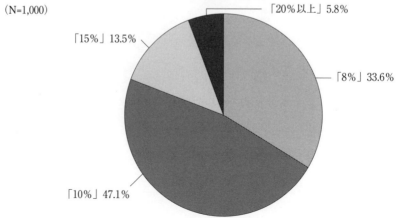

サービスを充実させた方がよい」と回答した納税者は全体の14.8%であった。納税者は税・社会保険料を負担に感じており、現行の負担水準を維持したうえで、その範囲内に収まるように給付の効率化や重点化を図ることを望んでいるようである。

最後に、消費税増税を一体どの程度まで許容できるのかを尋ねた（図5-10）。政府は社会保障制度の維持・機能強化を図り、かつ財政健全化への市場の信認を得るために消費税税率の引き上げが必要であると考えている。どのタイミングで増税するかについての意見は景気への影響をどのくらい重視するかで分かれているが、増税そのものの必要性についての否定論は少ない。消費税税率は一体どの程度までなら許容できるかという質問に対して（図5－10）、現行の「8%」と回答した納税者の割合は、33.6%であった。

一方、「10%」、「15%」及び「20%以上」を合計すると66.4%となることから、税率引き上げが必要であると感じている納税者が多数のようである。ただし、許容できる税率の水準で一番多いのは「10%」で割合は47.1%となった。次に多いのは「15%」で13.5%、3番目は「20%以上」で割合は5.8%であった。10%までの消費税率引き上げならば許容できると考えているが、ヨーロッパ諸国の付加価値税のように20%前後の税率を受け入れる納税者は今のところ少数であると考えられる。

5　納税者の「負担感」の原因を探る

選挙の洗礼

それにしても、日本の納税者の税・社会保険料に対する負担感がこれほどまで大きいのは一体なぜだろうか。世に広く流布している説明としては、次の四つを挙げることができよう。これらについて簡単な検討を加えておきたい。

① 政党・政治家の姿勢
② 納税者の倫理観

③　ただ乗りの構造
④　給付と課税による財政介入

　まず①「政党・政治家の姿勢」から考察を加えよう。本来であれば、高い給付を求めるならば負担水準の引き上げを、逆に高い負担が嫌ならば給付水準の引き下げを受け入れるように、政治家は国民に選択を迫らねばならない。しかし、政治家は選挙の度毎に痛みを伴う争点を隠したり、改革に反対することを行動基準としてきた（石［2009］、265-278頁）。特に1997年の消費税の増税直後の深刻な景気後退がトラウマとなって、政治的リスクを冒そうとしなくなった。5年半という長期政権を樹立した小泉首相は「私の在任中は消費税率の引き上げはしない」と断言していた。

　争点隠しを行ったのは与党だけではない。2009年の衆議院選挙では歴史的な政権交代が起こり、民主党・鳩山内閣が発足した。「納税意識アンケート調査」に見られるように、高齢化社会の到来、政府債務の現状からして、将来のいずれかの時期に消費税率を引き上げることは不可避であると納税者は考えている。しかし当時の民主党のマニフェストは歳出の無駄をなくすことに重点を置き、消費税については触れていなかった。鳩山首相は衆院在任中4年間は消費税増税を行わないと首相就任の直前に発言している。

　結局、消費税率引き上げ問題は、政治的には国会で税制改正関連法案、いわゆる「中期プログラム」の附則104条に「経済状況を好転させることを条件に、2011年までに必要な法制上の措置を講じる」という文言を明記することで決着した。これに沿って消費税率を2段階で10%に引き上げる道筋が、野田内閣時代の2012年、自民、公明、民主による「3党合意」によって立法化されている。いわゆる「社会保障と税の一体改革」である。選挙の洗礼を受けやすい増税問題を政争から分離することで、社会保障の安定財源を確保しようとする政治の知恵であるといってよい。

　しかし「社会保障と税の一体改革」の合意の枠組みは風前の灯といってよい。2012年末、政権を民主党から奪還した第二次安倍内閣は増税に慎重な立場ながらも2014年4月の8％への増税に踏み切った。しかし増税後の実体経済の回復が鈍いことを理由に、2015年10月に予定されていた10％への

増税を1年半延期することを決めて、衆議院を解散した。増税延期を表明した記者会見で首相は「(増税を) 再び延期することはないと断言する」と語った。「リーマン・ショックや大震災のような事態にならないかぎり、2017年4月から消費税率を10％に引き上げる」との公約も掲げた。しかし政府は消費税増税をさらに2年半先送りし、19年10月まで再延期した。

納税倫理とただ乗りの誘因

税・社会保険料に対する負担感が大きい第2の理由として、②「納税者の倫理観」の問題を指摘する声も少なくない。①「政党・政治家の姿勢」で触れたように、高い給付水準の維持を要求する一方で、負担はできるだけ軽くすべしといった主張が一般的であった。日本では首相や大臣が何度代わっても、また政権交代が起きても、歳出の徹底的な見直しと増税は先送りされるなど、民主主義への懐疑が広がっている。政党や政治家を選ぶ納税者の判断能力や税に対する倫理感に疑問符が付くのも不思議ではない。

しかし、個々の納税者レベルの法令順守意識は本当に低いのだろうか。税金に対する意識についての「意識調査(1)」を見ると、むしろ人々の租税意識において法令順守意識は高いと思われる。「税金を正しく申告するのは国民の義務だからやむを得ない」と「税金は社会の共通経費だから正しく申告するのは当然である」と合わせると73％の人々が健全な租税意識を持っているようである。

他方、「自分が苦労して得た所得だから、税務署にみつからないかぎり少なく申告するのはやむを得ない」と「税金が適正に使われていないと思われるから、少なく申告するのはやむを得ない」と「他人が正しく納めるとは思えないから、少なく申告するのはやむを得ない」を合わせると27％の人々が、意図的な過小申告をやむを得ないものと回答している。多くの人々は税金を納めることは国民の義務であり社会共通の経費への負担であると考えているようである。負担感の強さの理由として法令順守意識の低さを挙げることは必ずしも説得的ではない。

税・社会保険料に対する負担感が大きい第3の理由として、公共財への③

「ただ乗りの構造」を指摘する意見もある。政府が提供する公共サービスには、家電製品のような私的財とは違って、対価を支払わないからといってその人が消費から排除されないという性質がある。政府による公共サービスを望む者も、また税金の徴収が不可欠であることを理解する者も、自己の税負担が増加することに抵抗を持つのはこのためである。公共サービスには受益者負担が適用できず受益と負担が乖離することに鑑みれば、こうした指摘には一理ある。

しかし、公的部門は国防・外交・司法など民間によっては供給できない「純粋公共財」のほかにも、教育、医療、年金など民間でも供給可能な「準公共財」をも供給している。こうした広範な「準公共財」のうち医療、年金そして介護は税ではなく社会保険方式で供給されている。かつ社会保険料負担は税とは異なり、厳密な意味での保険数理的な対応関係ではないにしても、受給権の発生と保険料負担との間には一定の対価関係がある[2]。

それにも拘わらず、先にも触れた通り「意識調査(1)」では回答者の51%が年金・医療・介護などの社会保険料に対して非常に強い負担感を抱いている。厚生年金や健康保険などの被用者の社会保険料は、所得が低くても一定の保険料率が適用される。また保険料が算定される給与収入には上限があり、一定の年収を超えると保険料は据え置かれるので、高所得者の負担は頭打ちになる。受益と負担との間に牽連性があったとしても、消費税以上に低所得者層の負担が重くなる保険料負担の上昇は見過ごすことはできない。

給付と課税による財政介入

税・社会保険料に対する負担感が大きくなる第4の理由として、④「給付と課税による財政介入」が所得分配に与える影響が考えられる[3]。財政介入が所得分配に与える影響としては、論理的には二つの可能性がある。日本の社会保障制度は、スウェーデンなど北欧の福祉国家のように遍く全ての国民

---

[2] 旭川市で徴収された国民健康保険料について憲法84条の租税法律主義が適用できるか否かをめぐって2006年3月に行われた最高裁判決は、租税に該当しないとして、保険料負担と保険給付との間の「牽連性」を認めている。持田[2009]、78頁を参照。

に給付を行い、負担を求めるかたちではなく、むしろ世帯、所得状況などあらゆる要件に照らし、社会保障給付が必要と認められる者に「選択的」に給付され、負担が困難な者からは負担を求めない形式をとっていると言われる。そのような制度の下では、健康で安定した収入のある世代は社会保障制度の恩恵を意識することは少ない。このために現役の中間所得階層の一部では見返り感が乏しいまま、税・社会保険料負担の負担感が増し、社会保障への不信が高まっていると言う[4]。これが一つ目の可能性である[5]。

　二つ目の可能性は、社会保障給付が必要と認められる者に「選択的」に給付され、負担が困難な者からは負担を求めない建前をとっているけれども、実際に効果を発揮しているかどうかはそれとは別問題であるという捉え方である。すなわち、一方では社会保障給付がそれを真に必要としている人々に重点的に投入されておらず、かつ他方においては所得分布の底辺にいる階層が不相応に大きな税・保険料を負担しているという可能性である[6]。

順序ロジット・モデルの推定

　負担感の大きさを説明する力は、どちらの可能性にあるのだろうか。ここでは「税・社会保障についての意識調査（第一次）」で得たデータを使って、いかなる客観的属性や税・行政サービス意識を持つ人が強い負担感を抱くのかを順序ロジット・モデルによって推定する。ここで被説明変数として用い

---

3) 給付と課税に関する意識調査を分析した先行研究として、橘木・岡本・川出・畑農・宮里［2006］がある。この研究によると男性は女性に比べて保険に関して関心を持ち、社会保障制度に保険以外の側面に価値をおいているという。社会保障制度の縮小についても否定的で、社会資本整備などは削減や効率化を望んでいる。女性は小さな政府を志向し、再分配的側面ではなく受益と負担が一致した社会保障制度などを求める傾向にある。ただし教育や環境といった政府支出に関しては、充実を求める傾向がうかがえるという。
4) こうした立場を代表する業績として次の2点を挙げることができる。湯元・佐藤［2010］；社会保障改革に関する有識者検討会［2011］。
5) 林・伊多波・八木［2015］によると、「税は強制的にとられる」と感じている人は若年者に多い。年金・介護等の社会保障の受益を実感する場面が高齢者に比較して少なく、行政サービスからの受益についても認知しにくい可能性が否定できないという。
6) こうした立場を代表する業績として次の3点を挙げることができる。阿部［2011］；小塩［2015］；OECD［2013a］。

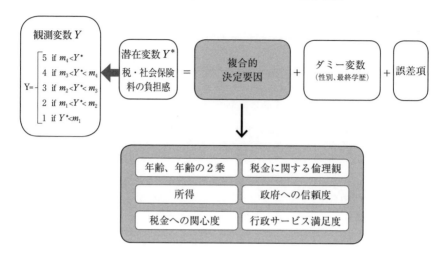

図 5-11 順序ロジット・モデルの基本構造

た負担感は、「ほとんど負担に感じない」「あまり負担に感じない」「どちらとも言えない」「ある程度負担に感じる」「非常に負担に感じる」について、順番に 1～5 を割り当てている。いずれも数値が大きくなるほど税金に対する負担が大きくなるように設定しており、順序ロジット・モデル（ordered logit model）として推定できる[7]。

モデルの基本構造を図 5-11 に示す。税・社会保険料の負担感を表わす潜在変数 Y^* は、複合的決定要因とダミー変数及び誤差項によって決まる。複合的決定要因として、ここでは年齢[8]、所得[9]、年齢の 2 乗、税金への関心度[10]、税金に関する倫理観[11]、政府への信頼度[12]、行政サービスへの満足度[13]という諸要因があると考える。潜在変数は、上記のような決定要因だけではなく、回答者の属性などの影響を受けると考えられる。性別[14]と最終学歴[15]に関するダミー変数を投入する。こうして決まる潜在変数 Y^* はデータとし

---

7) 順序ロジット・モデルの推定については、松浦・マッケンジー［2012］（12 章）を参照。
8) 年齢については、20 代、30 代、40 代、50 代、60 代、に 1～5 を割り当てた。
9) 所得については、400 万円未満、400 万円以上～600 万円未満、600 万円以上～1,000 万円未満、1,000 万円以上～1,200 万円未満、1,200 万円以上、に 1～5 を割り当てた。

表 5-1　順序ロジット・モデルの推定結果

被説明変数 (いずれも負担感の大きさ)	税金全般	個人所得税	消費税	社会保険料
年齢	0.52**	0.552**	0.45*	-0.074
	(0.262)	(0.253)	(0.256)	(0.271)
年齢の2乗	-0.101**	-0.112***	-0.072*	-0.004
	(0.041)	(0.040)	(0.040)	(0.043)
所得	-0.071**	0.048	-0.132***	-0.079**
	(0.032)	(0.031)	(0.032)	(0.033)
税金への関心度	-0.489***	-0.339***	-0.279**	-0.404***
	(0.087)	(0.084)	(0.083)	(0.088)
税金に対する倫理観	-0.09	-0.101*	-0.062	-0.018
	(0.059)	(0.057)	(0.059)	(0.061)
政府への信頼度	0.503***	0.365***	0.497***	0.353***
	(0.099)	(0.097)	(0.100)	(0.103)
行政サービスへの満足度				
社会資本	0.048	0.181**	0.038	-0.019
	(0.087)	(0.084)	(0.086)	(0.092)
年金・医療・介護	0.339***	0.173**	0.203**	0.451***
	(0.088)	(0.085)	(0.085)	(0.092)
低所得者対策	0.199**	0.04	0.395***	0.251**
	(0.096)	(0.093)	(0.095)	(0.101)
教育・子育て	-0.035	0.053	-0.065	0.002
	(0.092)	(0.089)	(0.094)	(0.097)
治安・国防	0.112	0.138	0.163*	0.106
	(0.086)	(0.084)	(0.085)	(0.092)
性別ダミー	0.128	-0.04	0.575***	0.22
	(0.134)	(0.130)	(0.134)	(0.139)
最終学歴ダミー	-0.047	-0.07	-0.056	-0.07
	(0.052)	(0.050)	(0.051)	(0.539)
対数尤度比	-954.01	-1100.3	-986.4	-908.4
疑似決定係数	0.091	0.058	0.096	0.09
標本数	866	844	885	871
閾値 (cut point)1	-1.491	-0.785	-0.653	-1.209
閾値 (cut point)2	-0.416	0.095	0.927	-0.217
閾値 (cut point)3	0.918	1.336	2.245	0.991
閾値 (cut point)4	3.012	2.985	4.123	2.684

(注)　***、**、*はそれぞれ1％、5％、10％水準で係数がゼロであるという帰無仮説を棄却したことを示す。係数を掲載しており、カッコ内の数値は標準誤差。

ては観察されない。観察されるのは観測変数である被説明変数 Y で、潜在変数 Y^* が大きくなるにつれて {1,2,3,4,5} の5通りの観測値をとる。潜在変数がどの水準を超えると観測値が変わるかは閾値（cut point）と呼ばれる m_i によって決まる。

推定結果を表5-1 に示すが、ここから分かることを纏めよう。ここでは順序ロジット・モデルの係数が掲載されているので、各説明変数の限界効果ではなくて、税金の負担感を強めるのか否かを把握することになることに注意する必要がある。

第一に「政府への信頼度」「年金・医療・介護」及び「低所得対策」については1％有意水準で係数はゼロであるという帰無仮説を棄却した。政府を信頼していない人ほど、また年金・医療・介護及び低所得者対策に不満を持つ人ほど、税金全般に対する負担感が大きい。

第二に、「税金についての関心度」、「納税義務への考え方」、「社会資本」、「教育・子育て」、「治安・国防」に対する満足度、「性別」ダミー、「最終学歴」ダミーの係数は統計的に有意でない。これらの要因と税金の負担感との関係はないと言える。

第三に、他の変数をコントロールしても年齢や所得によって税・社会保険料の負担感が影響を受けている。それぞれの係数は5％水準で有意であり、符号も期待されたものに一致している。ただし、モデルには年齢の2乗項も投入しているので、どのような影響があるかは直感的には把握できない。わ

---

10) 税金への関心度については、非常に関心がある、まあ関心がある、あまり関心がない、ほとんど関心がない、全く関心がない、に1～5を割り当てた。
11) 税金に関する倫理観については、他人が正しく納めるとは思っていないから少なく申告、税金が適正に使われていないと思われるから少なく申告、自分が苦労して得た所得だから税務署に見つからないかぎり少なく申告、税金を正しく申告するのは国民の義務、税金は社会の共通経費であるから正しく申告、に1～5を割り当てた。
12) 政府への信頼度については、かなり信頼できる、やや信頼できる、あまり信頼できない、ほとんど信頼できない、全く信頼できない、に1～5を割り当てた。
13) 行政サービスへの満足度については、大いに満足、どちらかというと満足、どちらとも言えない、やや不満、大いに不満、に1～5を割り当てた。
14) 性別ダミーは、男性を1とした。
15) 最終学歴ダミーは小中学校を基準として、高等学校、専門学校、短大・高専、大学・大学院卒、に1～4を割り当てた。

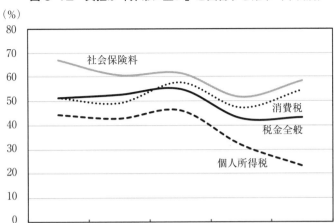

図 5-12　負担が「非常に重い」と回答する確率（年代別）

(注) 順序ロジット・モデルの推定結果を用いて、年代別に税・保険料負担が「非常に重い」と回答する確率を計算。

れわれは、年齢と年齢の2乗項の推定結果から税・社会保険料の負担感が「非常に重い」と回答する確率を計算して、図5-12に示した。ここから分かることを纏めよう。

(1) 個人所得税の負担感は、消費税・社会保険料のそれに比べると相対的には小さく、「非常に重い」と回答する確率は20～30％ほど低い。年齢による変化を見ると20代、30代ではほぼ一定であるが、働き盛りの40代でわずかに高まった後に、所得の伸びが頭打ちないしは減少する50代から60代にかけて急速に負担感は弱くなっている。

(2) 負担の逆進性が高い社会保険料については、三つの財源の中では負担感が一番大きい。20代の若年世帯だけではなく、医療・介護の保険料を負担する高齢者世代でも負担感は高くなっている。

(3) 高齢者も負担する消費税の負担感は、年齢による変化が少なく、ほぼ5割前後の納税者が負担感は「非常に重い」と回答している。

これらのファクト・ファインディングスが示すように、健康で安定した収入のある現役世代が税金の負担感のみを強く感じるかどうかは、財源調達手

段に依存する。順序ロジット・モデルの推定結果からは、この仮説を直截に支持するのは個人所得税の負担感のみであると考えられる[16]。年金・介護等の社会保障の受益を実感する場面が高齢者に比較して少なく、行政サービスからの受益についても認知しにくいかもしれない。しかし、消費税・社会保険料についてはそうは言えず、現役世代のみならず、社会保障の恩恵を受けているはずの中高年世帯の負担感も強い。パラメータが統計的に有意でないことから見ても、教育・子育てといった現役世代向け公共サービスへの不満が負担感を募らせているとはいえない。むしろ、年金・医療・介護への不満が負担感が強いことの底流にある。

次に所得階層によって税・社会保険料の負担感が「非常に重い」と回答する確率の予測値を纏めた図5-13を説明しよう。ここから分かることを纏めよう。

(1) 個人所得税の負担感は消費税・社会保険料のそれに比べると相対的には小さく、「非常に重い」と回答する確率は20～30％ほど低い。また所得の高い世帯ほど負担感は高い。

(2) 負担の逆進性が高い社会保険料については、三つの財源の中で負担感が一番大きい。低所得世帯が負担感が「非常に重い」と回答する確率は富裕層が回答する確率より10％高い。

(3) 消費税の負担感は、所得が低い世帯ほど「非常に重い」と回答する確率が高くなる。

これらのファクト・ファインディングスが示すように、公共サービスの見返り感が乏しく、安定した収入のある高所得層が「非常に重い」負担感を持つのは個人所得税のみだと言える。しかし、消費税・社会保険料についてはそうは言えない。そもそも負担感の水準自体が所得税のそれをはるかに超えているだけでなく、かつ低所得になればなるほど負担感が強まる傾向が明瞭

---

16) 吉中・荒井・遠坂［2008］は、主成分分析によって財政意識を考察している。将来の社会保障の受益と負担に関する考え方の違いを背景として、男性と高齢者層のグループ、女性と若年者層のグループがそれぞれ近い。負担の方法に関する国民の選好を見てみると、消費税による負担は、社会保険料による負担と代替する関係となっている一方で、所得税と消費税の間には代替関係が見られなかったという。

図5-13 負担が「非常に重い」と回答する確率（所得階層別）

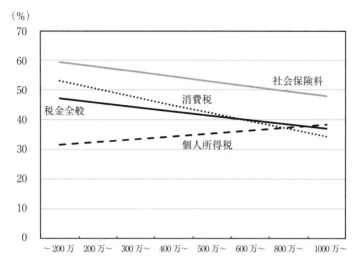

（注）順序ロジット・モデルの推定結果を用いて、所得階層別に税・保険料負担が「非常に重い」と回答する確率を計算。

に存在する。この事実は社会保障給付がそれを真に必要としている人々に重点的に投入されておらず、所得分布の底辺にいる階層が不相応に大きな税・保険料を負担していることを示す。

政策的含意

　納税者の意識を勘案すると実は、給付の抑制と税・社会保険料の負担増は一筋縄ではいかないことが分かる。

　第一に、健康で安定した収入のある現役世代が税金の負担感を強く感じるかどうかは、財源調達手段に依存する。順序ロジット・モデルの推定結果から、この仮説を直截に支持するのは個人所得税の負担感のみであると考えられる。現役世代は、年金・介護等の社会保障の受益を実感する場面が高齢者と比較して少なく、行政サービスからの受益についても認知しにくいかもしれない。しかし、消費税・社会保険料についてはそうは言えず、現役世代のみならず、社会保障の恩恵を受けているはずの高齢者世帯の負担感も強い。

その底流には年金・医療・介護への不満や不安がある。

　第二に、中・高所得層が「非常に強い」負担感を持つのは個人所得税だと言える。しかし、消費税・社会保険料についてはそうは言えない。そもそも負担感の水準自体が個人所得税のそれをはるかに超えているだけでなく、かつ低所得になればなるほど負担感が強まる傾向が明瞭に存在する。日本では、社会保障給付は、それを真に必要としている人々に重点的に投入されておらず、所得分布の底辺にいる階層が不相応に大きな消費税・保険料を負担している。

　この点に着目するならば、消費税と社会保険料の逆進性に配慮しつつ、財政赤字削減のために個人所得税の負担も引き上げ、社会保障給付を真に困窮している人々へ重点的に投入すべきだということになる。言い換えると「貢献原則」による保険原理を修正してでも、「必要原則」に基づいた給付と負担を優先する改革を行うべきだということになる。

　もっとも、年金・介護等の社会保障の受益を実感する場面が高齢者に比較して少なく、行政サービスからの受益についても認知しにくい現役世代や高所得層は、所得税については公共サービスの見返り感が乏しいと負担感を募らせている。所得税の改革は不可避と言えるが、その詳細については第7章で明らかにする。

第6章 社会保障制度の新設計

　日本では、社会保障の水準は「中福祉」であるが、国民負担の方は「低負担」にとどまるという不釣合いがある。この不釣合いのために財政赤字が発生し、政府債務が累積している。歳出をカットして「低福祉・低負担」の組み合わせにするか、国民負担を高めて「中福祉・中負担」にすれば財政赤字は止まる。

　しかし社会保険料・税負担を引き上げることに対しては、納税者のアレルギーがあることも事実である。単純に財政赤字を返せというだけでは、納税者に負担の増加を求めることは難しい。問題は、少子高齢化、労働市場の変容、現行の社会保障制度の特質という三つの要因がつながり合い、さらにここに社会保障の公的負担について公債依存が増大するという問題も重なって、社会保障の給付と負担に歪みが生じていることだ。本章では社会保障のあり方について、その財源にも目配りしながら考察したい。

1　日本の社会保障制度の特質

社会保険と福祉

　日本の社会保障制度は、自助・共助・公助の最適な組合せに留意して形成

されていると言われる。国民の生活は、自らが働いて自らの生活を支え、自らの健康は自ら維持するという「自助」を基本とする。高齢や疾病・介護をはじめとする生活上のリスクに対しては、共同してリスクに備える仕組みである「共助」が自助を支える。自助や共助では対応できない困窮などの状況については、受給要件を定めたうえで必要な生活保障を行う公的扶助や社会福祉などの「公助」が補完する仕組みとするものである（香取［2017］、46-48頁）。

この「共助」の仕組みは、国民の参加意識や権利意識を確保し、負担の見返りとしての受給権を保障する仕組みである社会保険方式を基本とする。日本の社会保障制度においては、国民皆保険・皆年金に代表される「自助の共同化」としての社会保険制度が基本であり、国の責務としての最低限度の生活保障を行う公的扶助等の「公助」は自助・共助を補完するという位置付けとなる。

公的年金や介護・医療保険の制度は、本来は社会「保険」の仕組みのはずだから、保険料収入で支出を賄えるように制度設計されていなければならない。ところが、日本の場合には歴史的な経緯からそのようにはなっておらず、保険料収入だけでは給付を賄えない。このため公費負担が発生しており、その金額は年々増加している。公費負担の原資は本来は現役世代が負担する税のはずであるが、約半分は将来世代の負担で賄われている。過去30年間の国の一般会計を振り返ると、歳入歳出規模が56兆円から92兆円へと36兆円増えている。問題は歳出増の中身であって、社会保障費19兆円、国債費10兆円、地方交付税5兆円とこれだけで歳出増のほとんどを占めてしまう。将来に対する前向きの支出と考えられる文教科学振興費はわずか0.5兆円の増加、公共事業費に至っては0.8兆円の減少である。大蔵省で理財局国債課長などを歴任した米澤潤一は「この25年間、財政が本来果たすべき資源配分上必要な支出はふやさず、社会保障費と国債費の増加を国債発行で後世につけ回ししてきた事実は一目瞭然」であると指摘している（米澤［2013］、150頁）。

社会保障関係費が歳出拡大の主な要因であるとすると、その給付はどのようにファイナンスされているのだろうか。図6-1から確認しておこう。社会

保障給付費の総額は2017年度に120.4兆円であり、対GDP比は21.8％である。その内訳として年金給付が47.1％で第1位であり、次いで医療が32.3％と続いている。福祉その他の給付は24.8兆円で20.4％を占めている。共助としての社会保険制度を基本として、公助としての福祉がこれを補完するという姿が見て取れる。

次にこれがどのようにファイナンスされているかを見ると6割は保険料（被保険者と事業主の折半）で4割は税（国税と地方税）となっている。このうち国税に当たる部分は一般会計の社会保障関係費のことで2017年度予算では32.5兆円に達し、一般歳出の55.6％を占めている。もっとも国税とはいえ、この社会保障関係費は現役世代が負担する税だけでは賄えず、約半分を特例公債（赤字公債）を発行して将来世代に負担を先送りしている。

予算硬直化の実態

増すばかりの歳出と、上昇傾向に乏しい歳入の間の開き——すなわち、高

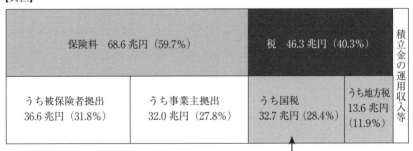

図6-1　社会保障の給付と負担の現状

（出所）厚生労働省資料より作成。

齢化による財政損失の本質——がある時に危ぶまれるのは、社会保障関連費と国債費に予算を食いつぶされて、国家が前向きな資源配分機能をなおざりにし始めることである。

　予算の硬直化は「霞が関」の業界用語ではない。例えば、国立大学では若手研究者の雇用不安定化が日本の科学技術の将来に影を落としている。2004年の国立大学法人化以降、筆者の勤務先を含めた国立大学では若手研究者の任期付き雇用が増えている。その背景には、法人化以降、大学運営の基盤を支える「運営費交付金」が厳しい歳出削減の一環として毎年1％削減される状況が続いていることがある。運営費交付金の大部分は教職員の人件費に充てられるので、若手研究者の安定雇用（任期なし）の採用数を減らすことで対応してきた面がある。

　国立大学法人は科学技術の発展に伴い、それを社会で活用できる高度人材を育成することが期待されている。そのためには財源多様化を図り、大学全体を支える核となる人材をしっかりと確保することが大切である。若手研究者の雇用安定化は今や国立大学法人の最優先事項の一つになっている（五神［2017］）。

社会保険の分立性

　社会保険であるにも拘わらず、公費負担が発生するのは制度が分立しているからである。公的医療保険を例にとって、確認しておきたい。第一に、日本では皆保険は実現しているが、勤労者のための職域保険によって始まった歴史的経緯により、職場や地域を単位とした多数の保険者に分立して加入している。すなわち、大企業の従業者は職場毎に「組合健康保険」に加入し、中小企業の従業員は全国規模の一つの保険である「協会けんぽ」に加入している。また従業者ではない自営業者や年金生活者は居住する市町村毎に「国民健康保険」に加入し、さらに75歳以上の高齢者は広域連合が運営する独立した「後期高齢者医療制度」に加入して、給付を受けている。

　このように制度が分立している背景には、医療保険は所得水準や病気のリスクを共有する同質集団の方が形成しやすいという事情がある。日本では大

企業の従業者が加入する被用者保険が1927年の健康保険法によって整った。次に人口の過半数を占める農民をカバーする国民健康保険法が1938年に施行された。戦後、国保の拡大と被用者保険のさらなる設立により国民の大半が保険に加入するようになり、1961年に皆保険が達成された。また1983年には老人保健法が施行されて75歳以上の高齢者医療の費用を国保・被用者保険の拠出と公費で折半する制度が発足した。

職域や地域で分立しているのが日本の社会保険の特質であるが、それぞれに加入している者の所得水準と病気になるリスクにより保険料率も給付内容も若干異なる。所得水準が高く、病気になるリスクが低い被保険者が相対的に多い場合には、それだけ低い保険料で恵まれた給付を受けている。例えば国民健康保険では被保険者の平均年齢は高く、1人当たり医療費水準も高いけれども、平均所得は組合健保のそれに比べて低い。

第二に、しかしながら、どの保険に加入していても医療機関で実際に受ける医療については格差がなく、さらに自己負担割合には大きな格差があるように見えるが、諸外国に比べて医療制度はかなり平等につくられている。確かに保険料負担は消費税以上に所得に対して逆進的である（第7章）。しかし医療給付はどの医療機関を利用しても一律である一方、保険料率は所得に比例しているので同じ保険者内部では所得再分配が行われている。またいずれの保険に属していても毎月の負担額が一定上限を超えると全額償還される制度が用意されている[1]。そして公的医療保険は美容や正常分娩を除く医療全般に幅広く適用され、保険証1枚で自由に医療機関を選ぶことのできるフリーアクセスも保障されている。

一般財源と財政調整

第三に、このように制度が基本的には平等にできている理由は、国による補助金と各保険者からの拠出金という二つの仕組みによる財政調整が行わ

---

[1] 医療機関で支払った自己負担額が1カ月で上限額を超えた場合に、その超えた金額を支給する高額療養費制度を指す。例えば70歳未満・年収約370万円～約770万円の被保険者では上限額は約9万円となっている（平成29年12月現在）。

れ、さらに国民が保険の選択をほとんどの場合にできないことにある（池上・キャンベル［2007］、94-95頁）。政府が国民に保険への加入を強制する以上、どの制度に加入しても保険料負担の格差はほどほどの範囲に収まるようにしなければならない。このため政府の一般財源を投入して分立した保険制度の底上げが図られる。すなわち、自営業者や年金受給者等の無職者等が加入し、医療サービスを受ける国民健康保険には国費と地方費が2分の1投入されている。中小企業の被用者が加入する協会けんぽの給付費にも一部国費が投入されている。後期高齢者医療制度や介護保険制度にも、国費と地方費がおよそ2分の1投入されている。

　行政改革によって一般財源の投入が減った分だけ、被用者保険が医療保険全体の費用をより多く負担するように制度改正が行われた。すなわち老人保健法では、国民健康保険の救済のため老人医療費全体の費用を国保・被用者保険が拠出したプールから払うようになった。各保険者はこのプールに対し

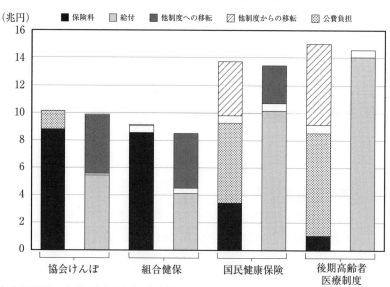

図6-2　医療保険制度の給付と負担

（注）左側は収入、右側は支出を表す。収支差のため、収入と支出は一致しない。
（出所）国立社会保障・人口問題研究所「社会保障費用統計」平成27年度による。

て加入している老人の割合とは関係なく均等に拠出することが義務付けられたので、老人加入割合が低かった保険者ほど大きな負担を強いられることになったのである。また現在の後期高齢者医療制度では高齢者医療を社会全体で支える観点から 75 歳以上について現役世代からの支援金と公費で 9 割を賄っている。

　図 6-2 より各保険者の収入を見てみよう。収入は、保険料と一般財源による公費負担及び他制度からの移転から構成される。組合健保への公費投入はわずかであるが、協会けんぽには 1.3 兆円、国保には 5.8 兆円、後期高齢者医療制度には 7.4 兆円が一般財源が投入されている。他方、支出については、給付と他制度への拠出金から成り立つ。これらの拠出金は全体で 10.9 兆円とかなりの金額となる。大企業の従業者の場合、徴収された保険料のうち（事業主負担を含む）45％が後期高齢者保険と前期高齢者保険への拠出金によって占められている。協会けんぽに加入する中小企業の従業員の場合には拠出金は払った保険料の 50％を占めている。このように払い込んだ保険料に対する対価として見た場合にはかなりの再分配が行われており、それを通じて平等性が達成されている。

2　社会保障給付と負担の不釣合い

将来世代への負担転嫁

　社会保険制度への公費投入そのものは、一概に否定されるべきものとは言えない。一つには無職者や低所得者も保険に加入できるよう、保険料の負担水準を引き下げることであり、いま一つは保険制度が分立していることによる給付と負担の不均衡を是正することである（社会保障制度改革国民会議［2013］、5 頁）。現行制度の下では、高齢化の進行や非正規雇用の労働者の増加による所得格差が広がる中で、保険料負担の逆進性を強めることになる。逆進性緩和の視点から、低所得者の保険料軽減や標準報酬月額の最高限度額の引き上げを行うなど、社会保険料のあり方を見直す必要がある。

しかしながら、社会保険への税の投入については、所得格差の調整を含め、社会保険料に係わる国民の負担の適正化に充てることを基本とすべきであろう。現在、社会保障給付と社会保険料収入の差額が広がる中、公費負担が増加傾向にある。公費負担は本来、現役世代の負担で賄われるべきものである。しかし公債依存度が4割を超えていることから分かるように、公費負担の半分弱は将来世代の負担で賄われている。

　消費税が増税された後も、この構造は解消されるものではなく、社会保障制度の持続可能性、世代間の公平の観点から極めて問題である。そのためには第7章で具体的に触れるように、安定的でかつ一部の者ではなく全国民が広く薄く負担する財源の確保が不可欠であると言える。

世代間の公平性

　年金制度や高齢者医療制度、介護保険制度は、子どもが老親を扶養するという「私的扶養」を社会化したものである。年金制度が十分に成熟する以前の世代は、親の私的扶養もしながら、自らの保険料を納めてきたのであり、公的年金の給付と負担だけを見て損得論を議論するのは不適切である（社会保障制度改革国民会議［2013］、7頁）。また介護保険制度の創設により家計における税・保険料の負担は増加したが、一方で介護サービスが大幅に増加し、その結果、主に女性が担っていた家族内での介護負担は軽減している。

　このようなことに留意しつつも、世代間の不公平感が広まる土壌にも目配りが必要である。団塊の世代の退職に伴って年金、介護、医療関係の支出が容赦なく増加すること、そして余分な費用を支払う労働者の数が相対的に少なくなることが懸念される。よほど世代間で協力し合う制度設計にしないかぎり、現行の社会保障制度は立ち行かなくなる。医療保険制度は現状でも世代間扶養の性格を帯びている。

　政策研究大学院の島崎謙治は2025年には総人口の2割弱の後期高齢者が国民医療費（保険給付費のほか患者負担を含む総医療費）の半分近くを消費すると警鐘を鳴らしている（島崎［2016］、51-52頁）。現役世代の自己負担率は3割であるのに対して、後期高齢者は原則1割負担である。さらに後期

高齢者の保険給付費のおよそ9割は現役世代の支援金や税金で賄われている。世代間の負担の分配ルールのあり方が問われることは必定だと言える。

社会保障制度の所得再分配機能

　日本では社会保障が必要と認められる者に「選択的」に給付され、負担が困難な者からは負担を求めない建前をとっている。しかし社会保障給付はそれを真に必要としている人々に重点的に投入されておらず、かつ他方においては所得分布の底辺にいる階層が不相応に大きな税・保険料を負担している。

　日本における所得格差の拡大は、阿部彩が指摘するように、一部の大金持ちと中間層の格差と捉えるべきではない。むしろ、高齢者の貧困、不安定な若者の雇用、母子家庭の増加など相対的貧困に陥った16%の「貧困層の拡大」と捉えるべきである[2]。ここで「相対的貧困率」とは、生存水準を維持するために必要となる最低水準以下の所得しか持たない世帯員が、全人口の何%を占めるかを測る尺度である。具体的には手取りの等価世帯所得[3]の中央値の50%を貧困基準とする。日本の相対的貧困率は15.7%であるが、これはOECD諸国ではメキシコ、トルコ、米国等に次いで6番目に高い数字であり、平均値の11.6%をはるかに上回っている。

　しかし、税・社会保険料によるジニ係数の改善度は、当初所得と再分配後の所得のジニ係数の差の約9分の1しか占めていない（厚生労働省［2014］、7頁）。一方、社会保障による所得の再分配効果は年々大きくなっている。93年の改善度は13%であったが、2014年には31%へと増大した。もっとも高齢者間のジニ係数改善度は極めて大きいが、現役世代のジニ係数改善度はわずかでしかない（内閣府［2009］）。すなわち日本の税制・社会保障制度では、現役の所得階層間というよりも、主として現役期間と引退期間という同一個人のライフサイクルで所得を再分配し消費を平準化している。

　所得再分配効果が弱いのは、現役世代間での社会保障給付が救済を真に必

---

2)「貧困層の拡大」という視点を明確に打ち出している例として、阿部［2015］を参照。
3)　世帯所得を世帯員数の平方根で除した値を「等価世帯所得」と言う。家族の人数が増えることによる「規模の経済」を考慮にいれた世帯所得概念と言える。

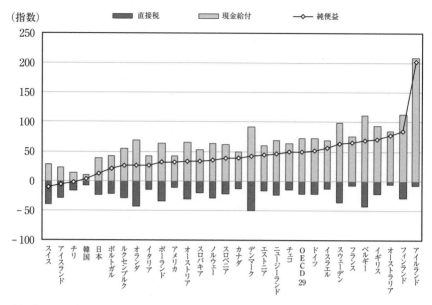

図6-3 低所得階層向けの税と給付（下位20%の低所得階層、2000年代）

（出所）OECD [2013a], *Economic Survey in Japan* より作成。

要とする人に重点的に投入されておらず、かつ他方においては所得分布の底辺にいる階層が不相応に大きな税・保険料を負担しているからである。所得分布の底辺に位置する階層では、相対的に重い税と社会保険料を負担している。国の社会保険制度は低所得者や無職者でも加入できるように工夫がされた仕組みであるが、非正規雇用の労働者が増大する中で被用者保険制度の適用から除外されている者が増大している。他方では国民年金や国民健康保険などでは、低所得のために保険料を支払うことが難しくなる者が増大している[4]。

図6-3は、低所得層向けの給付とその負担額の差額を纏めたものである。日本では下位10%の低所得層の給付から負担を差し引いた額は所得の13%

---

4) 一橋大学の小塩隆士は、社会保険料の階層別負担を推計している。同氏は自営業者や学生などの非労働力が国民年金や国民健康保険へ定率保険料を拠出しているため、低所得者ほど負担率が高くなる逆進性が存在していると指摘している（小塩 [2015]、174-175頁）。

になる。これは OECD 諸国のうちでは5番目に低い数字であり、平均の49％と比べると4分の1にすぎない。逆にトップ10％の高所得層について見ると給付と負担の差額はマイナス17％となっていて、OECD 平均のマイナス22％よりも5％も高い（OECD [2013a], p.136）。

　日本では、課税と給付を通じた所得再分配システムは貧困から抜け出すことのできないワーキング・プアや母子家庭、そして貧困な高齢者にうまく焦点があたっていない。リチャード・マスグレイブの財政学体系以来、社会保障制度には累進的な税制と相俟って、市場による不平等な所得分配を是正するという機能があることが標準的理解となった。だが日本では、社会保障関係費が国家予算の54％を占めているにも拘わらず、所得再分配の効果は弱い。

3　社会保障制度改革の指針

子ども・子育て支援

　社会保障の問題というのは基本的には、家族が扶助するというかたちがどの程度有効か、家族同士で扶助できるかということである。20世紀に入ってからは、どんどんその程度は落ちてきた。落ちてきたものをそのまま放っておけばいいかというと、それはけっしてそうではない。

　社会保障制度が成熟する以前は、出産・育児なり老齢者の扶養なりは家族共同体によって担われていた。かつての日本でも、企業によって安定的に雇用される成人男子の稼得収入によって3世代家族が扶養されるという慣行があった。専業主婦ないしはパートタイム労働の主婦が中心となって、老齢者や子どもの世話が行われた。それゆえに老齢者に対する年金給付額は低い水準でもよかったし、保育園を利用する資格は「保育に欠ける」児童のみに与えられていた。しかし「男性稼ぎ主家族（male bread-winner family）」は大幅に減少し、それを前提として組み立てられていた社会保障制度との齟齬が広がっている。

　専業主婦世帯の推移を振り返ると、1975（昭和50）年には1,114万世帯で

あったが、2015（平成27）年には687万世帯へと減少している。それに逆比例して、共働き世帯は同じ期間に614万世帯から1,114万世帯へと大幅に増えている[5]。こうした共働き世代の増大は家族の形態の変化を伴いつつ進行している。よく知られているように、夫婦と未婚の子どもから成る「核家族」が占める割合は約6割に達している。だが核家族の割合はすでに40年前にピークアウトしていて、逆に急激に増えているのが一人暮らしの「単独世帯」なのである。単独世帯の増加の背景には未婚化・晩婚化、そして高齢化の進展がある。4世帯に1世帯が単独世帯というのはある意味でインパクトのある数字である。

　少子化は先進国共通の傾向であるが、日本では他の国々にもまして急激に出産が減っている。少子化対策は1990年の「1.57ショック」を契機として始められた[6]。しかし、少子化傾向には一向に歯止めがかかっていない。人口学の世界では、一般的に、合計特殊出生率が、人口を維持するのに必要な水準（人口置き換え水準）を相当期間下回っている状況を「少子化」と定義している。日本では、1970年代半ば以降、この「少子化現象」が続いていて、特に1997年には子どもの数が高齢者人口よりも少なくなった。

　子どもを持ちたいという希望そのものは大きく減っていないにも拘わらず、日本では出生率は減少を続けている。これは子供を持つ世帯の環境が悪化していることの反映である。専業主婦世帯では子供が生まれているが、共働き世帯では、子供を持つことができるようになっているかというとそういう変化は出ていない。最近生まれた子供100人の中で、母親が育児休業を取って就業継続をして育てられた子供は28人である。10人くらいが産休明け復帰（育休なし）で、残りの62人が無業となって子育てをしているのが現状である（内閣府［2016b］、3-4頁）。

　都会の保育園は、定員以上の応募があり簡単には入園することはできない。

---

5) 専業主婦世帯数と共働き世帯数は、労働政策研究・研修機構調べによる。
6) 「1.57ショック」とは、出生率の低下に対する社会の驚きを示した言葉で、1990年6月、前年の1989年（平成元年）の合計特殊出生率が、それまで最低であった「丙午（ひのえうま）」の年（1966年［昭和41年］）の1.58よりも低い戦後最低の1.57であると発表されたことが契機となった。

いわゆる待機児童問題が深刻化している。また正社員は残業をするのが当然という空気があるので、正社員での出産後の復帰には暗黙の覚悟を迫られる。実際、フルタイムで雇用期間の定めのない正社員では5人に1人が、妊娠・出産・育児に関連して不利益な取り扱いを職場で経験している（内閣府[2016b]、24頁）。

「共働き有子モデル」への転換

　日本の税制と社会保障は、暗黙にはどのような家族と子育てを前提にしてきたのであろうか。永瀬・村尾（2005）は「全国消費実態調査」（平成11年）の個票データを分析して、日本の税制・社会保険制度がパート就業を奨励する構造を持ち、中所得以下の常用雇用の共働き世帯の負担がパートや無職よりも重い傾向があることを明らかにしている。表6-1は永瀬等が年間の勤労収入501～550万円の世帯に注目し、妻の働き方別に夫婦の勤労収入と税・社会保険料を示したものである。専業主婦世帯では夫の勤労収入の平均は528万円である。夫婦常勤世帯の夫の勤労収入は364万円と低いが、妻がフルタイムで働き169万円の勤労収入を得ることでほぼ同じ水準の世帯収入となっている。

　この二つの世帯を比べると、1人が働き533万円を稼得する世帯と、夫婦で働きようやく同じ金額を達成している世帯とでは前者がより豊かであるとしている。しかし、税と社会保険料の合計は両者とも同じ76万円である。

表6-1　勤労収入501～550万円世帯の税・社会保険料負担：妻の就業形態別

(単位：万円)

	無職	常勤	パート
夫勤労収入	528	364	445
妻勤労収入	5	169	84
税金・社会保険料計	76	76	65

(注)「全国消費実態調査」（平成11年）の個票データによる。
(出所) 永瀬・村尾（2005）。

一番負担が軽いのは妻がパートの世帯であり、収入がほとんど差のない529万円であるにも拘わらず65万円と10万円程度負担が軽くなっている。

永瀬によれば、これは配偶者控除や配偶者特別控除あるいは第三号被保険者制度などによって、同じ世帯収入でもパートで働いている場合には負担が免除される構造が日本の社会保障や税制にあるからである。また日本は個人課税であり合算課税がされないが、低所得世帯に限ると配偶者控除が事実上の合算課税と類似の働きをなし、相対的に常勤世帯の負担を重くしていると言う。しかし給付面では第三号被保険者制度があるので、共働き、片働きで差はない。これらの指摘は現在においても基本的に妥当するものと思われる。永瀬は日本の税制・社会保障制度が「低所得の常勤共働きに厳しく、パート就業に有利な構造がある」と言う（永瀬・村尾［2005］、141頁）。

結婚して、働き続けながら、子どもを育てることのできる社会を実現するためには、実態に合わなくなった「専業主婦モデル」ではなく「共働き有子モデル」に移り、そのうえで雇用政策や税・社会保険料の新しいルールをつくることが必要である。正規雇用において長時間労働が強要され、かつ働き方が硬直的な場合を基準としたままで子育てと家庭の両立について議論することは非現実的である。時間の拘束が強すぎる正社員の雇用の規制改革が必要であろう。そのうえで中小企業・非正規の雇用を含めて、育児休業の取得促進などを通じて、男女ともに仕事と子育ての両立支援を進めていくべきだ。また大都市部を中心とした待機児童問題の解消は、子どもの成育環境の整備のために必要であることはもちろん、親の就労継続の観点からも喫緊の課題である。

税制・社会保険料については、第7章3節で具体的に論じるように、女性の多様な働き方によって税引後の手取り収入が影響を受けないような中立的な仕組みにする改革を中心にするべきである。例えば配偶者控除を廃止し、廃止によって生じる財源を子育て支援に充てることにすれば、税制の中立性[7]を守りつつ、子育て支援を拡充できる。もっとも介護等で収入を得るこ

---

7) ここでいう中立性とは、配偶者の収入が納税者本人の税負担に影響しないという意味での中立性を指す。

とのできない配偶者を持つ納税者について担税力の減殺を調整しないのは問題であるかもしれない。

医療保険の考え方

　健康な人たちが拠出してプールした資金を、疾病リスクに遭遇した人たちに給付する仕組みが医療保険の役割である。保険によって医療費を支払う方法としては、対立する二つの考え方がある（池上・キャンベル［2007］、86-88 頁）。一つは自由を重視する立場から、医療もリスクの程度及び事故に遭遇した場合の保証範囲に応じて保険料を決めるという考え方である。この考え方にしたがえば、医療の分野も生命保険や損害保険と同様に保険会社に任せておけばよく政府が介在する余地は少ない。ただしそうなると病気になるリスクが高い人、及び低所得層は医療保険には加入できなくなる。

　もう一つは平等を重視する立場から、医療は「誰でも、どこでも、いつでも」平等に受ける権利があるとする考え方である。この立場に立てば、政府は大きく関与する必要がある。つまり収入に応じて高所得層には多くの負担を求め、低所得層には負担を求めないが、いざ医療を受ける時には納めた保険料の金額に関係なく誰でも平等に扱われると言う応能負担の原則を適用する必要がある。医療保険についての基本的な考え方を、自由か平等のいずれかに徹底できるならば、制度の構築は容易である。自由ならば保険会社に任せておけばよく、逆に平等ならば国が所得税のような累進課税によって財源を確保し、医療機関を全て公営にする必要がある。

　日本の医療制度は職場と地域を単位とした社会保険方式をとっているが、職場や地域で分立しているので、所得水準が低く疾病リスクが高い加入者がいる保険では、保険料水準が高くなる。しかしながら、どの医療保険に加入しても医療機関で受ける医療については格差がなく、さらに自己負担割合には大きな格差があるように見えるが、諸外国に比べてかなり平等に作られている。公的医療保険は、美容や分娩を除く医療全般に幅広く適用され、保険証 1 枚で自由に医療機関を選ぶことのできるフリーアクセスも保障されている。

日本の制度が基本的には「平等」にできている理由は、池上等が指摘するように、国による公費による「底上げ」と保険者間での財政調整が行われ、さらに国民が保険の選択をほとんどの場合できないことによる（池上・キャンベル［2007］、94-96頁）。すなわち払い込んだ保険料に対する対価として見た場合には、かなりの再分配が行われており、それを通じて平等が達成されていると言える。

医療費政策の必要性

　急速に高齢化や医療技術の進歩が進むことを考えれば、医療を含む社会保障関係費の増加自体は避けられない。年金とは対照的に、医療関連支出はますます増大していくと見込まれる。2000年から2012年の間、医療関連支出は年2.2%のペースで増えてきた。GNPに対する医療関連支出の割合は7.6%から10.3%に上昇し、すでにOECD諸国の平均9.3%を上回っている。医療費の増大のうち半分は人口の高齢化に関連があるが、残りの半分は1人当たりのコスト増の所産である。また医療サービスのタイプ別に見ると、費用増加はもっぱら薬剤費と入院費によって引き起こされている。しかし医療にかけられる財源は無尽蔵ではないので、国民の負担が過大にならないように、医療費の伸び率を管理することは必要である。すなわち、社会保障関係費、とりわけ医療費が毎年の政府債務残高の増大の重要な要因になっている。国の財政破綻リスクが国民医療費の伸び率を管理するべき第一の理由である。

　第二に保険財政の悪化が、国民医療費の伸び率を管理する理由となっている。国民健康保険には被用者保険における事業主負担に相当するものがなく、また加入者は一般に所得が低く、病気にもかかりやすい高齢者が多い。このため国保の財政運営は不安定である。中小企業の従業員が加入している協会けんぽも厳しい財政状況が続いている。

　比較的財政状況が良好とされている健康保険組合も赤字が続いており、後期高齢者医療制度に対する支援金の増加により解散に追い込まれる組合が増えている。これらに加えて、第三に医療の効率化や不適切な医療機関受診の抑制を求める声が大きくなっている。例えば、国際的に見れば著しく長い

平均在院日数、医療費の地域差の大きさ、過剰病床を指摘する声が大きくなっている。また重複受診や夜間・救急外来の受診、高度医療機関への直接受診なども問題視されている。

医療保障の理念と優先順位

医療財政を持続可能にするためには、公費以外の新たな財源を確保するか、国民医療費の伸びを抑制するかの二つの方途がある。公費負担に頼らず自己負担、もしくは保険料で不足分を賄うということは市町村国保、後期高齢者、協会けんぽの三つの制度の自己負担もしくは保険料で賄うことを意味する。しかし、相対的に給付リスクが高く、財政負担能力が低い、市町村国保や後期高齢者制度の保険料や高額医療費の自己負担額を引き上げることは非現実的である。もちろん、公費が入っていない組合健保や共済組合からの支援を増やすという財政調整という選択肢がある。しかし後期高齢者医療支援制度への支援を増やすことには強い抵抗感があり、財政調整は簡単ではない（印南編［2016］、188-189 頁）。

自己負担や保険料で不足分を賄うことができないとすれば、何らかのかたちで医療費の伸び率を抑制するしかない。すなわち医療費の伸び率をゼロないしマイナスに抑制するためには、診療報酬単価を一律に引き下げることであるとか、初診料などの患者負担を大幅に引き上げるという方法である。しかし高額という理由だけで診療単価を削減するのは医療の自己否定になる。初診料などの患者の自己負担を大幅に引き上げれば、低所得者を中心に必要な受診の抑制が生じる可能性があり、公的医療保険としての存在意義が問われることになる（印南編［2016］、190-195 頁）。

やはり従来の発想を延長するだけでは、医療費の伸びをコントロールしつつ、かつ持続可能な医療保障を提供していくことは難しい。医療保障の理念に立ち戻り、より本質的な医療費政策を検討しているのが印南編［2016］である。印南は致命性と自立支援の観点から、疾病をAからFまで段階的に区分している（印南編［2016］、218 頁）。Aは緊急性が高くかつ致命性が高い疾患[8]、Bは緊急性は高くないが致命性が高い疾患である[9]。Cは結核のよ

うに治療しなければ他者に感染するないし自傷・他害のおそれのある疾患名を挙げている。Dは認知症のような治療しなければ機能障害をもたらすおそれのある疾患で、Eは苦痛緩和のために治療が必要な疾患である。最後に印南は予防可能性が高い疾病や対症療法的治療しかできないものをFに分類している。

　そのうえで医療保障を、「救命医療」と「自立医療」の二つに区分する。「救命医療」にはAとBを分類し、「自立医療」にはCからFまでを含める。そして救命医療については主たる財源を社会保険料や公費負担として優先的に確保することを提案し、救命機会の保障を損なわないよう自己負担は低く抑えるべきとしている。その一方、自立医療については比較的強い財政規律である給付率の調整を通じて、国の財政状況や経済成長、国民の社会的連帯感といった外的制約と理念とのバランスを考慮して決めることを提案している。医療給付費の合計は24.9兆円であるが、印南による試算では、救命医療に分類されたのは約16.9兆円、自立医療に分類されたのは約8.0兆円である。入院医療費については救命医療が約73％で自立医療が約27％となっている（印南編［2016］、239-240頁）。

　国民医療費は負担面から見ると、患者自己負担分と給付部分に分かれ、さらに給付部分は保険料負担と公費負担部分に分かれる。財政健全化を目標とする政策では、公費給付部分の公費負担部分の抑制が主な関心となる。しかし医療政策は財政の帳尻合わせのために実施しているのではない。厳しい財政の状況を制約条件としつつも、医療保障の根幹をなす救命機会の提供や高齢者や低所得者など医療へのアクセスを保障すべきものへの影響を最小限にする対策を講じる必要がある。そのためには、印南編［2016］が指摘するように国の医療保障上、どの医療を守るべきかの理念を明確にしておくと同時

8）　緊急性が高くかつ致命性が高い疾患として、印南は次の例を挙げている。腸管感染症、虚血性心疾患、くも膜下出血、脳内出血、肺炎、ぜんそく、胆石症及び胆嚢炎、膵疾患、流産、頭蓋内損傷及び内臓の損傷、熱傷及び腐食、中毒など。印南編［2016］、表9-1。
9）　緊急性は高くないが致命性が高い疾患として、印南は次の例を挙げている。各種悪性新生物、甲状腺機能障害、糖尿病、高血圧、肝炎、肝硬変、腎不全、単体自然分娩、骨折。印南編［2016］、表9-1。

に、優先順位の高いものについては国民全体で安定的に支える仕組みを作るべきである。

4　公的年金と生活保護

所得喪失リスクと年金

　人々は将来のことを考えずに近視眼的に生きているかもしれない。人生を太く短く生きようと心がけても、図らずも長生きしてしまい困窮に陥る確率はおそらくゼロではない。むろん、高齢化による所得喪失リスクを防ぐ方法がないわけではない。労働所得が増加する青年期や壮年期に所得以下に消費を抑えて、老年期に貯蓄を取り崩して消費水準を維持すればよい。かかる消費行動はノーベル経済学賞を受賞したフランコ・モジリアーニ（Franco Modigliani,1918-2003）が提唱した「ライフサイクル仮説」によって説明できる。

　しかし、多くの人々は、定年退職に備えて自発的に十分な資産を蓄積しないかもしれない。政府が老後の貯蓄がない人を救済しないと公約を掲げたとする。しかし実際には、老後貧困にあえぐ人々を目の当たりにすると政府は救済する誘惑にかられるかもしれない。いわゆる「サマリア人のジレンマ」である。人々が政府のかかえるジレンマを見透かしてしまうと、青年期や壮年期に汗水たらして貯蓄する動機は弱まるので、貧困老人を救済するための公的負担は増大する。こうした悪循環を未然に防ぐには政府は公的年金を創設して、国民に加入を義務付ける必要がある。言い換えると公的年金とは、国民を「ライフサイクル仮説」に半ば強制的にしたがわせる温情主義的な施策であると言える。

　公的年金制度は、高齢期の生活のかなりの部分を支えるものとして重要な役割を果たしている。現在の高齢者世帯の収入の7割を公的年金・恩給が占めている。日本の公的年金制度では、現役世代は全て国民年金の被保険者となり、高齢期になれば基礎年金の支給を受けることとなる。これに加えて厚

生年金(共済年金)に加入し[10]、基礎年金の上乗せとして報酬比例年金を受け取ることとなり、加えて、個人や企業の選択により、企業年金などの私的年金に加入することができる。

　国民年金及び厚生年金の年金財政の枠組みは、2004年改正により従前とは大きく異なるものに変化した。それ以前は5年に1度の財政再計算の度に給付と負担の関係の見直しがくりかえされたため、将来の年金の見通しが不透明となっていた。2004年改正では、自動的に給付と負担のバランスを図る「マクロ経済スライド」が導入された。具体的には、将来の現役世代の過重な負担を回避するという観点から、保険料水準の上限を固定したうえで、積立金の活用を含め、その固定された財源の範囲内で長期的な給付と負担の均衡を図るため、将来に向けて給付水準を自動的に調整する仕組みとなっている。

年金「破綻」論と給付水準の問題

　公的年金をめぐっては、「破綻」等の表現で不安を煽る議論が少なくないが、この表現には論評すべき点がある。2004年の年金改革ではマクロ経済スライドが導入されたが、どの程度給付水準を調整する必要があるかについては、少子高齢化がどの程度まで進行するか、女性や高齢者などへの労働市場の参加を通じて年金制度の支え手がどの程度増加するか、賃金の伸びや積立金の運用収入がどの程度見込まれるかに左右される。5年毎に実施される「財政検証」では、専門家によって人口についての中位推計を前提にして、100年後の財政見通しが作成されている。

　それによると厚生年金、国民年金はともに、保険料率の引き上げによる収入増と支給開始年齢の引き上げやマクロ経済スライド調整による給付水準調整により、2025年までに収入と支出の差額はプラスに転じる。その後、再び収支差引残はマイナスとなるが、積立金の元本を取崩して年金給付に充てることにより、急速に現役世代が減少する少子高齢化社会において一定の給付水準を確保する見通しとなっている(厚生労働省年金局数理課[2015]、41-44頁)。

---

10)　公務員が加入する共済年金は、2015年(平成27年)10月に厚生年金に一元化された。

年金財政が「破綻」していると断定するのはミスリーディングであると考えるが、老後の生活を保障できる給付水準を確保できるかどうかは別問題だ。給付水準の尺度として、一般的には厚生年金の標準的な年金額の「所得代替率」が用いられる。ここで「厚生年金の標準的な年金額」とは夫が平均賃金で40年間働いた被用者であり、妻が40年間第三号被保険者である場合の世帯の年金額を指す。また「所得代替率」とは年金を受け取り始める時点における、現役世代の平均手取り収入額（ボーナス込み）に対する厚生年金の標準的な年金額の比率のことを言う。

　「財政検証」によれば、バブル期並みの成長が長期的に続く「高成長ケース」では、給付水準調整終了後の所得代替率は50％以上を確保する。しかし、バブル崩壊後の低迷が長期的に続く「低成長ケース」では、物価や賃金の伸び率が低いため、マクロ経済スライドが十分に機能せず、給付水準調整の途上である2055年に国民年金の積立金がなくなり完全な賦課方式に移行する。

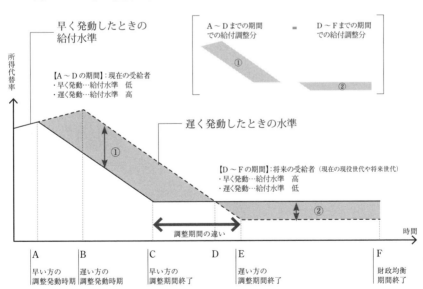

図6-4　マクロ経済スライドの発動時期の違いによる所得代替率への影響

（出所）厚生労働省年金局数理課［2015］「平成26年財政検証結果レポート」より作成。

完全な賦課方式に移行すると保険料と国庫負担のみで賄うことのできる給付水準は所得代替率で35〜37％程度まで低下する見通しだ（厚生労働省年金局数理課［2015］）。現在の手取り賃金の平均は34.8万円だから、モデル世帯の給付額は12.5万円に低下することになる。

　公的年金制度の争点は、所得保障機能をいかに強化するかにある。給付水準の底上げには、社会保障制度改革国民会議の報告書（2013年8月）やこの報告書を受けて成立した持続可能な社会保障制度の確立を図るための改革に関する法律（平成25年法律第112号）において示された、以下の三つの方向性が重要であろう。

公的年金の防貧機能

　第一は、マクロ経済スライドの見直しである。現行のマクロ経済スライドでは、物価や賃金が上昇する局面においては、年金の賃金スライドや物価スライドを抑制することによって給付水準を調整する。しかし日本では、デフレ経済が長引いたため、2004年改正で導入されたマクロ経済スライドは2014年度まで発動されることがなく、所得代替率が上昇する結果となっている。財源が固定されている仕組みの下では、長期的な給付水準も固定されるため、給付水準の調整が遅れた場合には、マクロ経済スライドの調整期間を延長し、調整の遅れにより財政が悪化した分を将来の給付水準をより引き下げることにより取り戻す必要がある（図6-4）。どのような状況においてもマクロ経済スライドがフル発動する仕組みに見直し、将来の受給者の給付水準を底上げすべきである。

　給付水準の引き上げに必要な第二の課題は、被用者保険のさらなる適用拡大である。厚生年金保険のような被用者保険の適用を受けるのは正社員だけであり、パートや有期契約の勤労者、派遣労働者等の非正規労働者の多くは適用外となり、国民年金に加入（第1号）している。被用者保険の適用拡大については、社会保障と税の一体改革において、2016年10月に25万人ベースの適用拡大が実施された。厚生年金の対象年齢である被用者は約5,400万人であるが、現に被保険者となっている者は約3,900万人であり、その差は

約1,500万人である。

　被用者保険の適用拡大に対しては、労働コスト増大の影響を受ける産業界や保険料を支払うことになるパート主婦からの反対も根強い。しかし被用者保険に加入すれば保険料は労使折半になり、報酬比例部分の給付も保障されるので、長期的には非正規労働者にとっては有利である。仮に適用事業所の短時間労働者だけでなく、非適用事業所にも適用を拡大すると、マクロ経済スライドの調整期間後の所得代替率はかなり改善する（厚生労働省年金局数理課［2015］、53-55頁）。これは新たに適用となる被保険者の半分はフルタイム労働者で一定の保険料負担が可能であり、また第三号被保険者であった者が被用者保険に適用され新たな保険料を拠出するようになることが影響している。

　第三は、保険料拠出期間の延長と受給開始年齢の選択制である。基礎年金は20歳から60歳までの40年間保険料を拠出し、65歳から年金を受給する仕組みであり、40年間を超えて保険料を拠出できない。平均寿命が延びる中で、より長く働き保険料を拠出することを進めるためには、高齢期の保険料拠出がより年金額に反映するよう、45年間まで保険料を拠出することを可能とし、拠出期間の延びに合わせ基礎年金が増額する仕組みに改めることが課題である。こうした制度改正を前提としたうえで、個人の選択として65歳以降も就労し、それに合わせて受給開始年齢を繰り下げた時には、給付が年金額の増加に結び付くよう、在職老齢年金を廃止することも考えられる。

最低限の生活水準を保障する生活保護

　日本の社会保障は、社会保険制度を中心に構成されている。社会保険は拠出に基づく相互扶助の仕組みなので、雇用契約と労働所得、そして社会保険料納付への源泉徴収制度の適用というインフラが整っていなければならない。したがって、自営業や無職の人々、そして非正規の労働者は、社会保険制度から排除されるおそれがある。人々が相互扶助の仕組みから脱落したときの事後的救済の役割を果たすのが公的扶助である。

老人や病人など働くことのできない貧民や極貧者を対象に、秩序維持の必要上、国家の責務にするというのではなく、国民全体の生活を保障するための、国民全体によって支えられる公的扶助が存在している。日本では1874年の恤 救(じゅっきゅう)規則以来、長い間、貧困者への援助は「隣保相扶」を基本とする考え方が支配的であった。しかし、1950年（昭和25年）に制定、施行された生活保護法によって、政府は貧困者への一般的な援助と救済の責任を負うことになった。現役世代向けの福祉制度の中心となるのは、資格要件を満たした困窮世帯に最低限の生活水準を保障する生活保護である。この制度は最低限の生活水準に満たない貧困な世帯を対象に、現金ないしは様々な現物給付を提供する「最後の砦」である。生活保護法は憲法第25条の生存権の規定に基づいている。同法は困窮者の救済は国の責任であることを認め生活保護（第1条）、生活保護の目的として最低限の生活保障を挙げ（第3条）、そして保護は無差別平等に受けることができると規定している（第2条）。

　生活保護は、社会として許容できない貧困水準に落ち込んだ時に、最低限の生活水準を保障するための現金給付であり、保護を請求する権利は全ての国民に付与されている。受給世帯数は2008年以降では34％も増えていて、1951年の制度発足以来の記録的な水準に達している。この数値は非正規の労働者の増加や高齢者の貧困を反映している。給付水準は居住地毎にランクづけされているが、一般世帯の生活水準の67％ないし78％である。この給付水準は他の工業国と比べると寛大な水準であり、現物給付を含めたとしても高い水準である。

「最後の砦」としての生活保護の問題点

　しかしながら、生活保護制度にはいくつかの問題がある。第一に、資力調査が厳しいことを背景として、保護率[11]が人口のたった1.7％であり、日本の相対的貧困率が約16％であることを考慮すると、不適切に低い水準であると言わざるを得ない。生活保護を受けるためには困窮者が「利用しうる資

11）保護率は、被保護世帯数を厚生労働省「国民生活基礎調査」の総世帯数（世帯千対）で除したものであり、国立社会保障・人口問題研究所が算出したものを使った。

産、能力その他あらゆるものを活用し、かつ民法に定める扶養義務者の扶養」が保護に優先される。これらの資源を使い果たしても、なおかつ最低生活を維持できず、稼働能力もないと判断されないかぎり、事実上ほとんど保護の対象にはならない。これを補足性の原理（生活保護法第4条）と言う。

資力調査の行き過ぎは、生活保護が本当に必要な人を最後の砦から排除してしまうおそれがある。この問題の大きさを表わすのが「捕捉率」という指標であるが、これは生活保護を受けることができる人のうち実際に生活保護を受けている人の割合である。日本の貧困線は政府の公表数値によると2009年現在で112万円となっており、相対的貧困率は16%である。研究者による捕捉率の推計は、高くても20%程度であり10%未満とするものもある。

相当数の貧困層が、生活保護の網の目から漏れていることは事実であろう。2005年、北九州市において生活保護の申請を行った者が保護を認められず、その後に死亡に至った事件が発生した。本来保護申請を受け付けるべき人に申請書を交付せず、相談扱いとして返す窓口対応を「水際作戦」と言う。生活保護は公費を財源とするものであり、給付が本当に必要かどうかを判定するためには申請者の資力調査が不可欠である。しかし資力調査に伴う恥辱感と、行政の対応とが相俟って本来生活保護を受けるべき世帯が排除されているとしたら問題である。

第二に、生活保護から脱却してフルタイムで働こうとすると、給付が削減されるために、労働のインセンティブが阻害されるという問題がある。これは貧しい人々が、あたかも非常に高い限界税率に直面しているのと同じである。例えば平均的な賃金を稼ごうとすると一方では給付が削減され、他方では税・保険料負担が増えるので、事実上の「限界税率」は85%にも達する。このためいったん生活保護を受給するとなかなかそれから脱却することができない。

第三に、生活保護の医療扶助は、医療サービスの過剰な利用を助長している。医療扶助によって人々は、自己負担なしに無料で治療を受けることができる。事実、医療扶助の受給者は、3割の窓口負担を行う公的医療保険の加入者に比べて5倍も入院している。病気が重篤化していることを考慮に入れ

るにしても、これは過剰に思われる。また医療扶助を受けている人々は、通常の2倍も病院の外来診療を受けている。日本では1961年に国民健康保険の成立によって「国民皆保険」が達成されたが、生活保護の受給者は国保には加入することができない。困窮して国保の保険料が支払えなくなった人々が生活保護に駆け込んでいることも、医療扶助が半分を占める背景となっている。

就労インセンティブ

　生活保護の給付水準を見直し、就労支援の政策を導入することによって、「貧困の罠」を取り除く必要がある。2013年には生活保護受給者の就労インセンティブを高めるための措置が導入された。さらに2014年には就労給付金が導入された。これは受給者が生活保護から抜け出した時に政府が定額給付金を渡す仕組みであり、給付金の額は生活保護を受給しながらの稼得所得に基づいて計算される。労働力の中核となる働き盛りの人々にとっては、職業的スキルが低い者に対する訓練も重要である。

　日本では潜在的に稼働能力があると考えられる世帯は、どのくらいであろうか（持田［2013］、132-133頁）。生活保護を受給している総世帯数140万のうち、稼働能力がないと思われる「高齢者世帯」と「障害・傷病世帯」はそれぞれ60万世帯と46万世帯である。したがって就労が現実的な問題となるのは、「母子世帯」の10.9世帯と「その他の世帯」の22.7万世帯、合計33.6万世帯であろう。全保護世帯の約4分の1程度であるという点に着目しなければならない。「母子世帯」に注目すると、生活保護を受給しているのは約7分の1にすぎず、大部分の母子世帯は児童扶養手当と勤労収入だけで生活を支えている。生活保護を受けていても、母子世帯の45％は就労している。日本の母子世帯は生活保護を受けていても「福祉依存」と呼ばれる状態ではない（阿部［2011］、131-132頁）。

　最も近年では、「その他の世帯」に分類されている受給者が増えていることが注目されている。1990年の5万世帯から2010年の22.7万世帯へと4倍に増えるとともに、その絶対数は母子世帯の2倍に達している。「その他の

世帯」の増加は、過去10年間の生活保護行政の最大の変化であった。この世帯類型に含まれるのは、失業者や非正規労働など社会保険制度の網の目からこぼれ落ちた人々であろう。「その他の世帯」の就労を促進するためにも、例えば地方公共団体が就労支援政策を展開したり、就労すれば合計収入が少しでも多くなるような生活保護制度に改める必要がある。

5　目指すべき福祉国家像

福祉レジーム論

　社会保障の制度設計に際しては、短期だけではなく長期の視点が必要である。とりわけ自助・共助・公助の最適なバランスをどのように図るのかという本質的な議論を避けて通ることはできない。公共部門のみならず、家族や会社などが社会の中で果たしている役割にも注目するならば、今後の福祉国家像として「自助（自由主義レジーム）」、「共助（保守主義レジーム）」、「公助（社会民主主義レジーム）」のいずれの方向性を目指すのかといった議論も視野に入れざるを得ない。

　福祉国家像を議論するための枠組みについて、ごく簡単にではあるが復習することにしたい。さしあたりの手懸かりとして、エスピン‐アンデルセンの著した『福祉資本主義の三つの世界』（2001）を取り上げる。エスピン‐アンデルセンはこの概念を使って、工業国を三つの理念的な福祉レジーム、すなわち自由主義型（liberal）、保守・コーポラティズム型（conservative-corporatist）、社会民主主義型（social democratic）の三つにグループ化している。

　第一の自由主義的レジーム（アングロ・サクソン諸国の大半）は、貧困者に対する資産調査付きの公的扶助と、それ以外の市民に対する市場化された福祉との二重性に基づく、高度に「残余的」（residual）な福祉システムとして特徴づけられている。したがって脱商品化、すなわち市場メカニズムと所得喪失からの保護の度合いは、第一のグループでは低い。図6-5に見られる

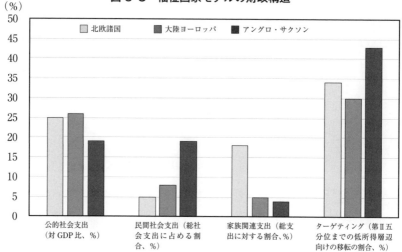

図6-5 福祉国家モデルの財政構造

（出所）Diamond and Lodge［2013］による。

ようにアングロ・サクソン諸国では国民負担は低く、民間社会支出の割合は19％で突出し、ターゲティングの割合も43％と高い。ターゲティングというのは言うまでもなく、福祉サービスの対象を本当に困っている人、本当にその資格がある人に限定するという方法である。母子家庭扶助は福祉（welfare）の代表的な制度であったが、アメリカはこれを1996年に廃止してしまい、その代わりに「困窮家族に対する一時的扶助」（TANF）という制度を導入した。

これと対照的なグループが、北欧諸国に代表される、社会民主主義レジームである。ここでは、国家の役割が、彼又は彼女の就業上の地位如何に拘わらず、全ての市民に対して、社会権を保障するものとして強調される。その結果、現金給付と現物給付の双方が、主として一般財源（税）によって調達され、かつその水準は高い。したがって再分配効果は著しく、脱商品化の度合いも高くなる。図6-5に見られるように、民間社会支出に比べると公的社会支出、したがって国民負担率が高く、「高福祉・高負担」という特色がある。また、家族関連支出が高いところに表われているように、普遍主義的に社会

サービスを供給していることが確認できる。

　最後に、大陸ヨーロッパ諸国に見られる保守・コーポラティズム型は、福祉給付を受ける権利は、男性稼ぎ主の就業期間中に支払った拠出によって獲得されるという意味での、保険原理に基づいている。保険システムは、普通、職業や地位によって分立しているので、「コーポラティスト的」と形容されている。男性稼ぎ主の加入する社会保険を中核とするドイツの特色は、国民負担率がアメリカとスウェーデンとの中間に位置する「中福祉・中負担」ということにある。しかし、それよりも重要な特色は社会保険料負担の高さにある。つまり、ドイツを典型例とする保守主義レジームの特色は租税負担よりも社会保険料負担の高さにあるといってよい。それ以外の特徴としては家族への依存が高いために、政府部門の財政支出を通じた子どもや老人の扶養が相対的に低いことが挙げられる。

日本の福祉制度と修正された保守主義レジーム

　これで福祉国家像を議論するための大まかな枠組みが整った。ひるがえって日本の特色を見てみると、社会支出の対 GDP 比は OECD 諸国の中位数に近いという意味で「中福祉」であるが、国民負担率はアメリカを若干上回っている程度である[12]。しかし、租税負担率は公的医療保険がないアメリカよりも低い。つまり、アメリカ同様に国民負担率が低いという「低負担」だけれども、相対的にはドイツのような大陸型の福祉国家のように社会保険料負担が高いという特色を備えている。こうした日本の特色を見れば、「中福祉・低負担」であるといってよい。もっとも「中福祉」と「低負担」の不釣合いが財政赤字を発生させているのだから、財政赤字で賄っている公共サービスの規模まで含めれば、日本の福祉国家は「自助」ではなく「共助」ということになる。そういう意味において、日本は修正された保守主義レジームであると言えそうである[13]。

　現状が「共助」あるいは修正された「保守主義」という位置付けになると

---

12) 福祉国家レジーム論から見た日本の財政の位置付けについて持田 [2009]（288-289 頁）を参照されたい。

すると、将来的に日本の公共部門の役割や負担水準は「自助」あるいは「公助」の方に大幅に振れる可能性はあるのだろうか。「共助（保守主義レジーム）」の負担と給付の関係に着目すると、ドイツに見られるように国民負担率が50％をかなり超える水準にあるといってよい。しかし、第5章で明らかにしたように、単純な集計結果を見るかぎり、潜在的国民負担率の許容水準を50％以下とする意見は63.9％を占める。日本では将来的に北欧諸国やフランスのような「高負担」を受け入れる納税者は現状では少数派なのである。納税者の大多数はほぼ現状程度の潜在的国民負担率ならば許容できると考えている。

そうかといって、「低福祉・低負担」の方向に大きく振れるということも考えにくい。「国民皆保険・皆年金」体制の恩恵を受けている国民が、「中福祉」を手放すことはあり得ないからである。「潜在的国民負担率」とは財政赤字を含めた、税や社会保険料の国民負担率なのだから「中福祉・中負担」あたりの水準で負担と給付がバランスするような将来設計が妥当であると考える。

多元的な社会保障形態

ここでは筆者が日本を対象にして行った「税・社会保障についての意識調

---

13) エスピン-アンデルセン自身は当初、日本を自由主義的レジームに暫定的に位置付けていた。その後、アンデルセン自身は見解を何度か修正している。1997年に発表された論文では、アンデルセンは日本を自由主義型と保守・コーポラティズム型とのハイブリット型に分類した。すなわち、職域ベースの社会保険、家族主義の優勢による社会サービスの欠如はコーポラティスト・モデルの特徴であるが、他方では政府支出水準の低さと医療における民間支出の相対的な高さは、自由主義的モデルに近い。しかし、彼自身の弁明によると日本の福祉国家に性質の異なる要素が混ざっているのは、成熟していないことの証しである。1980年代以降における経済的停滞、少子高齢化の進行、そして家族主義の衰退に伴う数多くの改革と制度の改変は、この命題を証明する事実として引用されている。しかし2年後の1999年には、エスピン-アンデルセンは見解を修正する。日本は、保守・コーポラティスト型であるという。コーポラティスト的な年金制度の成熟に加えて、彼が指摘するのは、分類の際に用いられる基準の相対的な重要性が変わったことである。すなわち、所得維持（脱商品化）よりも、福祉の提供者ならびに福祉国家の対象としての家族の役割に対する重み付けを強調して、分類したという。日本の位置付けの変化については、Conrad and Lützeler [2002]（pp.11-36）が示唆に富む。

図6-6 社会保障給付の受給資格

社会保障サービスを誰が利用できるようにするべきかについて、あなたの考えに最も近いものをそれぞれお答えください。(お答えは1つ)
(N=1,000)

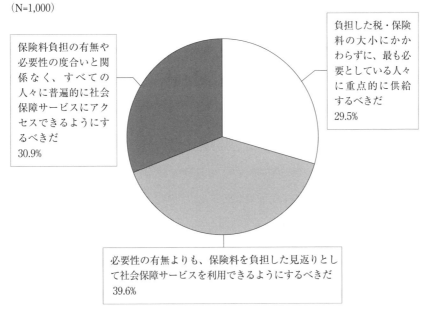

- 保険料負担の有無や必要性の度合いと関係なく、すべての人々に普遍的に社会保障サービスにアクセスできるようにするべきだ 30.9%
- 負担した税・保険料の大小にかかわらずに、最も必要としている人々に重点的に供給するべきだ 29.5%
- 必要性の有無よりも、保険料を負担した見返りとして社会保障サービスを利用できるようにするべきだ 39.6%

査(第二次)」(以下、「意識調査(2)」)を紹介する。それを通じて、福祉国家に対する国民の姿勢を確認することにしたい[14]。質問項目は先行研究であるDiamond and Lodge (2013) と比較できるようにそろえてある[15]。周知のように、社会保障には一般的に三つの形態がある。低所得者への限定的な給付、保険料の対価としての社会保険給付、そして社会サービスの普遍的な給付の

---

[14] 本章では「税・社会保障についての意識調査(第二次)」を実施し、その結果をもとに分析している。アンケート調査は全て株式会社ネオマーケティングに委託して2016年12月に実施した。同社に登録された稼働中のモニター約327万人(母集団)の中から、1,000サンプルを無作為に抽出している。20 – 79歳の男女の各年齢階級(10歳レンジ)の度数の割合が日本の人口構成比となるように抽出している。

[15] クウィーン・メアリー(ロンドン大学)のダイアモンドは、イギリス、フランス、デンマークの3カ国について、意識調査を行っている(Diamond and Lodge [2013])。そして福祉国家の変化の方向性や福祉国家の再定義に必要な戦略的な優先順位について分析・評価した。

3通りである。われわれは3通りの方法のうち、どれが給付・サービスの受給資格を決定するのに望ましいかを尋ねた。

図6-6では、「社会保障サービスを誰が利用できるようにするべきか」という質問に対して、「必要性の有無よりも、保険料を負担した見返りとして社会保障サービスを利用できるようにするべきだ」と保険原理を支持した回答者は39.6%で最も多い。次にやや離れて「保険料負担の有無や必要性の度合いと関係なく、すべての人々に普遍的に社会保障サービスにアクセスできるようにするべきだ」と普遍主義を支持する回答者が30.9%で続いている。しかし、普遍主義への支持率と拮抗して「負担した税・保険料の大小にかかわらずに、最も必要としている人々に重点的に供給するべきだ」と限定主義を支持する回答者の割合も29.5%に達している。

日本の社会保障は、「国民皆保険・皆年金」という保険原理に基づいた社会保険を基軸としている。しかし、納税者は保険原理に基づく社会保険だけを支持しているわけではない。限定主義的な再分配への傾倒や社会サービスの普遍的給付への関心の高まりも見られる。この事実に鑑みると、日本人の社会保障意識の特色は、単一の福祉国家モデルに収束しているというよりも、多元的な社会保障形態に分散しているという点にあると言える。以下ではやや具体的に調査結果を報告していく。

限定主義への傾斜

財源が不足している状況において、負担能力のある高所得者が多く負担し、真に困窮している人に資源を重点的に投入することへと人々の意識は傾倒しつつある。われわれは、政府債務も累積している状況においては、政府はどのように対処すべきであるかを尋ねた。図6-7では圧倒的に多いのが「年齢にかかわりなく、高所得者にはより多く負担してもらう」で49.2%となった。その他では「高所得者が受けている給付やサービスを縮減する」の28.8%と「真に困窮している人々へ重点的にサービスを供給する」の21.4%の二つが目立つ。有権者は、財政赤字削減のために富裕層の負担を引き上げ、社会保障給付を真に困窮している人々へ重点的に投入すべきだと考えている。「貢

図6-7 給付と負担の関係

高齢化が進み、社会保障費は毎年1兆円ずつ増えています。お金を使うばかりで借金を重ねてきた結果、国の長期債務はGDPの2倍に達しています。こうした状況の中で、政府は財政赤字や政府債務の問題にどのように対処すべきだと思いますか。あなたのお考えに、近いものを2つまでお選びください。(お答えは2つまで)

(N=1,000)

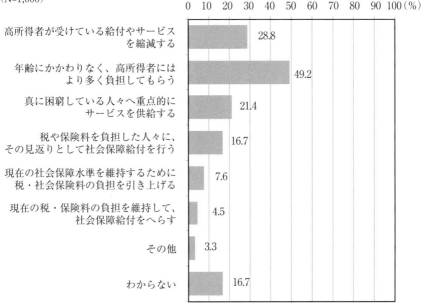

献原則」による保険原理を修正してでも、「必要原則」に基づいた給付と負担を優先しようというムードがある。

　社会保障の中では再分配効果が高いのは、限定主義ではなく、普遍主義であることが実証されており、「再分配のパラドックス」と呼ばれる（Korpi and Palme［1998］）。しかし、国民の中にある限定主義的なムードはこの「再分配のパラドックス」をめぐる論争に一石を投じる。アンケート結果を見るかぎりは、財政赤字の削減のためには富裕層から貧困層への限定主義的な再分配の方が効率的である、と国民は考えている。もっとも、16％の相対的貧困層への給付を拡大させ、かつ将来の世代への社会保障給付を維持するには、ごく一部の富裕層からだけの再分配では十分ではない。中間層を含む国民全

体で広く公平に負担する見返りとして、安心・安全を買うようなかたちで社会保障制度を設計していかなくてはならない。

　何が削減の対象となっているのだろうか。われわれは他のサービスを充実させるために、どの社会保障給付であれば削減して財源を捻出しても良いと思うかを尋ねた（図は省略）。「どの社会保障関連サービスも削減するべきでない」が32.5％で一番多かった。ただしこの選択肢は漠然としているので考慮しない。注目されるのは、「住宅手当・住宅扶助」では20.5％、「生活保護等の低所得者対策」では17.7％、「大学への進学支援（奨学金など）」では

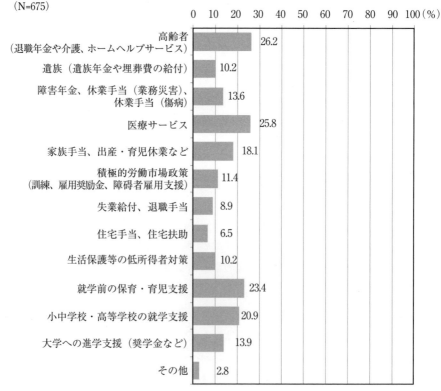

図6-8　充実すべき社会保障サービス

17％の人々が削減すべきだと回答していることである。ここには、自分たちは懸命に働いてお金をかせぎ、その中から様々な負担もして大変なのに、自己負担なしで医療・住宅・奨学金を受けられてねたましいという素朴な感情が投影している。

普遍主義の兆候

リーマン・ショック後のイギリス、フランス、デンマークの3カ国を比較したDiamond and Lodge (2013) は、「年金や医療など福祉国家のコア部分を維持すべしとの世論が優勢となる一方、育児や家族給付等の普遍主義的な社会サービスを拡充する熱意はほとんどない」と結論づけている。ここでいう教育、積極的な労働政策そして家族関連支出は、全国民を対象とする普遍主義的な社会サービスの典型例である。その理由として、ダイアモンドはすでにこれらのサービスが十分な水準に達していると人々が感じていることを挙げている。

「意識調査(2)」を見るかぎり日本について「普遍主義的な社会サービスを拡充する熱意はほとんどない」とは言えそうにない。われわれはどのような社会保障を充実すべきであるかを尋ねた。図6-8にあるように、4人に1人が「高齢者」と「医療サービス」を充実させるべきであると回答している。福祉国家のコア部分を維持・強化すべしとの世論は日本においても優勢である。しかし、注目すべき点はそれに続いて多いのが「就学前の保育・育児支援」(23.4％)、「小中学校・高等学校の就学支援」(20.9％)、「家族手当、出産・育児休業など」(18.1％)だということである。ちなみにダイアモンドが依拠した意識調査では、児童手当の増額を支持した割合はイギリスでは5％、フランスでは7％、そしてデンマークでは2％にすぎない。これらの数字は厳密な意味で相互比較することはできない。しかし、日本では普遍主義的な社会給付への熱意が相対的に高まっていることは明らかである。

以上を纏めると、日本の福祉国家に対する国民の支持は社会保険原理を基軸として成り立っている。しかし、それだけでは将来の社会保障をしっかりと支えることはできない。これまでの国民皆保険・皆年金を維持しつつも、

健康で安定した収入を稼得している現役向けの普遍主義的な社会サービスも拡充することが負担増への納得を得るためにも必要である。もっとも、財政リソースが減少している状況では、人々の意識は限定主義的な再分配へ傾倒していく。中間層を含む国民全体で広く公平に負担しつつ、社会保障給付を真に必要としている人々に重点的に投入しなくてはならない。われわれが考える「中福祉・中負担」とはおおよそこのような内実を備えたものだ。

第7章
税制改革の全体構想[1]

　政府は社会にとって不可欠な公共サービスを提供している。しかし、政府は費用を財・サービスの代金によって回収することができない。このジレンマは、それらの共通経費を国民が法に基づいて拠出する税によって解決されている。租税は「社会共通の費用を賄うための会費」と言われる所以だ。国民所得に占める税収の割合である租税負担率は、1990年の27.7％から2003年には20.6％へと大幅に低下した。その後は22％台で推移しつつも、第三～四次安倍政権の2017年には25.1％に回復している。

　しかし約30年以前、正確にはバブル経済前の1986年の25.2％よりも低い水準だ。税の財源調達機能は明らかに劣化している。税の財源調達機能が低下しているのはなぜなのか。社会保障の将来像に合わせて、国民全体で広く公平に負担する税制はどうあるべきなのか。ライフスタイルの多様化や労働市場の変化に適合する税負担のあり方は何か。本章ではこうした問題を考えてみることにしたい。

---

[1]【謝辞】本章では統計法33条に基づく申請により「国民生活基礎調査」の個票を利用させていただいた。改めて関係者のご厚意に謝意を示したい。分析結果（図7-1、図7-2、図7-3及び表7-3、表7-4）についての責任は筆者にある。

1 税制の何が問題なのか

日本の税制の特徴

　税の問題は、テレビ・ニュースや新聞で報道され、申告納税を行う事業者だけでなく、源泉徴収制度と年末調整が行われる給与所得者にも関心を持たれるようになっている。しかし、負担がどのくらい増えるかが話題になる割には、全体像や税制改正の目的は正確なところは分からない、と言う人も多い。はじめに挙げた様々な問いに答えるためには、ある程度の予備知識が必要となることから、ここでは税・社会保険料の規模や構造がどのようになっているのかという基本から話を始めることにしたい。経済協力開発機構（OECD）の Revenue Statistics を用いて、各国の税・社会保険料収入を比較したのが表7-1である。ここから分かることを纏めると次の通りである。

　世界の豊かな経済大国の政府収入を比較すると、国家の存在感が最も大きいのはフランスであり、2014年の税・社会保険料は GDP の45％を占めている。対照的にアメリカでは税・社会保険料は GDP の26％にすぎない。大まかに言って、租税総額が経済に占める比率は、アングロ・サクソン経済圏よりもヨーロッパ大陸で大きい。日本の税・社会保険料負担が国民経済に占める比率は30％であるが、これは豊かな経済大国の中ではアメリカ並みに低い数字だ。「低負担」であることが、日本の政府歳入の特徴の一つである。

　ヨーロッパではすでに税収が大きな割合を占めているため、他の地域に比べて増税の余地は少ないと思われる。だが、それでも各国の政府収入の集め方に大きな違いがあることを見落としてはならない。アングロ・サクソン系の経済圏は、所得税（賃金、配当、キャピタル・ゲインにかかる税）に大きく依存する傾向にあり、アメリカでは50％に近い。一方でヨーロッパ諸国では、給与所得税や他の社会保障関連の税金による収入が、間接消費税と並んで大きい。フランスとドイツでは、税収の40％近くを社会保障関連税から、約4分の1を消費税から得ている。アメリカは多段階の付加価値税のない唯

表7-1 各国政府の税・社会保険料収入（2014年）

	イギリス	カナダ	フランス	ドイツ	イタリア	スウェーデン	日本	アメリカ
租税総額（対GDP比率）	32.6	30.8	45.2	36.1	43.6	42.7	30.3	26
租税総額（10億ドル）	881	567	1,265	1,367	937	248	1,500	4,260
州・地方税の割合、%	4.5	48.9	12.9	30.1	16.2	36.9	24.2	34.7
租税構造（総額に占める割合、%）								
所得税・資本税	35	47.6	23.1	30.5	32.6	34.7	32.4	48.2
個　人	27.7	36.6	18.6	26.1	26.6	28.4	19.2	38.7
法　人	7.7	9.7	5.7	3.9	7.2	6.2	13.2	8.5
雇　用　税	0	2.1	3.5	0	0	10.7	0	0
固定資産税	12.6	10.1	8.6	2.4	5.9	2.5	10.1	10.7
物品・サービス税	33.1	24.1	24.4	27.9	26.9	28.4	19.1	17.1
一般消費税	20.9	14.2	15.7	19.2	13.3	21.1	9.2	7.8
個別消費税	12.2	9.9	8.7	8.7	13.6	7.3	9.9	9.3
そ　の　他	0	0	2.4	0	4.3	0.1	0	0
社会保障負担	18.7	16.1	37.7	38.7	30	23.3	40.9	24

（出所）OECD［2014a］, *Revenue Statistics: 1965-2014* より作成。

一の工業国であり、間接消費税は政府収入の6分の1にとどまり、その大半は州の小売売上税である。

ひるがえって表7-1より日本の調達構造を眺めるならば、社会保険料負担の租税収入に占める割合が40％になっている点が印象的である。すなわち租税負担率は、公的医療保険がないアメリカと同じ水準で低いけれども、ドイツやフランスといった大陸型の福祉国家のように社会保険料負担は相対的には高いという特色を備えている。また一般の認識とは裏腹に、アメリカやヨーロッパ各国は法人税への依存度がずっと小さく、所得税収の大半を個人所得税から得ている。日本は所得税に依存しているという点ではアングロ・サクソン系の経済圏に似通っているが、全体の半分を企業から法人税として徴収している点が際立っている。当然であるが社会保険料と法人所得税への依存の裏返しとして、「物品・サービス税」に分類される一般消費税の比率は9％と低い水準になっている。今後の増税の余地が、個人所得税と一般消

費税にあることがここから推察される。

　続いて各国が税収を国税と地方税とでどのようにシェアしているかの比較しよう。表7-1によれば、連邦制であるドイツ、アメリカ、カナダでは権限の大きい州が含まれている関係上、州・地方税を合計した比率で見れば、4割から5割を超えている。ただし、州を除いた地方政府だけの税収で見れば、ドイツが7.8％、アメリカが17.1％、カナダが9.7％と非常に低くなっている。一方、単一制の国では、イギリスのように地方税の比率が極端に低い国と、日本、スウェーデンのように地方税が3〜4割も占めている国が存在する。

税の財源調達機能の低下

　日本はバブル経済の崩壊から、未曾有の経済・社会変動を体験した。財源調達を通じて所得再分配の役割を果たす税制も、デフレと低成長に翻弄されてきた。気がついてみると税の最大の機能とも言うべき財源調達機能は大きく低下した。過去20年間で「一般政府」の支出は167兆円から210兆円へと43兆円増大しているが、収入は143兆円から175兆円へと32兆円しか増えていない。

　政府の経常支出を賄う財源としては租税収入が基本であるが、過去20年間で収入に占める割合が60％から55％へと比重が低下した。「所得・富等に課される経常税」には、国と地方の個人所得税、法人税が含まれる。1994年に約52兆円であったが、この20年間は、税収はほぼ横ばいに推移し、収入に占める割合が7％ポイント以上も減っている。これらは自然減収で起こった面もあるものの、消費税引き上げに先行する1995年の減税や、所得税額の20％の定率減税（いわゆる小渕減税）などの政策減税が効いている。

　所得税の減少をある程度補っているのが「生産・輸入品に課される税」である。消費税を中心とする「生産物に課される税」がデフレと低成長にも拘わらず健闘した。1994年度に約19兆円であったが、2016年度には約31兆円へと大幅に増大して、ウェートも4.5％ポイント上昇している。消費税が導入され、3％から5％、更に8％へと税率を引き上げられたことがその背景にある。

しかし、過去20年間で最も伸張著しいのは租税収入ではなく「社会保障負担」、すなわち社会保険料である。租税に類似した性格を持つ社会保障負担は1994年度の43兆円から2016年度の69兆円へと約26兆円も増大している。それに伴い、収入全体に占めるウェイトは9％ポイントも高くなった。

要するに、日本の財政は、所得税・法人税の税収の減少を、消費税の2回にわたる増税によって食い止めようとしてきた。しかし支出増大のペースに追い付くことができず、財政収支は恒常的に赤字だった。財政赤字は2002年の8％のピーク時からは減少傾向にあるが、国と地方を合わせ長期債務残高は対GDP比では230％に達している。総じて1994〜2016年の財政赤字のほぼ4分の1は歳入の減少に起因している。税の財源調達機能を復活させることは税制改革の優先事項と言えよう。

税の中立性

一般に増税が経済に与える影響は、増税の規模だけではなく、歳入がどう増えるかにもかかっている（Datta ed. [2011], pp.103-109）。課税方式の効率が悪ければ悪いほど、経済にかかる負担は大きい。一般にどの税にも次のような二通りの税負担を持つ。

$$税負担 = 実際の税額 + a$$

税負担には貨幣で実際に支払われる部分のほかに、付随して納税者の行動を様々なかたちで歪める超過負担が存在する。この部分が a であり、厚生上のロスというかたちで把握される。課税の中立性は、この式において超過負担 a がゼロの時に成立する。実際には税負担が実際に支払われる税額だけというのは、人頭税のような定額税が考えられるだけである。

この中立性の基準から見て、税・社会保険料の組み合わせのうち、どれが経済成長に最善であろうか。理論上は、消費を課税ベースにした税は所得税よりも好ましい。消費税は消費・貯蓄の選択に歪みを与えず、異時点間における資源配分の効率性を確保する。また累進税率を持つ所得税は労働意欲を阻害するが、一般に課税ベースの広い間接税にはこのような弊害はない。均

一の税率を広い範囲に課す方が、高い累進税率を狭い範囲に課すよりも労働意欲を阻害しないからだ。同様に、固定資産税のように簡単に動かせないものへの課税は、移動できる経済主体、とりわけ企業への課税に比べて歪みが小さい。消費を課税ベースにした税の中では、最終財への均一税率の課税が多種多様な個別消費税よりも歪みを招きにくい。消費の判断を左右することが少ないからだ。

　経済協力開発機構（OECD）のエコノミストのアーノルドは、豊かな国21カ国における1970年から2004年までの間について租税構造と経済成長率との関係を分析して、こうした理論に基づく見解を実証した（Arnold [2011]、pp.70-73）。それによると経済成長へのダメージが一番小さいのは固定資産税で、次が消費税であった。所得税、特に法人税が経済成長にとっては重荷になった。この研究によれば所得税から消費税及び固定資産税へと税源を移行することは、1人当たりGDPに大きなインパクトを与える可能性がある。急速な人口高齢化とグローバリゼーションの中で、経済に負担をかけないということは日本の税制が直面する課題でもある（OECD [2008a], p.93）。

税・社会保険料の所得階層別負担

　1936年にイタリアの統計学者コンラッド・ジニが考案したジニ係数は、ゼロ（所得額が全員同じ）から1（たった1人が全所得を得る）まで不平等に関する集約尺度を提供する。ジニ係数では小さな――小数点以下第2位の――変動も、所得格差における大きな変化と解釈される。厚生労働省の所得再分配調査報告書によると、1993年の日本では当初所得のジニ係数は0.43であったが、2014年には0.57へと32％増加し、OECD地域の平均増加率よりも大きい（厚生労働省 [2002]、6頁、同 [2014]、7頁）。当初所得のジニ係数上昇の背景には、人口の高齢化による高齢者世帯の増加や単身世帯の増加など世帯の小規模化といった社会構造の変化がある。しかし、主な理由は非正規労働者の増加を反映したものであり、当初所得の格差が著しく上昇したことにある。

　にも拘わらず、日本では課税ベースが狭くかつ税率の累進性がなだらかな

ために、個人所得税の再分配効果は弱まっている。税率の刻み数は1987年の12から2015年には5に減少し、最高税率は60％から45％へと引き下げられた。所得税の最高税率は45％であるが、約6割の納税者に最低の税率（5％）が適用されている。さらに税制の累進性は社会保険料の持つ逆進性によって大幅に相殺されている。筆者が「国民生活基礎調査」の個票データによって税・社会保険料の階層別負担を纏めたのが図7-1である。

ここでは先行研究である八塩・長谷川（2009）を踏襲した。「国民生活基礎調査」（平成26年）の世帯を等価世帯所得（世帯所得/√世帯員数）の高い順に並べて、それを10の所得階層に分割した。所得税、住民税、社会保険料については個票データの負担額を用いた。消費税については、個票データを「家計調査」の所得階級区分にしたがって分類した。そのうえで階級区分の5月

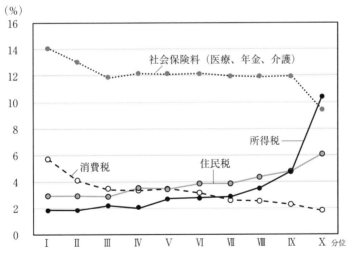

図7-1 税・社会保険料の階層別負担（等価世帯所得に対する税の割合）

（注）1. 世帯を等価世帯所得（世帯所得/√世帯員数）の高い順に並べ、それを10の所得階層に分割。
2. 所得税、住民税、社会保険料は個票データの負担額を用いた。消費税については、八塩・長谷川［2009］にならい、個票データを「家計調査」の所得階級区分にしたがって分類し、その階級区分の5月消費が年間消費に占める割合を用いて、各世帯の年間消費を推計。この年間消費を用いて、課税品目の消費額を求めた。
3. サンプル数は6839。

（出所）「国民生活基礎調査」（平成26年、世帯票、所得票）の個票データより作成。

消費が年間消費に占める割合を用いて、各世帯の年間消費を推計した。

図7-1に見られるように、日本では所得税が基幹税であるにも拘わらず、所得控除によって侵食されているため税負担は大きいとは言えない。10分位の高所得層を除く全ての階層では、住民税よりも所得税の負担の方が小さい。また消費税の増税も見送られてきたので、負担は重いとは言えない。こうした中で社会保障などの財源は社会保険料にシフトしてきた。9割以上の世帯では年金・医療等の社会保険料が、所得税、住民税、消費税を合わせた税負担より重いことが図7-1から分かる。社会保険料は、単独の負担としては他の税目をはるかに上回っているのである。減税や景気低迷で所得税などの税収が低調な一方、低所得者にも一定の負担を求める社会保険料は毎年上昇している。社会保険料には低所得者ほど負担率が高くなる「逆進性」があり、その度合いは消費税よりも大きくなっている。

そうした負担構造から予想されるように、税・社会保険料によるジニ係数の改善度は当初所得と再分配後の所得のジニ係数の差の約9分の1しか占めていない（厚生労働省［2014］、7頁）。日本の不平等と貧困の増加は、これらの傾向を逆転させるために社会保障とともに税制を活用する必要性を示唆している。もっとも、税制の再分配機能を強化することは、経済の潜在的成長率を低下させ、労働インセンティブを弱める可能性がある。経済への悪影響を最小限に抑えながら、所得不平等に効果的に対処する税制改革をいかに導入するかが課題である（OECD［2008a］, p.93）。

2　消費税の分析

日本型付加価値税

今日、税と言えばもっぱら消費税に焦点があたっている。これには「社会保障と税の一体改革」において社会保障の機能強化と維持のための安定財源として消費税が主要財源に位置付けられていることが背景にある。2012年8月に可決された「社会保障と税の一体改革案」においては、消費税収の使途

に関して、幅広い国民が負担する消費税は勤労世代など特定の者に負担が集中せず、高齢化社会における社会保障の安定財源としてふさわしいとされた。この観点から、国の消費税収は法律上は全額を社会保障4経費（制度として確立された年金、医療、介護の社会保障給付と少子化対策費用）に充てることが明確化された（消費税法第1条第2項）。ここでは消費税の話から始めよう。

　日本の消費税は付加価値税（VAT：value added tax）の一形態である。付加価値税である消費税を正確に徴収するには、「付加価値」を税務署が正確に把握する必要がある。だが、日本の消費税は1989年に導入された時に、国民の反対が強く、様々な特例が設けられた。とりわけ中小事業者の事務負担を軽減するために、簡易課税制度、免税点制度、帳簿による仕入税額控除などを導入せざるを得なかった。消費者から見ると、課税の公平感が著しく損なわれるものとなった。創設時の日本の消費税は国際的な水準から見ると「かなり未成熟な仕組み」（石［2009］、227頁）であった。しかし、数次にわたる改正を経て日本の消費税は、先進諸国の付加価値税や財・サービス税と比べてもある程度遜色のない水準まで改訂された。

　簡易課税制度とは、売上に事前に定められた「みなし仕入率」をかけて仕入額を簡便に求める制度である。みなし仕入率は事業内容に応じて50％から70％まで5段階ある。この方法であれば、仕入額が把握されていなくても、売上高さえ分かれば納付すべき消費税額がすぐに算出できる。課税売上高5,000万円以下の事業者は、簡易課税制度を選択できる。創設当時は適用上限は5億円であったが、2回の改正を経て現在の水準に下がった。実際のところ申告総数のうち、60％が簡易課税制度に基づく申告である。

　簡易課税制度には小規模事業者の納税に係わる事務負担を軽減する一方で、一部事業者に「益税」をもたらしているという問題がある。簡易課税制度は、これまでも課税売上高の上限額の引き下げやみなし仕入率の事業区分の細分化が行われてきた。しかし、みなし仕入率が課税仕入率を上回って乖離している場合には、価格を通じて消費者が負担している消費税相当額のうち国庫に納付されない部分が事業者に残ることとなり、いわゆる益税が発生

する。

　事実、会計検査院［2012］によると、簡易課税制度適用者について事業区分毎にみなし仕入率と課税仕入率の平均を比較すると、みなし仕入率が全ての事業区分において課税仕入率の平均を上回っていた。その中でも第5種事業（運輸・通信業、サービス業及び不動産業）の課税仕入率の平均は、みなし仕入率との開差が顕著な状況となっている。

　次に非課税であるが、売上高1,000万円以下の事業者は非課税になる。消費税創設時には適用上限は3,000万円に設定されていたが、1,000万円に引き下げられている。この上限を事業者免税点といい、消費税創設当初から長期間にわたって据え置かれている。ところが、一見して売上高が1,000万円に満たないような零細小売店からも買い物の度に消費税を請求されることから、消費者の支払った消費税相当額が国庫に納付されないという益税問題が生じている。免税事業者は仕入税額控除もできないため、「売上×税率」がそのまま手元に残るわけではなく、消費者から預かった「消費税マイナス仕入に係る消費税額分」が益税となる。

　商品の価格表示については、税込み価格で表示する「内税」と税抜き価格にして税も別掲する「外税」がある。日本では制度創設以来、価格表示は事業者の選択にゆだねられていた。小規模事業者の多くは消費者の抱く痛税感が小さい税抜き価格を選んだ。税抜き表示では、最終的にいくら支払えばいいのか分かりにくく、また同一の商品やサービスでありながら税抜き表示の店と税込み表示の店が混在していた。このことが問題視され、2004年4月から消費者に対する値札や広告において価格を表示する場合には、消費税額を含んだ支払い総額の表示を義務付ける「総額表示方式」が採用された[2]。

　日本の消費税ではインボイスなしの仕入税額控除方式をとっている。イン

---

2) 2012年8月に消費税率を2014年4月に5%から8%へ、2015年10月に8%から10%へと、2段階で引き上げることが決まった（平成24年法律第68号）。これに伴い施行されたのが「消費税の円滑かつ適正な転嫁の確保のための消費税の転嫁を阻害する行為の是正等に関する特別措置法」（平成25年法律第41号）である。この特別措置法によって、税込み表示であることを誤認させないことを条件に税抜き表示へ逆戻りすることが認められた。増税分の転嫁や業者の事務負担軽減を目的とした特措法は、2013年10月から2017年3月末日までの一時的な措置である。

ボイスとは、適用税率や税額など法定されている記載事項が記載された書類で、欧州においては、免税事業者と区別するため、課税事業者に固有の番号を付与してその記載も義務づけられている。インボイスの記載事項に基づいて仕入に係る税額を控除するので、業者間で売上げを相互にチェックする誘因が働き、また中小事業者による消費税の価格への転嫁も容易になる。一方、日本では請求書等保存方式をとっている。「請求書等保存方式」は帳簿の保存に加えて、取引の相手方（第三者）が発行した請求書等という客観的な証拠書類の保存を仕入税額控除の要件とするものだ。しかしインボイスのように請求書等に適用税率・税額を記載することは義務付けられていなかった。2019年10月より消費税率が8％から10％へ引き上げられると同時に、低所得者対策として軽減税率（8％）を適用することが決定されている。それに伴い、現行の請求書等保存方式から2023年10月より適格請求書等保存方式（インボイス制度）へ移行することが決まっている。

消費税収の安定性

消費税には、それが持つ財源調達能力と収入としての安定性に定評がある。日本の消費税の税率は主要8カ国の平均16.8％に比べてかなり低い。その結果、「一般消費税」が租税総額に占める割合は9％で平均の15％を下回っている。ここに増税の余地があることは明らかであり、税率の引き上げ幅が少なくても多額の税収を確保できる長所がある。

理論的には所得税と消費税の課税ベースは同じであるが、日本の所得税は所得控除等によって課税ベースが侵食されている。一方、消費税は非課税品目も少なく課税ベースの広い税となっている[3]。事実、C効率性という「本来のVATの課税ベースから得られる税収のうち、実際の税収がその何％を占めるか」を測る指標があるが、日本のC効率性は約70％で、OECD諸国の平均58％を大幅に上回っている（OECD［2016a］）。そのため低い税率で多額の税収を確保できるメリットがある。消費税率1％の引き上げで、約2.5

---

[3] 持田・堀場・望月［2010］では、各都道府県における消費税の課税標準額の理論値を推計することを目的として、各都道府県の産業連関表を用いて課税ベースを推計している。

兆円の増収が見込まれる。社会保障給付増大に対する税収確保が必要であるが、「消費」を課税ベースにしていることから、税収を特定の世代に負担が偏らず広く薄く全世代から低税率で徴収できる。

消費税は景気変動によって税収が左右されにくい安定した財源でもある。国民経済計算上、消費税は「生産・輸入品に課される税」に分類されることを第1章で述べた。この点を確認するために支出面から見たGDPについて振り返っておこう。

$$GDP = 民間消費 + 民間投資 + 政府支出 + 輸出 - 輸入$$

右辺の支出項目が全て課税客体になるのではなく、家計が財・サービス市場で企業から商品を購入したり、外国から製品を輸入する際に消費税が課される。消費税が法人税や所得税に比べて相対的に安定しているのは、よほどのことがなければ家計は年々の消費レベルをそれほど大きく変動させないからだ。もっとも消費税収の対GDP比を見ると必ずしも毎年一定の値をとるわけではなく、GDPに対する税収弾性値も毎年変動している。上田・筒井[2013]によると、消費税と地方消費税を合わせた税率が5％となってから以降は、税収が平年度化した1998年から2010年までの13年間において、税収弾性値2.42～2.65％の幅で変化している。この変化幅はそれほど大きなものではないように見えるが、必ずしも時間を通じて一定の値となっているわけではないことには留意する必要がある[4]。

中立性とマクロ経済への影響

税負担には貨幣で支払われる部分のほかに、納税者の行動を様々なかたちで歪める「超過負担」が生じる。「中立性」というのは経済活動に対する歪

---

[4] 一つの要因として、税制の変更を通じて理論的税収と実績値の乖離が生じていることが挙げられる。乖離が生じる原因としては、小規模事業者に対する消費税の免税措置（事業者免税点制度）の存在による影響や、簡易課税制度の影響が考えられる。上田・筒井[2013]は、産業連関表を用いた分析によって、2003年度に小規模事業者への特例の変更に関する税制改正が行われたことに対応して、理論的税収と実績値の乖離が縮小したことを明らかにしている。

みがなるべく少ない税が望ましいという考え方である。商品毎に税率が異なる個別消費税は、財・サービスの相対価格を歪め、消費者選択に影響を与える。全ての財・サービスを課税対象として、一括税率で課税する課税ベースの広い付加価値税にはこのような欠陥は生じない。

　所得税と比較した場合も、消費税の中立性は明らかだ。所得＝消費＋貯蓄、という恒等式が成り立つから、所得税の課税ベースには貯蓄が含まれる。しかし貯蓄が生む利子にも将来課税されるため、生涯所得が等しくても、貯蓄性向の高い個人ほど税負担の割引現在価値が大きくなってしまう。

　一方、課税ベースの広い間接税では、所得税に見られるような貯蓄の二重課税が発生せず、消費・貯蓄の選択に歪みを与えない。消費税は異時点間における資源配分の効率性にも資すると言える。また累進税率を持つ所得税は労働意欲を阻害するが、比例税率で課税ベースの広い間接税にはこのような弊害はない。したがって課税ベースの広い付加価値税によって個別間接税を代替することや所得税を部分的に代替することは、資源配分への中立性という点から見て望ましい。

　消費税率の引き上げは、駆け込み需要の発生とその反動（異時点間の代替効果）と、税率上昇による物価上昇に伴う家計の実質可処分所得の減少（所得効果）、という二つの経路を通じて、実体経済に影響を及ぼす。耐久性のある財は購入する時点と財の生み出すサービスを消費する時点を分離することが可能であり、これが駆け込み需要と反動減を生む原因となる。もっとも駆け込み需要と反動減は一定期間における増減の累計を取れば相殺される。したがって、反動減以上に消費の減少がある場合には、それは税率引き上げによるマイナス効果（所得効果）にほかならない。

　消費税増税が景気後退の「主因」であると考える確固たる証拠は見当たらない。1997年4月1日に消費税率が3％から5％へ引き上げられたことについて見てみよう。「家計調査」のミクロデータを用いて検討したCashin and Unayama［2011］の推計結果によれば、所得効果による家計消費の減少幅は1世帯当たり月額562円だった。こうしたミクロの効果をマクロに積み上げて試算すると、1997年4月の税率引き上げが及ぼした所得効果は0.3兆

円となる。これは対 GDP 比で 0.06％に相当する。こうした結果から判断しても、消費税増税が当時の景気後退の「主因」であると考えるのは困難である。

われわれは 2014 年 4 月の消費税増税が今日に至るまでの消費低迷の「主因」であるという見方についても疑問を禁じ得ない。第 3 章での順序ロジット・モデルの推定結果を見るかぎり、消費回復の足取りが重いのは家計の可処分所得の伸び悩み、将来の不確実性に原因がある。家計が仮に将来の所得や支出の不確実性に直面すれば、それ以降の期の消費を抑制し、貯蓄を積み増すことで将来の不確実性に備えようとするはずである。

消費税の逆進的負担

消費税は、引退して勤労所得がない高齢者も負担するので、世代間の公平性を回復するのにある程度は役に立つ。生涯ベースで見ると、高齢者世代の政府からの受益は負担よりも高く、若年世代は、給付よりも政府に支払う税金の方が大きい。内閣府「年次経済財政報告」によると、2003 年に 60 歳以上であった高齢者の生涯ベースのネットの受益はこれから生まれるであろう若年世代より約 1.17 億円多い（内閣府［2003］、210-211 頁）。消費税の増税分の一部は現在の高齢世代の貯蓄から負担されるので、世代間の不公平をいくぶん緩和する効果が期待できる（Keen, et al.［2011］）。

しかし、消費税負担の逆進性は、生産活動に就いている中核の労働力における公平性を損ねる。消費税の負担には、低所得階層ほど負担率は大きくなるという「逆進性」が顕著に現れる。表 7-2 において筆者は「国民生活基礎調査」（平成 26 年）の世帯を等価世帯所得（世帯所得 / $\sqrt{\text{世帯員数}}$）の高い順に並べ、それを 10 の所得階層に分割した。そのうえで消費税については、八塩・長谷川［2009］の方法を踏襲して、個票データを「家計調査」の所得階級区分にしたがって分類した。その階級区分の 5 月消費が年間消費に占める割合を用いて、各世帯の年間消費を推計した。この年間消費を用いて課税品目の消費額を求めた。

表 7-2（ただし表 7-3 と表 7-4 も参照）によると、消費税の負担は社会保

険料や所得税・住民税などに比べると相対的には軽い。所得比で見た直接税の負担率は平均で7.4％（表7-3）、社会保険料は12.1％（表7-4）であるが消費税の負担率は3.2％にすぎない。しかし低所得階層（第Ⅰ分位）では税負担率が5.7％であるのに対して、高所得階層（第Ⅹ分位）では税負担率は1.8％にとどまっている。

消費税の負担が逆進的になる理由は、次の式を見ると分かる。

$$Y = C + S$$

この式は、所得 Y は消費 C もしくは貯蓄 S に分解されることを示す。したがって所得に対する消費税の負担率は次の通りになる。

$$\frac{\tau C}{Y} = \tau \left(1 - \frac{S}{Y}\right)$$

表7-2 消費税の所得階層別負担

等価所得階層	世帯平均所得（万円）	世帯平均消費（万円）	消費税負担率	純貯蓄（万円）
Ⅰ	316.28	286.65	5.7%	-30.03
Ⅱ	450.72	292.33	4.1%	78.34
Ⅲ	544.54	295.06	3.4%	157.59
Ⅳ	663.89	352.16	3.3%	194.01
Ⅴ	732.26	402.69	3.5%	195.64
Ⅵ	815.75	402.37	3.1%	259.96
Ⅶ	900.35	374.88	2.6%	357.15
Ⅷ	996.48	403.66	2.6%	394.24
Ⅸ	1140.35	413.88	2.3%	481.15
Ⅹ	1797.15	512.26	1.8%	819.88
平均	835.78	373.59	3.2%	290.79

（注）1. 世帯を等価世帯所得（世帯所得／√世帯員数）の高い順に並べ、それを10の所得階層に分割した。
2. 消費税については八塩・長谷川［2009］にならい、個票データを「家計調査」の所得階級区分にしたがって分類し、その階級区分の5月消費が年間消費に占める割合を用いて、各世帯の年間消費を推計。この年間消費を用いて、課税品目の消費額を求めた。
3. サンプル数は6839。

（出所）「国民生活基礎調査」（平成26年、世帯票、所得票）の個票データより作成。

ここで τ は消費税の税率であり、かつ消費税は価格を通じて消費者に転嫁されるとする。所得が高い家計ほど貯蓄率 S/Y も高いので、単年度の所得に対する税負担は逆進的になることが分かる。表7-2には純貯蓄額を示してあるが確かに所得が低くなるにつれて小さくなっている。

　単年度で見た消費税の「逆進性」については、留意すべき論点がある。重要な点は測定期間の問題である。1年間のような短期ではなく、生涯のような長期における人々の所得に注目して、生涯所得＝生涯消費、というライフサイクル仮説に立てば、所得基準でも消費基準でも消費税の負担構造は比例的になる[5]。しかし貯蓄が生涯のうちに全て消費に充てられるという想定は、贈与や遺産の存在を考えれば妥当性に欠けるし、単純なライフサイクル仮説と違い、自分の死亡の時期をあらかじめ知ることはできない。家計は支え手が何歳になっても「将来の備え」を必要とする。したがって、生涯でも消費課税の所得を基準とした負担構造はある程度は逆進性が残ると理解すべきであろう[6]。

　消費税の逆進性を緩和するため、EU諸国では軽減税率適用品目や免除品目が存在する。これらの軽減税率の導入の目的には再分配、文化保護、地方

---

[5] これは次のような理由による。生涯所得 W はある人の生涯を通じた消費 C の割引現在価値に等しい。割引率を ρ とすると

$$W = \sum_t \frac{C_t}{(1+\rho)^t}$$

もし消費税が全ての消費に同じ税率で課税されると、税額は毎年 τC となる。生涯を通じた負担は

$$\tau W = \sum_t \frac{\tau C_t}{(1+\rho)^t}$$

したがって生涯所得に対する税負担率 τ、すなわち税負担は生涯所得に対する比例税となり「逆進性」はなくなる。

[6] 消費税の所得階層別負担については、多くの先行研究がある。大竹・小原［2005］は家計の消費行動をライフサイクルで考えた場合、一時点でのクロス・セクションで逆進的に見えても、逆に累進的にさえなりうると結論付けている。橋本［2010］は大卒で大企業に入社した個人と高卒で零細企業に入社した個人のライフサイクルの所得と消費をシミュレーションした。生涯所得で見ても、逆進性は低いもののある程度残ると評価している。八塩・長谷川［2009］は厚生労働省「国民生活基礎調査」を用いて分析している。年金で生活する世帯の中には、所得は低いが消費額が非常に大きい世帯がいることを見出している（担税力は消費に表われる）。

の労働集約型産業保護、外部不経済是正などがある。日本においても、消費税率の引き上げに伴って、食料品や生活必需品に標準税率を適用しない軽減税率を導入することの是非が問われてきた。その結果、2019年10月より、消費税率が8％から10％へ引き上げられると同時に、低所得者対策として以下の対象品目に軽減税率（8％）を適用することが決定された。

① 酒類及び外食を除く飲食料品
② 定期購読契約が締結された週2回以上発行される新聞

軽減税率と給付付き税額控除の比較

もっとも軽減税率の導入は政治的な理由から決定がなされた面が強く、必ずしも税の理論から導かれたものではない。そもそも日本の消費税の税率はヨーロッパ諸国の付加価値税の税率の半分以下であって、軽減税率の導入を正当化する根拠は必ずしも強いとは言えない。低所得者への補償として導入された食料品や電気・水道水等に対する軽減税率の一定の再分配効果は認められるものの、極めて限定的である。なぜならば、富裕層の方が低所得者層よりも軽減税率適用品目に使う予算が多く、軽減税率の恩恵を受けているからである（OECD［2014b］）。

他にも、(1)経済活動への歪み、(2)制度執行コストの増大、(3)軽減税率対象税目のさらなる拡大の可能性がある（OECD［2016a］）。(1)では、同じカテゴリーの物品・サービスでも種類によって税率が違えば、消費行動を歪めるおそれがある。軽減税率が特定の産業を保護する結果となり、税制の中立性を阻害する。(2)では、複数税率にすれば対象品目・適用税率を線引きして税務を行わなければならなくなり、納税義務者である事業者に追加的な事務負担をもたらすほか、徴税コストも増加する。通達等の策定が必要となり、税務調査や訴訟に伴うコストも増大する。(3)では、税負担は少ない方が良いというのが消費者としての国民の普通の感情であり、軽減税率の対象範囲は広ければ広いほど良いということになりがちである。そのため、軽減税率導入後において対象範囲が拡大していくという危険性がある。以上から、あるべき税制の原則が「公平、中立、簡素」であることを考慮すると、単一税

率を廃止して軽減税率を導入することはこの良さを損なうことになる。

　こうしたことから、高い再分配効果を期待するならば軽減税率ではなく、低所得者層にターゲットを絞った給付付き税額控除を用いて、消費税負担を軽くすべきだということが国際的なコンセンサスになっている。2010年11月10日に英国でノーベル経済学者ジェームズ・マーリーズ卿を座長とする税制改革の研究グループによって行われた税制改革の報告書が発表された。これは1978年に公表された「ミード報告」（ノーベル経済学者ジェームズ・ミードらによる税制改革の報告書）の後継報告書と位置付けられていて、「マーリーズ・レビュー」と呼ばれている（Institute for Fiscal Studies [2010]）。「マーリーズ・レビュー」は、標準税率を一律で課す政策に変更しても[7]、低所得者向けに税額控除等を行えば軽減税率を導入するよりもずっと効率的に逆進性を解消できることを実証している（Crawford, Keen, and Smith [2010]）。軽減税率導入による逆進性緩和効果は限定的だということは世界的に認識されており、実際に後になってVATを導入した国々（オーストラリアやニュージーランド）はEU諸国の教訓から単一税率で導入している。

シミュレーション

　軽減税率と給付付き税額控除は消費税の逆進性に、どのような影響を与えるのだろうか。「国民生活基礎調査」の個票データを使用して分析することにしたい。ここでは所得に拘わらず全ての世帯に対して最低消費支出に相当する消費税部分を還付することとする。給付額の水準を決めるに当たり、基礎的消費支出を算出する必要があるが、ここでは橋本[2010]を参考にする。同論文は、生活扶助基準＋社会保険医療を除く医療費の平均値、家計調査の第Ⅰ分位の消費支出の二つの手法を総合的に勘案して1人当たりの最低消費

---

[7]　2017年現在、英国のVATは、標準税率（20％）、軽減税率（5％）、ゼロ税率の三つに分類されている。5％の軽減税率は家庭用燃料や電力、特定のチャイルドシートや医薬品等に、ゼロ税率は食料品、子供服、運賃、本、新聞、水道、医薬品、障碍者に対するサービス、住宅等に適用されている。英国の軽減税率やゼロ税率の適用範囲は他のEU諸国と比較しても広いのが特徴で、その分だけ税収のロスも大きい。2005年当時の英国のC効率性はわずか49％であり、OECD諸国の平均58％を大幅に下回っている。

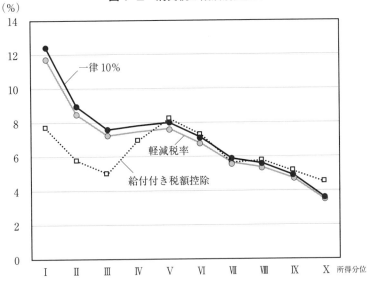

図7-2 消費税の階層別負担率

(注) 1. 世帯を等価世帯所得（世帯所得／√世帯員数）の高い順に並べ、それを10の所得階層に分割。
2. 消費税については八塩・長谷川［2009］にならい、個票データを「家計調査」の所得階級区分にしたがって分類し、その階級区分の5月消費が年間消費に占める割合を用いて、各世帯の年間消費を推計。この年間消費を用いて、課税品目の消費額を求めた。

(出所)「国民生活基礎調査」（平成26年、世帯票、所得票）の個票データより作成。

を1人目は年100万円、以降世帯の2人目より年50万円と推計している。個票データの世帯人数にこれらの最低消費を乗じて、基礎的消費支出を算出した。

次に2019年10月に実施予定の軽減税率適用時と同じ税収にするという前提の下で、給付付き税額控除を行う際の消費税率を決めた。これによって税収中立を維持したうえで両者の逆進性を比較し、給付付き税額控除が軽減税率と比べてどの程度の逆進性緩和効果があるかを検証したい[8]。

図7-2、図7-3によって消費税率が一律10％の時の消費税負担の絶対額と

---

[8] 計算にあたっては、所得階級毎の消費税対象の消費支出（消費支出から住居、保健医療、教育を除いたもの）に実効税率をかけ、各階級の消費額を加算することでモデル上の税収額を算出した。消費税の還付を行う際には、このモデル上の税収を維持する消費税率を求めている。

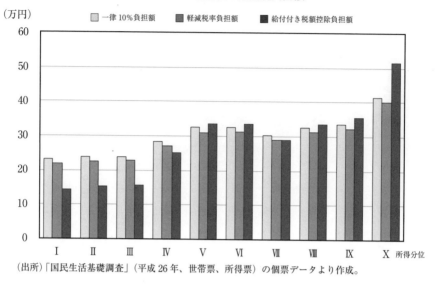

図 7-3 消費税の階層別負担額

(出所)「国民生活基礎調査」(平成 26 年、世帯票、所得票) の個票データより作成。

　等価世帯所得[9]に占める割合を見ると、所得が上がるにつれて消費税負担の絶対額が増えている。しかし図 7-2 から消費税の階層別負担率を見ると所得が上がるにつれて負担率は低くなっていて、消費税の逆進性が観察できる。次に実施予定の軽減税率をそのまま適用した時の所得階層の負担額と負担率を見てみよう。図 7-3 を見ると一律 10％の場合と比べて負担はどの階級でもわずかに減少しているが、減少幅は高所得階層ほど大きい。負担率については低所得階層の方が高所得階層よりもやや減少幅が大きいが、一律 10％のケースとグラフはほぼ重なる。したがって標準税率を 10％とし、(外食・酒類を除く) 食料品にのみ 8％の軽減税率を適用した場合には、逆進性緩和の効果は認められるものの、わずかである。

　軽減税率適用時と税収を同一に保つため、消費税を一律 19％で課し、全世帯に基礎的消費支出分の負担を還付するケースを見よう (図 7-3)。この時、消費税負担は第Ⅰ分位では一律 10％の場合に比べて 8.8 万円の負担額が軽減される。軽減税率適用時と比べて、第Ⅰ層～第Ⅴ層までは 19％と高い消費

---

9) 等価世帯所得とは、世帯所得を世帯員数の平方根で割った値である。

税率にも拘わらず税負担が税額控除によって軽減される。第Ⅵ層でほぼ同じになり、第Ⅶ層以降は税負担が大幅に増加する。第Ⅹ層においては軽減税率適用時の1.29倍の税負担になる。また図7-2で消費税負担率を見ると、第Ⅰ層〜第Ⅳ層までは3〜5％前後低くなるが、第Ⅹ層では1％前後高くなる。この図7-3からは軽減税率適用時と比べても、税額控除を行う時は逆進性が緩和され、特に中間層では負担率が明らかに累進的になっていることがわかる。

　要するに標準税率10％、軽減税率8％を食料品に適用した場合には、その逆進性緩和効果は極めて限定的であり、軽減税率適用時と税収中立下で基礎的消費支出分の消費税額を還付した方がはるかに負担が公平になることが判明した。税務面から見ても複数税率を導入せず、一律10％を維持した方が簡素であり、理論上は複数税率を導入するよりも単一税率で給付付き税額控除を行う方が公平・中立・簡素の原則から望ましい。

3　所得税の分析

所得税の空洞化

　所得税の税収はリーマン・ショック後に15兆円を割り込んだが、その後には持ち直して2016年度には19.8兆円になった。しかしピークである1991年度の27.5兆円よりは7.7兆円も少なく、1980年代後半の水準すら回復していない。政府税調の表現を借りるならば、所得税は「空洞化」している。税制の大黒柱である所得税の空洞化は、税の財源調達機能から見ても問題であるが、次のような点からも問題視せざるを得ない。

　消費税の税率引き上げで低所得層の負担感が高まるなか、高所得層にも応分の負担を求める必要性が高まっている。そのためには所得税の持つ所得再分配機能を回復しなければならない。しかし、税制の再分配効果は厚生労働省の所得再分配調査報告によると低下している。再分配効果の低下には累進税率のフラット化と所得税の規模自体が小さくなってきたことが効いてい

る。世界の潮流となっている給付付き税額控除の効果も、所得税がある程度の規模で税収を上げていないかぎりは発揮しようがない。所得税そのものをほとんど払っていない人に税額控除することになったら社会保障給付と同じことになる[10]。

　所得税を再建するには、「空洞化」の原因を探さなくてはならない。所得税は以下のステップを踏んで計算されていることに注目する必要がある。

　　　所得金額＝収入－必要経費－給与所得控除
　　　課税される所得＝所得金額－所得控除
　　　所得税額＝課税される所得×超過累進税率－税額控除

　はじめに「課税される所得」に注目しよう。所得税は課税される所得に超過累進税率を適用した後、税額控除を差し引いて納税額が確定する。所得税がやせ細った理由の一つとして給与所得控除等による課税所得の侵食が挙げられる。表7-3は「国民生活基礎調査」の個票によって、所得控除後の課税される所得を分子に、収入を分母にとった「課税所得比率」を計算したものである。ここでは「国民生活基礎調査」（平成26年）の世帯を先行研究である八塩・長谷川［2009］の方法を踏襲して等価世帯所得（世帯所得/$\sqrt{世帯員数}$）の高い順に並べ、それを10の所得階層に分割した。そのうえで所得税、住民税は個票データの負担額を用いた。

　表7-3によると「課税所得比率」は第Ⅰ分位の42％から第Ⅹ分位の76％までの間に分布しているが、いずれにせよ国民全体で見ると高々56％にすぎない。OECD諸国では賃金所得に対する課税標準の割合は平均で82％であって、日本の所得税の課税標準がいかに侵食されているかが分かる。収入と課税される所得とのギャップを生んでいるのが、給与所得控除と所得控除であることは上記の式から明らかであろう。

　次に課税される所得に適用される超過累進税率に注目する。超過累進税率とは、課税される所得に一律の税率を適用するのではなく、「超～以下」という所得区分毎に逓増する税率を適用した金額を合計する仕組みである。所

10）包括的所得税等の所得税の理論については、持田［2009］（6章）を参照されたい。

得税の税率表は7段階に区分されて累進的になっている。これだけだと高所得者と低所得者の間での垂直的な公平性が保たれているかのように映る。しかし納税者数に注目すると著しく異なった所得税の側面が示される。すなわち最低税率が適用される所得層の割合が想像以上に高いのである。

筆者が「国民生活基礎調査」の個票データを分析したところ、納税世帯全体の60％に達する世帯に最も最低税率である5％（住民税を含めると15％）が適用されていることが分かった。10％の税率が適用される納税者までに広げると、納税世帯の約70％に達する。一方、最高税率45％が適用される納税者がいる世帯の割合は0.9％にすぎない。所得税は税率区分から想起されるイメージとは違って、納税者の約7割にフラットな税率が適用されているのだ。

税率構造のフラット化を反映して、高所得階層から低所得階層への所得再

表7-3 所得税の所得階層別負担

等価所得階層	世帯平均所得（万円）	世帯平均消費（万円）	所得税課税所得比率	直接税負担率		合計
				所得税	住民税	
I	316.28	286.65	42%	1.9%	2.9%	4.8%
II	450.72	292.33	47%	1.8%	2.9%	4.8%
III	544.54	295.06	49%	2.2%	2.9%	5.1%
IV	663.89	352.16	51%	2.0%	3.5%	5.6%
V	732.26	402.69	54%	2.7%	3.5%	6.2%
VI	815.75	402.37	57%	2.8%	3.8%	6.6%
VII	900.35	374.88	59%	2.8%	3.9%	6.7%
VIII	996.48	403.66	62%	3.6%	4.4%	8.0%
IX	1140.35	413.88	65%	4.8%	4.8%	9.5%
X	1797.15	512.26	76%	10.4%	6.1%	16.5%
平均	835.78	373.59	56%	4.0%	4.0%	7.4%

（注）1. 世帯を等価世帯所得（世帯所得／$\sqrt{世帯員数}$）の高い順に並べ、それを10の所得階層に分割した。
2. 所得税、住民税は個票データの負担額を用いた。
3. サンプル数は6839。

（出所）「国民生活基礎調査」（平成26年、世帯票、所得票）の個票データより作成。

分配効果は小さい。所得階層別負担について、所得税については表7-3、社会保険料については表7-4でそれぞれ比較をしてみよう。年収316万円の低所得層（第Ⅰ分位）の直接税負担は年間15万円（4.8%）であり社会保険料44.5万円（14.1%）の3分の1にとどかない。年収732万円の中所得階層（第Ⅴ分位）では社会保険料は87万円（12.1%）であるのに対し直接税負担は45万円（6.2%）。第Ⅷ分位でも社会保険料は118万円（11.9%）に対して、直接税79万円（8%）で4%ポイントも低い。

　最後に控除に注目しよう。所得税は個人の所得に税を負担する能力、いわゆる担税力を見出して課税を行う。最低限度の生活を維持するのに必要な部分などは担税力がないために、所得の金額から控除し課税標準額を算定する。これは給与所得控除、社会保険料控除、基礎控除、配偶者控除の合計から構成され、財務省によると夫婦・子供2人の場合に284万円である。この水準は就業者総数に占める非納税者の割合に影響を与えるが、非正規雇用の若い世帯の多くでは所得税の金額がゼロであることは容易に想像できる。

　「国民生活基礎調査」の個票データを分析したところ、全世帯の29%には所得税の納税者がいなかった。収入が課税最低限を超えない世帯の規模感がこれで分かる。もっとも、課税最低限は以前に比べるとかなり下がっている。貝塚啓明も指摘するように、企業がコスト削減を図って非正規労働者を増やした結果、課税最低限を下回る低収入の世帯が増加していることが効いている[11]。所得税の財源調達機能を本当に働かせるには、非正規雇用の労働者の雇用の安定化と待遇の改善が必要である。

給与所得控除の妥当性

　空洞化した所得税を再建するためには、何が必要であろうか。筆者は、さしあたり所得控除を見直すことで、個人所得税の税収は増える可能性が高いと考える。金額的に最も大きい所得控除は給与所得控除である。現在、給与所得控除額の大きさは1人当り平均125万円であるが、仮に給与所得控除を

11）東京大学大学院経済学研究科［2007］「座談会　財政改革を考える」『経済学論集』第73巻2号、における貝塚啓明の発言による。

廃止した場合の税収インパクトは6兆9,429億円と推測されている。2011年の民間企業の平均年間給与支給額に占める給与所得控除の割合は30.5％に達している。

　給与所得控除は、最低控除額と給与収入段階に応じた逓減的定率制度の組み合わせになっている。最低控除額は65万円であり、給与収入が高くなるほど絶対額は増えていくが、控除率が低下していき、220万円で打ち切りになる。所得控除は適用税率が高い高所得者ほど税負担軽減につながる逆進性があるため、控除率を徐々に下げることによって逆進性を緩和している。

　給与所得控除の根拠としては、今日では、給与所得の「必要経費控除」説が最も有力で異論が少ない[12]。事実、所得金額を算定する際に、他の必要経費と並んで給与所得控除が控除されている。かつては「所得捕捉率格差の調整」ということが給与所得控除の一論拠とされていた。給与所得、営業所得、農業所得間には「クロヨン問題」と呼ばれる無視し得ない把握率の格差があるが[13]、給与所得控除はこの格差を調整するものだという説である。しかし国税庁はクロヨン問題の存在を公式には認知していないし、そもそも脱税を前提として税制を立案することはシャウプ勧告が批判したように税制を崩壊に導くことになる。宮島洋が指摘するように、所得捕捉率格差の調整機能を給与所得控除に持ち込むことは筋違いと言えよう（宮島［1986］、168頁）。

　給与所得控除は、田中角栄内閣時の1974年に大幅拡充されている。これは当時の内閣が参議院議員選挙を控えていたためと言われ、政治的に利用される側面があることを示している。平成になってからも所得税の減税政策が続き、控除金額の引き上げが行われた。だが、政府税制調査会が「あるべき税制の構築に向けた基本方針」を出し、所得課税の「空洞化」を示すものとして、就業者総数に占める非納税者の割合や、課税最低限の高さを指摘した。

---

12) いわゆる「サラリーマン税金訴訟」（昭和60年3月27日、最高裁判決）において、給与所得に係る経費の実額控除が争われた事件に関し、「給与所得に係る必要経費の控除のあり方が均衡の取れたものであるか否かを判断するについては、給与所得控除を専ら給与所得に係る必要経費の控除と捉えて事を論ずるのが相当である」と判示されている。
13) 2001年の石弘光による研究では、サラリーマンの所得捕捉率は90％であるが、農業従事者では40％、自営業者では60％でしかなかった。より最近の研究によっても自営業者の所得捕捉率は70％である（荒井［2007］）。

これを契機に所得控除の累進性を高める方向で見直しが始まり、2012年度の税制改正では給与所得控除に上限が設けられ、年収1,500万円超に適用された。控除額の上限は漸次引き下げられており、2016年分からは1,200万円（控除額230万円）、2017年度分からは1,000万円（控除額220万円）になった。

　給与所得控除には大きく分けて二つの問題がある。第一に、極めて高額な給与収入部分にも必要経費を認めることが果たして妥当か、という問題である（宮島［1986］、172頁）。役員賞与には、労働報酬よりも利益処分の性格が強いとみなされている。第二に、必要経費の概算控除としては高すぎるのではないか、という問題である。給与収入に占める給与所得控除率の平均値は30.5％であるのに対して、実際の給与収入に占める経費率は6％から10％と試算されている。本来の趣旨と実態が大幅に乖離していると考えられる。

　給与所得控除については、2017年12月に発表された与党税制改正大綱では、控除の上限額が適用される給与収入が850万円に、控除限度額が195万円に引き下げられた。逓減定率控除制度の枠内での微調整とも言うべき改正である。これによって給与所得が850万円以上1,000万円未満の中産階級の上位層の負担が増えるので、所得税の累進性が一定強化されるであろう。しかし、累進性の強化を図るのであれば、現行の逓減・消失型の給与所得控除は中間点として位置付けて、税額控除に切り替えるべきだ。

働き方の選択に関する中立性

　所得税は個人単位課税をとっているが、実際には納税者の家族の収入、年齢等の状況に応じて税負担の調整を行っている。この調整は「基礎的な人的控除」と呼ばれ、基礎控除、配偶者及び扶養控除という体系に整理されている。このうち、配偶者控除は1961年に扶養控除から分離されるかたちで創設されたもので、納税者に合計所得金額が一定以下の配偶者がいる場合、納税者本人の担税力の減少を調整するために設けられている。

　すなわち配偶者の給与収入が103万円以下である場合には納税者本人に配偶者控除（38万円）が適用され、さらに配偶者の給与収入が103万円超141

万円未満である場合には配偶者特別控除が適用されている[14]。

創設当時の配偶者控除が想定していたのは、男性の終身雇用と無業の妻からなる「片働き世帯」であった。しかし、終身雇用・年功賃金を中核とする雇用システムが機能不全に陥り、「共働き世帯」が増加するなど女性のライフスタイルは多様化した。こうした構造変化を背景にして税制上、専業主婦に重点が置かれてきた配慮の重点を「共働きで子育てをする世帯」にシフトする社会的な必要性が高まっている。

この動きを加速化したのが2014年6月の閣議決定である。これを受けて政府税制調査会は論点整理を行い、2016年11月に「中間報告」を纏め、配偶者控除見直しについての選択肢を提示している（政府税制調査会［2016a］）。配偶者控除の見直しでは、「103万円の壁」によって女性の就業調整を促す結果となり、女性の労働力の活用の妨げになっているか否かが論点だ。配偶者特別控除の導入により、配偶者の給与収入が103万円を超えても手取りの世帯収入は逆転しない仕組みになっており、税制上は就業調整を行うインセンティブは低下している。確かに、所得分布上「103万円の壁」と見られるデータは確認できるが、パートタイム労働者総合実態調査では実際に就業調整を行っているパートタイム労働者（男女）は全体の15.4％にすぎない（厚生労働省［2017］）。

これらの点を踏まえると、配偶者控除等は就業調整の主因ではなく一因としてまずは捉える必要がある（伊田［2014］）。むしろ問題となるのは、年金・医療の保険料負担が発生する「130万円の壁」である。配偶者の給与収入が130万円を超えない場合には、妻は夫の健康保険、厚生年金等の被扶養者に該当し、妻自身の社会保険料負担は発生しない。しかし妻の収入が130万円を超えると夫の扶養から外れ、社会保険料負担が発生する。年収154万円稼がなければ、かえって世帯の手取り収入が減るとも言われ、就業調整を図る誘因が働きやすくなる（厚生労働省［2017］）。

配偶者控除については、女性の多様な働き方によって税引後の手取り収入

---

14) 配偶者控除は約1,500万人に、配偶者特別控除は約100万人に適用されているが、減収見込み額はそれぞれ6,000億円程度、300億円程度となっている。

が影響を受けないような中立的な仕組みにする改革を中心にするべきである。それに加えて税制の所得再分配機能の回復という方向性を明確にすることが重要である。ここでは政府税制調査会の「中間報告」において例示された三つの選択肢を紹介する。

　第一の選択肢は配偶者控除を廃止し、廃止によって生じる財源を子育て支援に充てるという案である[15]。この案には税制の中立性(配偶者の収入が納税者本人の税負担に影響しない)と子育て支援の拡充という長所がある。その一方で介護等で収入を得ることのできない配偶者を持つ納税者について担税力の減殺を調整しないという問題がある。第二に、配偶者控除に代えて夫婦世帯を対象にした新たな控除を設けるという案はどうであろうか[16]。新たな控除は配偶者の収入に拘わらず適用されるので働き方の選択に中立であるが、高所得の夫婦世帯にまで新たな控除を適用するのは税負担能力への配慮から見て問題がある。

　筆者は、配偶者控除に代えて、移転的基礎控除を税額控除方式で導入するという第三の案を支持したい。これは配偶者の所得計算において控除しきれなかった基礎控除を納税者本人に移転する仕組み(いわゆる移転的控除)を導入して、かつ基礎控除を税額控除化するアイデアである。この案は働き方の選択に中立的な税制になることに加えて、所得再分配機能の回復にも資する。

所得控除から税額控除へ

　所得控除の見直しには、広がりつつある所得格差を是正する効果もある。税の累進性の低下と課税標準の侵食とが相俟って、日本の所得税の再分配機能は弱体化している。最高税率は60％であるが納税者の6割に課されているのは、最も低い税率の5％である。しかも累進性は社会保険料の「逆進性」によってかなり相殺されている。所得控除は、所得格差の是正の点からも問題を含む。すなわち税負担がほとんどゼロの階層に対しては、所得控除をい

---

[15] 政府税制調査会［2016a］「一次レポート」の選択肢A-1。
[16] 政府税制調査会［2016a］「一次レポート」の選択肢C。

くら広げても負担軽減効果がない。一方で、累進税率構造では、高い限界税率が適用される高所得階層の税負担の軽減額は大きい。例えば、配偶者控除の適用を受ける世帯の割合は年収1,000万円以上では70％であるが、200万〜300万円の世帯では20％にすぎない（内閣府［2002］）。

したがって配偶者控除を見直せば、可処分所得の格差を緩和して、低所得階層を対象とする福祉給付や税額控除のための財源を確保できる。八塩［2010］は基礎控除、扶養控除、配偶者控除を廃止し、それで得た財源で一律の給付付き税額控除を導入した場合のシミュレーションを行っている。それによると低所得層は税負担がほとんどゼロであるため、税額控除はほぼ全額還付され税負担は大きくマイナスになる。その一方、所得控除縮小による税負担増大効果は、高い限界税率に直面する所得の高い階層に大きく及ぶため、税負担が増える。所得税の税収は一定に保たれる中で、高所得層から低所得層への所得再分配がなされる。

さらに所得控除の見直しは現役世代内での再分配だけではなく、現役と高齢者の世代間での再分配にも影響を及ぼす。量的に見て最も大きな所得控除の一つが社会保険料控除であることは衆目の一致するところだろう。社会保険料の強制性に鑑みれば、控除それ自体は正当化しうる。もっとも拠出と運用の段階では社会保険料が非課税であるならば、給付に税をかけるのが一般原則である。しかし、拠出と運用は完全に非課税であるのみならず、65歳以上の高齢者に対する公的年金等控除によって、給付の一部にしか税がかからない。120万円を最低保障額として、年金収入が増えるにつれて控除率が逓減する仕組みとなっている。このような優遇措置は2004年の税制改正で老年控除が廃止されたため、やや縮小された。

それにも拘わらず公的年金の受給世帯の課税最低限は、現役世代の給与所得者に比べて30％も高い。公的年金の課税システムは完全拠出控除、実質給付非課税というものになり、包括的所得税の観点から評価した場合はもちろんのこと、支出税の観点から評価した場合にも著しく優遇的なシステムと言える。基礎年金財源の2分の1には国庫負担が投入されているので、現役世代から高齢者世代への所得移転になっている。年金給付に対する課税適正

化は、世代間の公平性の観点からも必要なのである。

4 社会保険料の分析

社会保険料の性格

　日本の「中福祉」の基軸である社会保険制度は、本来、負担と給付の関係や加入者相互の連帯が見えやすい制度である。社会保険には一定の拠出実績に基づく受給権の発生、あるいは年金保険には拠出比例年金の存在という保険的な要素がある。

　しかし、社会保険料は租税と並んで国民にとっては強制的な負担である。それに公的年金制度は、積立方式ではなく、現役世代が納めた保険料がその年の年金給付の原資となる賦課方式で運営されている。保険料拠出と給付との間に保険数理的な関係があるわけではない。健康保険料も基本的には同じである。健康保険組合の従業員が今年に支払う保険料収入の4割以上は高齢者医療への支援金に充てられる。これは一種の現役世代から高齢世代への所得再分配と言えよう[17]。

　宮島洋が指摘するように、社会保険料は社会保障に使途を限定した目的税と捉えるべきである（宮島［1994］、30-31頁）。それゆえに税と社会保険料負担を別々に計算して区別するのではなく、両者を一体にして負担構造を議論しなくてはならない。実際、1997年の税制改革時に縦割り行政の下、消費税率引き上げに加えて医療保険の負担増も予定されていることに十分に意識が働かず、国民負担の急増がその後の不況の一因となった。

　後述するように、大部分の被用者にとっては、税負担よりは実は社会保険料負担が重いのである。のみならず社会保険料の逆進性の程度は消費税より大きいと考えられる。これは社会保険料には定額部分があることや、保険料算定の対象となる給与収入には上限があり、一定の年収を超えると保険料は据え置かれることによる。

---

17) 社会保険料の仕組み、本質等については持田［2009］（7章）を参照されたい。

だから「逆進性」を問題にするのであれば消費税だけを議論するのではなく、税と社会保険料を一体にして議論する必要がある。社会保障改革のバネとすべきは給付が保険料に反映されるような社会保険料である。しかし負担の公平、適切さ、それから若年労働者の雇用を考えれば、社会保険料のあり方を根本から再考しなければなるまい。

社会保険料と国税総額の逆転

　近年の日本では、社会保険料が国税総額を恒常的に上回っている。このことは意外と注目されていないかもしれない。社会保険料は「福祉元年」と言われた1973年改正で西欧並みの福祉国家を標榜したことからかなりの水準に達した。だが社会保険料のみに依存する構造をいつまでも続けるわけにもいかず、日本は1989年にようやく消費税を導入した。にも拘わらず基本的な構造は変わっていない。図7-4は社会保険料と国税の推移を纏めたものである。国民所得に対する比率で社会保険料が一般会計の国税総額を逆転したのが1998年度であるが、それ以降は社会保険料が国税を上回る状態が続いている。

　社会保険料と国税は、なぜ、逆転したのだろうか。所得税・個人住民税には、橋本・小渕両政権が実施した特別減税や「恒久的」な定率減税によって修復不可能なほどに税収に穴が空けられた。それに給与所得控除や配偶者特別控除等の拡充が重なった結果、「給与収入」に対する「課税される所得」の比率は56％にまで下がってしまった（本章3節を参照）。このため税収規模や納税層が薄くなって、減税の効果がでない悪循環に陥ったのである。もっとも小泉政権下の2001年以降は「財政出動」を封印して、所得税は控除見直しや定率減税の縮小・廃止で負担増に転じた。この改正は方向性として正しいが、規模感がなく、増え続ける社会保障関係費を賄うには小粒であった。

　消費税増税も1997年から17年間も見送られる中で、社会保障の財源は趨勢的に社会保険料にシフトしてきた。公的年金の分野においては2004年改正で自動的に給付と負担のバランスを図る「マクロ経済スライド」が導入され、保険料水準は2017年度まで毎年引き上げることが決まった。医療では

被用者の窓口負担が3割に引き上げられてきたほか、75歳以上の高齢者も保険料を負担する後期高齢者制度が開始された。介護保険でも保険料の引き上げが続いている。

社会保険が保険契約として観念される以上、最低限の「交換的正義」は実現されなければならない。すなわち一定の拠出実績がある者のみが対価として受給権が付与されるという保険的要素がそれである。それゆえに納税者の反発は税に比べると小さく、それが社会保険料の引き上げが人々に受容されてきた理由でもあろう。

いま一つ留意しなければならないのは、被用者本人が負担する社会保険料が所得税制上どのように扱われるかという点である。所得税制上、社会保険拠出控除が全く認められていないアメリカやイギリスとは異なり、日本やフランスでは社会保険拠出控除が全額認められている。このため社会保険料の引き上げに伴い、社会保険料負担率と所得税負担率との逆相関関係がいっそう強まる。社会保険料の引き上げには自動的な所得税減税効果が伴うのである（宮島［1994］、32頁）。

図7-4　国税と社会保険料の推移（対国民所得比）

（出所）財務省「国民負担率の推移」より作成。

しかし社会保険料の引き上げの裏側では保険料を支払えない「未納」がひろがり、将来の潜在的な生活保護受給層が増えている。厚生労働省の調査では、国民年金保険料の未納者（過年度2年目）は30％を超えているし、国民健康保険の保険料（税）を滞納した世帯の割合は18％に達している。これは明らかに低所得層の負担が重くなる保険料にシフトしてきたことの負の遺産である。社会保険拠出の事業主負担分が法人税と一体となって絶えず企業の重荷となるだけでなく、定率かつ標準報酬に上限があることから家計の負担感が強いのである。

　大半の家計にとっては、社会保険料の方が税よりも負担が重いという事実を再確認することにしよう。表7-4は、「国民生活基礎調査」の個票データを用いて、社会保険料の負担を纏めたものだ。先行研究である八塩・長谷川［2009］の方法を踏襲して家族員数を調整した等価世帯所得を基準にして個票を小さいものから大きいものに並びかえ、10分位の階層毎に所得に対する社会保険料の比率を試算した。ここで社会保険料は年金、医療、介護の合計である。

　所得316万円の世帯は税負担（表7-2の消費税負担率に表7-3の直接税負担率を合計したものが世帯の税負担になる）は年33.1万円（10.5％）に対して保険料負担は44.5万円（14.1％）と1.4倍になっている。同じく所得545万円の世帯だと税負担が46.1万円（8.5％）に対し、保険料負担は64.3万円（11.8％）と上回っている。所得996万円でも税負担は年105.2万円（10.6％）に対し、保険料負担の118.7万円（11.9％）の方がやはり重い。所得1,797万円を超えると税負担が社会保険料負担をようやく上回る。所得が1,800万円を超える世帯は全体の10％弱であることを考えあわせると、全世帯の9割以上で年金・医療・介護等の社会保険料は税負担より重いと言える。

社会保険料の逆進的負担

　社会保険料には低所得者ほど負担率が高くなる「逆進性」があり、その度合いは消費税よりも大きい。表7-4に見られるように所得316万円の低所得層の社会保険料の負担率は14.1％であるのに、所得1,797万円の高所得層の

表 7-4 社会保険料の所得階層別負担

等価所得階層	世帯平均所得（万円）	世帯平均消費（万円）	社会保険料負担率
I	316.28	286.65	14.1%
II	450.72	292.33	13.0%
III	544.54	295.06	11.8%
IV	663.89	352.16	12.2%
V	732.26	402.69	12.1%
VI	815.75	402.37	12.2%
VII	900.35	374.88	12.0%
VIII	996.48	403.66	11.9%
IX	1140.35	413.88	12.0%
X	1797.15	512.26	9.4%
平均	835.78	373.59	12.1%

(注) 1. 世帯を等価世帯所得（世帯所得/$\sqrt{世帯員数}$）の高い順に並べ、それを 10 の所得階層に分割した。
2. 社会保険料は個票データの負担額を用いた。
3. サンプル数は 6839。

(出所)「国民生活基礎調査」（平成 26 年、世帯票、所得票）の個票データより作成。

負担率は 9.4％にすぎない。このような逆進性の背景として次の 3 点に留意すべきであろう。第一に、所得税では所得が上がるにつれて税率が 5％から 45％へと段階的に上がる超過累進税率が適用されるが、厚生年金や健康保険などの社会保険料は所得が低くても一定の保険料率が適用される。厚生年金の場合、月収（標準報酬月額）が 9 万 8,000 円以上であれば加入者本人に約 9％の保険料がかかる。「国民生活基礎調査」によると、介護保険料などと合わせると等価世帯所得 316 万円でも社会保険料の負担率は 14.1％近くになる。

第二に、保険料算定の対象となる給与収入には上限があり、一定の年収を超えると保険料は据え置かれるので高所得階層の負担は頭打ちになる。社会保険料の負担率は年収 1,140 万円を超えると下がり始めて、年収 1,797 万円を超える高額所得者では負担率は 10％を切る。例えば厚生年金の場合では、標準報酬月額の上限は月 62 万円であり、それを超えても保険料負担は月 5 万 6,000 円で一定となる。消費税には低所得層ほど負担率が高くなる「逆進性」

があり問題とされることが多い。だが全ての所得階層において社会保険料の負担率は消費税のそれを上回っており、逆進性の問題はより深刻だと捉える必要がある。

　第三に、国の社会保険制度は低所得者や無職者でも加入できるよう工夫した仕組みであるが、非正規雇用の労働者が増大する中で、被用者保険制度の適用から除外されている者が増大している。常時雇用されている被用者は、原則として厚生年金や組合健保あるいは協会けんぽに加入することになっている。しかし従業員が5人未満であれば、事業所には厚生年金や健康保険への加入が義務付けられず、したがって正社員であっても被用者保険から除外される者がいる。パートタイマーや契約社員などの、いわゆる非正規雇用は労働日数・労働時間が一般社員の4分の3以上であれば加入することになっているが、この要件を満たさない場合は被用者保険からは除外されている。

　要するに、被用者でありながら厚生年金や組合健保に加入できない人が増えているのだ。こうした人々はもともと自営業者等のためにつくられた国民年金制度や国民健康保険制度に流れていると見られる。事実、国民年金第一号被保険者のうち「常用雇用」と「臨時・パート」を合わせた者の割合は約40％であり、国民健康保険加入者の世帯主の職業別構成比を見ると約35％が「被用者」で占められている。国民年金や国保は自営業者や引退した高齢者が主に加入する保険という建前は有名無実化しているといってよい。

　被用者でありながら国保・国民年金に加入している場合、保険料については労使折半とならず全額自己負担していなければならなくなるため、健康保険・厚生年金に加入している人に比べて社会保険料負担は重くなる。のみならず国民年金の保険料が所得によらず一律定額（月額1万6,340円）である。低所得者への減免制度はあるものの、その負担の逆進性は現在の年金保険が直面している最大の困難の一つである。また国民健康保険と被用者保険では、そもそも保険料に対する考え方が大きく異なる（池上［2012］、75-76頁）。国民健康保険には収入に拘わらず賦課される均等割部分があり、また扶養家族の人数分だけ保険料が増える[18]。こうした保険料の仕組みのため、国民年金や国民健康保険などでは低所得のために保険料を支払うことが難しくなる

者が増大しているのである。

社会保険料の統合問題

　社会保険料負担の逆進性、特に非正規雇用の低所得層のそれは看過しがたい。2015年に掲載された新聞の投書は、多くの人の感情を代表するものだろう。

> 「高校を卒業して製造業の会社の正社員として働いて2年目の人の給与明細を見せてもらって驚きました。（中略）　中小企業ですが、50年以上継続している堅実な会社の正社員の給与です。20歳前後の若者が1日8時間、週5日働いて13万円ほどの収入しか手にできないとは。年収200万円ほどの若者が、2割近くも天引き徴収されるなんて社会保険料の負担が重すぎです。こんな状況で若い人が結婚して2人以上子どもを育てることなど期待できるわけがありません。」（『毎日新聞』「みんなの広場」、2015年11月18日、主婦・52歳）

　厚生年金や組合健保のような被用者保険の適用を受けるのは正社員である。パートや有期契約の勤労者、派遣労働者等の非正規労働者の多くは適用外となり、国民年金や国民健康保険に流れている。負担の逆進性を放置しないためには、被用者保険の適用拡大を図るべきである。厚生年金の対象年齢である被用者は約5,400万人であるが、現に被保険者となっている者は約3,900万人でその差は約1,500万人である。被用者保険に加入すれば保険料は労使折半になり、報酬比例部分の給付も保障されるので、長期的には非正規労働者にとっては有利である。もっとも、被用者保険の適用拡大に対して

18）国民健康保険と被用者保険で保険料を賦課する方法が異なるのは、被用者保険では世帯主である勤労者のみが働き、家族はもっぱら扶養される立場にある、ということが前提であるのに対して、国民健康保険の対象者は自営業者であるゆえ、家族も家業に従事し、また自らも経営者ゆえ事業主として負担するという前提がある。また自営業者の所得を捕捉することが難しいことも、均等割が存在する理由と言われる。この点に関しては、池上［2012］（75-76頁）を参照。

は労働コスト増大の影響を受ける産業界や保険料を支払うことになるパートの主婦からの反対も根強い。

　このため保険料負担のあり方を税制の見直しとセットで考える必要がある。日本においては、急速な高齢化に伴って社会保険料負担率の大幅な上昇が確実視される。負担の公平や制度の簡素化という観点から、社会保険料と所得税との統合を支持したい[19]。社会保険料には多くの問題点があり、租税より望ましい公的負担とは言い難い。この場合、社会保険料の統合の受け皿となるのはどのような租税であろうか。「ミード報告」の勧告のように支出税との統合も一つの選択肢となる。しかし当面、支出税への統合の可能性は薄いと考えられる。同じようにヨーロッパ諸国では付加価値税の普及が進んでいるが、社会保険料と付加価値税との統合論議は聞かれない。統合の一つの目的が社会保険料の逆進的負担にあることを考えればその理由は自明であろう（宮島［1994］、33-34 頁）。

　したがって本命は、社会保険拠出を所得税に統合しつつ、労働所得の重課と逆進的な負担を回避することである。もっともその統合の方式には、社会保険拠出の所得控除という日本やフランスが採用している方式がある。しかし社会保険拠出の負担率が所得税の負担率を大幅に上回るようになり、両者の税率の調整が必要となっている日本では、オランダでの改革がより参考になる。

オランダの税制改革

　オランダでは 1990 年税制改革により、所得税と社会保険料の統合に伴う社会保険料控除の廃止により課税ベースを拡大するとともに、最高税率の引き下げを行った。そして 2001 年の税制改革においては、所得控除から税額控除への変更を行った。税額控除は所得税及び社会保険料から控除できるが、所得税その次に社会保険料に効いていくというものではなく、両者の合計額から控除が受けられる。また税額控除を適用した結果納付税額がマイナスと

---

[19] 日本で社会保険料と所得税の統合について提案したのは、約 25 年前に宮島洋が行ったのが最初である。詳しくは宮島［1994］（33-34 頁）を参照されたい。

なっても給付が行われることはない。

　オランダにおいて抜本的な税制改革が断行されたのは、いわゆる「オランダ病」により企業収益の低下、高い失業、社会保障負担の増大、財政赤字の拡大に苦しんでいたからである。税制面に関しても所得税負担が非常に高い一方、各種控除により課税ベースの脱漏という問題が生じていた。これらの問題意識の下、抜本的な税制改正を行うために創設された「オーツ委員会」において議論が行われた。(政府税制調査会［2016b］)。オランダでは10以上の少数政党が乱立しており、連立して政権を運営している。右派は富裕税の改革[20]を望んでおり、左派は所得再分配の観点[21]から所得控除から税額控除への変更を望んでいた。その政治的な交渉の結果としてボックス課税制度が導入されて富裕税を廃止するとともに、所得控除を税額控除に変更した(政府税制調査会［2016b］)。

　日本においても現行の所得控除の仕組みは、低所得層の支援策としてあまり効果的でない。社会保険料控除は課税所得を減額する方法であり、実際にどれほど税額が減るかはその人の税率によって異なる。所得が高く、税率が大きい人ほど所得控除から得る便益は大きい。社会保険料の賦課ベースと所得税の課税ベースを共通化し、それに伴う社会保険料控除の廃止により課税ベースを拡大するべきであろう。そのうえで、田近・八塩［2008］や小塩［2015］が提案している、給付付き税額控除の導入による保険料負担の相殺案を支持したい。これは社会保険料控除を簡素化して税額控除に振り替えるだけではなく、税額控除を適用した結果、納付税額がマイナスとなった場合には給付を行うという提案である。

---

20) 富裕税が残存していたことにより租税回避や資本所得の国外流出が課題となっていた。
21) 所得控除は所得が大きいものほど控除額が大きいが、税額控除は高所得者も低所得者も同じ控除が受けられるため所得再分配の効果が大きい。

第8章
政府債務の持続可能性

　日本の一般政府総債務はグロスでGDPの220％を超えている。ネットで見ても、先進工業国の中で最悪と言えるレベルに達している。日本の政府債務は持続可能なのだろうか。これは過去20年にわたってマクロ経済学者や財政学者が毎日のように考え続けた問題である。直観的に言うと、100年先の将来までに発生する財政黒字の割引現在価値≧今年の政府債務残高、となるか否かが議論になっている。

　本章では政府債務の持続可能性について若干の実証を行うが、政府債務の増大が基礎的財政収支に及ぼす影響が観察期間を通じて一定しているとは限らないことに留意する。すなわち、政府がトレンド成長率を真の値よりも高めに見積もると、現実の成長率は潜在成長率に到達しているにも拘わらず不況であると勘違いして、財政出動を続けてしまうことに着目する。これを継続すると成長は高まらないばかりか、政府債務は累積する。

　1970年代後半、円高とオイルショックの二重苦による実質マイナス成長と想定外の急激な税収の低迷があったにせよ、成長鈍化に伴う税収の伸び鈍化と、高度成長期の自然増収や列島改造のバブル税収が持続すると錯覚して、大きな後年度負担を内包した歳出の制度を次々と導入したことが相俟って特例公債依存をもたらした[1]。

---

1) 米澤［2013］、71頁。

バブル崩壊後も政府の認識は甘く、いずれ本格的に自律した日本経済の回復が実現可能だと終始楽観的であった。1992〜2002年の間に12回もの財政出動を中心とした各種の経済対策を打ったが、低迷する日本経済を浮上させることはできなかった[2]。このように政府がくりかえし景気対策を発動しても日本経済が本格的に回復できなかった背景には、企業が三つの過剰（雇用、設備、債務）をかかえそれを解消できないという実態があった。

1　財政運営の概観

　日本の財政について、まず「事実確認」から始めることにしよう。図8-1は、1946年から2015年まで約70年間の長期債務残高と基礎的財政収支（対GDP比）を示したものである。図8-1から分かるように、日本の財政史において1970年代後半と1990年代初頭という二つの時期を転機にして、長期債務残高は不連続に増大した。戦後の財政を通観した時に、この二つの時期が最大の画期と言うことができる。

　1965年度には、それまでの収支均衡予算・非募債主義から転換して、公債政策が導入された。戦後の高度成長期には所得税・法人税を中心に税収が伸び、政府支出に対して十分に対応することができた。高度成長を推進する民間部門に資源をふり向けるために、政府部門は租税だけで賄い、民間の成長力を最大限に発揮させる体制がとられたのである。

　日本の社会保障制度、とりわけ年金制度が整備されたのは1970年代、時あたかも日本経済が高度成長を終えて4％成長の「安定成長期」へ移行した時期である。だが「福祉元年」と呼ばれた1973年には第一次オイルショックが起き、その後の不況期に財政赤字は急速に拡大した。1975年度には特例公債を発行せざるを得なくなり、国債の大量発行が続いた。高度成長期に均衡（歳出＝歳入）を維持した日本の財政はこの時期に一大転機を迎えた。

　そして1970年代に財政赤字が拡大したことを受けて、1980年代になると

2）　財務省財務総合政策研究所財政史室編［2017］、352頁。

図 8-1 政府債務と基礎的財政収支（対 GDP 比）の推移

（注）政府債務は一般会計・普通国債残高、基礎的財政収支は一般会計の国債費と国債収入の差。
（出所）財務省主計局「財政統計」、財務省理財局「国債統計年報」による。

ゼロ・シーリングのかけ声の下に、政府支出は抑制された。1985年度には大量発行国債の償還・借換が始まったが、真剣な歳出抑制とバブル景気で税収が伸びたことにより、1990年代初頭に財政は「再建」されてしまう。1991年度には赤字国債の発行はゼロになり、基礎的財政収支の黒字化が実現した。

だが1990年代に入ると平均成長率はさらに4％から1％へ落ちた。この「失われた10年」の間、財政は金融政策と並んで景気対策の一翼を担うことになり、1993、94年頃から財政赤字と債務残高は急増した。「何でもありの国債残高爆発的累積時代」（米澤［2013］）に突入した。

こうした傾向は、その後短い中断を挟みながらも21世紀に持ちこされ、現在に至っている。この間、財政再建の努力がなかったわけではない。景気が上向くと財政再建の動きが出てくるが、そのつど大きな負のショックが起きて財政再建が頓挫しているのだ。

1997年、橋本内閣は財政健全化という目標を掲げて、消費税増税と財政構造改革法に邁進した。これはバブル崩壊後、財政赤字拡大に終止符を打つ

べく政府が最初に打ち出した財政再建プランだった。消費税率は1997年5％に引き上げられた。しかし、同1997年の後半から翌年にかけて起きたアジア通貨危機と国内の金融危機によって、財政構造改革法は後退を余儀なくされ、ついに停止・凍結の方向にもっていかれた。デフレと不良債権問題を中心とした日本経済を取り巻く環境は厳しく、本格的な財政再建に乗り出す条件が整備されていなかった。そのことがトラウマとなって財政健全化は長い間、封印されることになった。

次の財政再建は、小泉内閣（2001～06年）の時期に試みられた。小泉内閣は、増税を封印して歳出削減と経済成長によって国債発行を30兆円に抑えることを明言した。2003年後半から日本経済の成長が輸出に支えられて回復し、2005年10月に内閣が改造されると与謝野経済財政担当大臣の下で財政再建シナリオ、いわゆる「歳出・歳入一体改革」が大きな政策課題となった。しかし、2008年9月のリーマン・ブラザーズ証券の破綻をきっかけとする世界的な金融危機の中で、日本経済は戦後最悪のマイナス成長に陥った。財政出動による景気対策が空前の規模で打たれ、基礎的財政収支の赤字は対GDP比で7％にまで悪化する。

そして現在は安倍内閣の下で、3度目の財政再建の努力が行われている。安倍内閣は消費税増税に慎重な立場ながらも2014年4月の8％への増税に踏み切った。しかし増税後の実体経済の回復が鈍いことを理由に、10％への増税を2度にわたって延期している。2012年に国会で成立した「社会保障と税の一体改革」の関連法案の枠組みは風前の灯といってよい。基礎的財政収支の黒字化を達成する年度は後ズレしている。対GDP比で4～7％の基礎的財政収支の赤字、GDPの2倍を超える政府債務残高は異常と言うほかない。

2　財政運営の構造変化

Bohnのテスト

政府財務の持続可能性はいかなる方法で検証できるだろうか。基礎的財政

収支が均衡しているとき、成長率＞利子率であれば、政府債務の対 GDP 比の値は分母の増加スピードが分子の増加スピードを下回ることがない。よって政府債務の対 GDP 比は発散はしない。しかし、成長率＜利子率という関係であれば、基礎的財政収支が単に均衡するだけでは不十分で、それなりの黒字に転じなければならない。第2章の「金利・成長率」論争で紹介したデット・ダイナミックスを逐次代入していくと、次の(1)式を導くことができる。

$$\underbrace{d_0}_{\text{現在の債務残高/GDP}} = \underbrace{\lim_{N \to \infty} \left(\frac{1+r}{1+g}\right)^{-N} d_N}_{\text{債務残高の極限項}} + \underbrace{\lim_{N \to \infty} \sum_{t=1}^{N} \left(\frac{1+r}{1+g}\right)^{-t} p_t}_{\text{将来の基礎的財政収支の割引現在価値}} \quad (1)$$

ここで d_t は t 期の政府債務の対 GDP 比、p_t は t 期の基礎的財政収支の対 GDP 比を、また r は金利、g は成長率をそれぞれ表している。ここで、次の(2)式が成り立つ場合には異時点間の予算制約を満たすという意味で「政府債務は持続可能」であると定義される。

$$d_0 = \lim_{N \to \infty} \sum_{t=1}^{N} \left(\frac{1+r}{1+g}\right)^{-t} p_t \quad (2)$$

同じことを別の観点から見るために、(1) 式から (2) 式の両辺を引いて、(3)式で示される横断性条件（transversality condition）を導く。

$$\lim_{N \to \infty} \left(\frac{1+r}{1+g}\right)^{-N} d_N = 0 \quad (3)$$

横断性条件が満たされていれば、借換をくりかえして債務返済を無限先に先送りするポンジー・ゲームを封じることができる。持続可能性の実証分析では、上記のような横断性条件が満たされるか否かを単位根や共和分検定によって検証するという手法がメイン・ストリームであった。代表的な研究は Hamilton and Flavin［1986］等である。

もう一つの検証方法は、前年度に政府債務残高の対 GDP 比が増大した時に、今年度は基礎的財政収支の対 GDP 比を改善するような財政運営を政府が行っており、かつ安定的にそのルールから逸脱することがなければ、政府の行動が財政の健全化を意識したものになっていると判断する。代表的な研

究は Bohn［1998］である。

　Bohn［1998］の手法には、横断性条件の検証を行う従来の手法とは異なって、利子率についての恣意的な想定に依存していないという利点が認められる。財政政策を実際に決める政治家が異時点間の予算制約をつねに意識しているということはまれである。過去の記録がある実績を判断材料にしているという意味では、Bohn の手法は信頼性が高い検証方法であるとも言える。

　Bohn［1998］で提示されている財政の持続可能性の定義は次の(4)式の通りである。基礎的財政収支の対 GDP 比（S_t）が、d_t を前年度末政府債務残高の対 GDP 比とする時、

$$S_t = \rho d_t + \mu_t \tag{4}$$

と記述することができ、かつ $\rho > 0$ であるならば、政府の政策は異時点間の予算制約式を満たす。Bohn［1998］は、上記の関係が満たされるならば、政府の政策は(5)式のように横断性条件（transversality condition）を満たすことを証明した。

$$E_t[u_{t,N} D_{t+N}] = 0 \tag{5}$$

　(4)、(5)式の直観的な意味は次の通りである。$0 \leq \rho < 1$ とするとき、政府債務が将来的に発散するケースと比較して、債務の上昇が $(1-\rho)$ だけ抑制される。これをくりかえして、n 期先の債務が $(1-\rho)^n$ だけ発散する場合と比べて抑制されるのならば、

$$E_t[u_{t,N} D_{t+N}] \approx (1-\rho)^n b_t \to 0 \tag{6}$$

が成立する。

　このことを検証するために Bohn［1998］や土居・中里［2004］、藤井［2010］と同様に、本章では次の推定式を用いる。

$$S_t = \alpha + \rho d_t + \alpha_x GVAR_t + \alpha_y YVAR_t + \mu_t \tag{7}$$

　(7)式で $GVAR$ は政府支出の循環部分、$YVAR$ は GDP の循環的変動部分で

ある。二つが独立変数として加えられているのは、Barroの課税平準化理論がモデルのバックボーンにあるからである[3]。政府支出が一時的に拡大（縮小）するときに時には、政府は財政赤字（黒字）によって税の歪みを最小化しようとする。このため財政赤字は景気の後退期と戦時（拡張期と平時）に拡大（縮小）する。

Bohn［1998］によれば、もしρが正で有意であれば、財政運営は異時点間の予算制約を満たしていると考える。前年度に政府債務残高の対GDPの値が増大した時に、今年度は基礎的財政収支の対GDPの値を改善するような財政運営を政府が行っているのであれば、一定の財政規律が働いていると考えられる。この手法の強みは、金利や債務の構造、そして成長率の変化に対して頑健であることである。さらに、Bohnはもし

$$\rho > (r-g)/(1+r) \tag{8}$$

であれば、債務残高の対GDP比は定常で発散しないことを明らかにした。ここでrは長期金利、gは経済成長率を示す。すなわち、外側から政府債務にショックがかかって一時的に増大したとしても、それに反応して財政規律が十分に強く働いて、債務の対GDP比が元の水準に戻るというわけである。

日本財政の持続可能性

Bohnの手法に基づいて日本の財政が持続可能であるかについてはIhori, et al.［2001］、Doi, et al.［2011］やIto, et al.［2011］によって実証研究が報告されている。これらの実証結果は、これまで日本政府が実行してきた財政運営のやり方では債務は維持不可能であることを示している[4]。

ここでは戦前・戦後を通じた超長期のタイムスパンで持続可能性について確認したい。データから説明しよう。被説明変数（S_t）は国の一般会計の基礎的財政収支の対GDP比である。財務省主計局「財政統計」の国債費と公債金収入の差額をGDPで除した値を用いた。説明変数の政府債務（d_t）に

---

[3] 課税平準化理論について、詳しくはBarro［1986］（pp.370-371）を参照。
[4] Bohnの手法についての問題点については、井堀・小西［2016］（63頁）を参照。

表 8-1　財政持続可能性に関する Bohn のテスト

期間	OLS	Robust OLS
1875 ～ 2014 年	− 0.022***	− 0.023***
1875 ～ 1943 年	− 0.00003	0.0057
1946 ～ 2015 年	− 0.0186***	− 0.0196***

（注）OLS で推定した長期債務残高の係数 ρ を報告。分散不均一に頑健な White の標準誤差により仮説検定。GVAR、YVAR の係数推定値は省略。***は 1 ％水準で統計的に有意であることを示す。

については財務省理財局「国債統計年報」の普通国債残高の対 GDP 比を用いた。また政府支出の循環的部分（GVAR）については、Barro [1986]、あるいは Bohn [1998] と同じように、

$$GVAR_t = (G - G^*) / Y \tag{9}$$

によって算出している。G^* は Hodrick-Prescott Filter（HP フィルター）によって抽出した政府支出 G の基調的部分である。政府支出については「財政統計」の「一般会計歳出」を用いた。GDP の循環的変動部分（YVAR）については、Barro [1986] や Bohn [1998] あるいは藤井 [2010] と同じように

$$YVAR_t = 1 - Y_t / Y_t^* \tag{10}$$

によって算出した。国内総生産は「国民経済計算」のデータを用いている。Y_t^* は HP フィルターによって抽出した基調的部分である。

　推定結果は表 8-1 の通りである。日本の近代的財政が確立した 1885 年から現在までの 130 年間を通じて、政府債務の係数 ρ は負で有意だった。標本を第二次大戦終了を画期に二つに分割して推定すると戦前については有意とならなかったが、戦後については負で有意であった。この推定結果は戦中・戦後の「外れ値」の影響を受けている可能性がある。われわれは被説明変数の「外れ値」に頑健な M 推定によるロバスト回帰も行った。M 推定では残差が大きいものの重みを特定の関数を用いて小さくして、重みつき最小二乗法でパラメータを推定し、収束するまで計算する。重みづけには Huber の

方法を用いた。結果は表8-1の右側の通りである。パラメータの絶対値が少し大きくなるだけで基本的に単純な回帰分析とほぼ同じとなった。

このように日本の財政運営は70〜130年という超長期で判断するかぎり、公債残高の対GDP比の上昇に伴い基礎的財政収支の対GDP比が上昇するという事実は、統計的に有意に認められない。日本の財政がただちに債務不履行になるというわけではないが、将来のいずれかの時点において政府債務が持続可能でなくなる可能性は皆無とは言えない。

既知の構造変化

Bohnの検証方法においては、異時点間の予算制約という考え方が核心であるが、問題は「異時点」の長さにある（Mauro, et al. [2013]）。第一に、(7)式の推定には超長期にわたる時系列データを使用することが多いが、通常、政策立案者はより短期的な時間軸で政策を判断している。

$$S_t = d_{t-1}((r-g)/(1+g)) \tag{11}$$

は政府債務安定化に必要な基礎的財政収支であるとされる。このような数値が財政運営にあたっての政策立案者の基準であると言えよう。Bohnのオリジナルな研究では50〜100年単位の超長期を観察期間とするが、政府債務の変化に対する基礎的財政収支の反応は、必ずしも一国の歴史を通じて不変であるとは言えない。むしろ係数ρは時間を通じて変動すると考えられる。事実、第1節で見たように日本の財政運営は財政健全化と景気対策のための拡張的な財政政策とをくりかえしてきた。例えば土居・中里 [2004]、藤井 [2010] は、1992年に構造変化が起こったと指摘している。

第二の論点は、政府債務の増大に対する財政政策の反応が一定ではなくて時間を通じて変化しているとするならば、その要因は一体何かという点である。Bohn [1998] は、パラメータρが財政政策の反応を全て捉えていると想定され、かつ時間を通じて不変である——単純な線形関係——ことを前提にしている。しかし、これはやや非現実的である。ここではこの前提を緩めて、基礎的財政収支S_tは、潜在的成長率の予期せぬ低下ならびに限界的な資金

図 8-2 逐次チョウ検定の結果

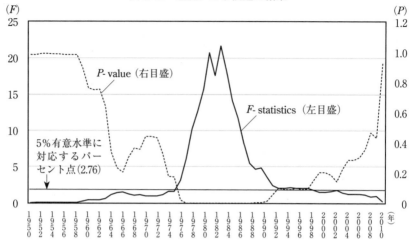

調達コストに依存するという仮説を置く。以下では、これらの点について考察したい。

われわれは政府債務のパラメータρ、すなわち政府債務残高（対 GDP 比）の増大が基礎的財政収支（対 GDP 比）へ及ぼす限界効果は、観察期間を通じて一定ではないという仮説を立てている。観測期間中に構造変化 (structural break) が起こったかどうか、すなわち回帰係数ρが期間を通して一定かどうかにつきチョウ検定 (Chow test) を行った[5]。

ここでは鎮目［2009］に倣い、事前に構造変化を想定する時期を特定せずに、構造変化の時点を順次ずらして推定し、パラメータに変化が生じたか否かをそれぞれについて F 検定を行った。図 8-2 は逐次チョウ検定の結果を纏

---

[5] 帰無仮説は「構造変化がなく、回帰係数ρが期間を通して一定」である。構造変化がないとし、全ての期間のデータを使って(1)の回帰モデルを推定し、その残差の平方和S_0を計算する。次にデータを 1 からt_1までとt_1+1からtまでの二つの期間に分け、それぞれの期間で回帰モデルを推定し、それぞれの残差の平方和を求める。さらに二つのサンプル期間の残差の平方和を加え、残差の平方和の合計S_1を求める。$F = \dfrac{(S_0-S_1)/k}{S_1/(t-2k)}$とすると、帰無仮説の下で$F$は自由度 (k, t-2k) の$F$分布、$F(k, t-2k)$にしたがう。$F$と有意水準$a$に対応するパーセント点$F_a(k, t-2k)$と比較し、$F>F_a(k, t-2k)$の場合、帰無仮説を棄却し、それ以外は採択する。$F$分布よりパーセント点$F_a(k, t-2k)$は、2.76 となる。このようにチョウ検定では回帰係数の数kだけ制約条件の式がある仮説を検定する。

めたものである。1976年から1990年のF値は5％有意水準に対応するパーセント点（2.76）より大きいので、帰無仮説を棄却する。すなわち、この期間に回帰モデルのパラメータは一定ではなく構造変化が起こったと解釈できる。この構造変化は財政運営上の転機と一致している。すなわち1976年は財政法制定以来初の本当の赤字公債発行の年であり、1981年は「財政再建元年」、1983年は「増税なき財政再建」がスタートした年である。そして1990年は特例公債依存脱却を達成した年に当たる。

未知の構造変化

　政府債務残高（対GDP比）の増大が基礎的財政収支（対GDP比）へ及ぼす限界効果は、観察期間を通じて一定ではなく、構造変化があることが分かった。しかし、ピンポイントで構造変化の時期及び回数が分かったわけではなく、大まかに1976年から90年の間に構造変化が存在することが実証されたにすぎない。構造変化の候補となる時期が既知であるという前提を緩めたAndrews［1993］はチョウの枠組みを修正し、可能性のある全ての構造変化についてF検定をくりかえして推定する手法を確立した。近年ではBai and Perron［1998］［2003］がAndrewsの手法をさらに拡張して、未知でかつ複数の構造変化についてF検定を推定する手法を確立している。Bai and Perronの手法によってわれわれは、政府債務の増加が基礎的財政収支に及ぼす限界効果を推定した。

　表8-2はF値、係数制約を考慮したF値及びその臨界値を纏めたものである。構造変化の回数は0、1、2回という帰無仮説はそれぞれ棄却され、少なくとも1、2、3回という対立仮説が採択されている。しかし3回という帰無仮説と少なくとも4回という対立仮説の間でのF検定では帰無仮説を棄却できない。この推定結果は三つの構造変化が存在していることを示していると解釈できる。では3回の構造変化はいつ起こったのだろうか。表8-3は構造変化の年度、構造変化で区切られた期間毎の政府債務のパラメータ ρ が報告されている。

　構造変化は1971年、1981年、1992年に起こっているので、観察期間は四

表 8-2　Bai-Perron のテスト

構造変化の回数	F値	係数制約を考慮したF値	臨界値
0 vs. 1 *	11.659	46.638	16.19
1 vs. 2 *	60.798	243.195	18.11
2 vs. 3 *	45.907	183.629	18.93
3 vs. 4	2.341	9.364	19.64

（注）*は5%有意水準、臨界値は Bai and Perron [2003] による。

つの期間に分割されることが分かる。それぞれの政府債務のパラメータ ρ を見ると、最初の時期（1947〜70年）は正であるものの有意ではない。2番目の期間（1971〜80年）では負で統計的に有意、3番目の期間（1981〜1991年）では正で有意である。そして最後の期間（1992〜2014年）では負で有意となっている。すなわち日本において政府債務の増大が基礎的財政収支に及ぼす限界効果は約70年間を通じて見ると一定ではなく、3度の構造変化を経験していることが分かる。

　このような事実発見の意味をより直観的に理解するために、図8-3では政府債務と基礎的財政収支の関係を散布図にした。図8-3では縦軸は基礎的財政収支の対GDP比を、そして横軸は政府債務残高の対GDP比を表わしているが、大まかに言うと四つの群が散見される。日本の高度成長における財政の健全性は財政法4条1項本文（非募債主義）によって担保された。1965年に国債発行が始まった後も、1971年のいわゆる「ニクソン・ショック」までの間、建設公債原則が財政節度維持に寄与してきた。他方、基礎的財政収支は政府債務の増大に反応すると言うよりは、税の自然増収を通じたビルトイン・スタビライザーが機能して黒字基調を続けていた。これらの事情が相俟って高度成長期（1947〜70年）のパラメータ ρ の推定値は正ではあるものの有意ではなかった。

　最初の構造変化が1971年に起こった。「福祉元年」と呼ばれた1973年には、第一次オイルショックが起き、その後の不況期に財政赤字は急速に拡大した。高度成長期に均衡（歳出＝歳入）を維持した日本の財政はこの時期に一大転

表 8-3　構造変化の回数と時期

構　造　変　化	
回　　数	3回
時　　期	1971年
	1981年
	1992年
政府債務のパラメータ	
1947〜70年	0.014
1971〜80年	-0.323**
1981〜91年	0.440***
1992〜2014年	-0.020***
標　本　数	68
期　　間	1947-2014

(注) 構造変化の時期及び回数が既知でない場合についての Bai and Perron [1998] [2003] のテストを報告。構造変化の回数の潜在的な上限は4に設定。債務の係数 ρ はサブサンプル毎の推定値。政府債務の2乗項を考慮した推計も行ったが、いずれも有意でなかった。

機を迎えたのである。1975年から1979年にかけての財政赤字拡大は潜在成長率を過大評価していた例と言えよう。これらが1971〜80年の政府債務のパラメータ ρ が負で有意となった理由である。

第二の構造変化は1981年に起こった。1970年代に財政赤字が拡大したことを受けて、1980年代になるとゼロ・シーリングのかけ声の下、支出が抑制された。すなわち1981年は「財政再建元年」また1983年は「増税なき財政再建」がスタートした年である。後半のバブル景気で税収が伸び90年代初頭に財政は「再建」されてしまう。1991年度には赤字国債の発行はゼロになった。1981〜91年の政府債務のパラメータ ρ が正で有意となった理由である。

最後の構造変化の画期となったのは1992年である。1990年代に入ると平均成長率は4%から1%へ落ちた。この「失われた10年」の財政は金融政策と並んで景気対策の一翼を担うことになり、財政赤字と政府債務残高は急増した。こうした傾向はその後短い中断を挟みながらも2000年代に持ちこされ現在に至る。政府債務のパラメータ ρ が負で有意となったのはこのためで

ある。

ローリング・ウィンドウ

政府債務の増大に対する基礎的財政収支の反応は3度の構造変化を経験している。別の角度からも確認しよう。ここでは観察期間の始期から終期までの期間を固定して、始期を1年ずつ後年度に延ばして、政府債務のパラメータ ρ とその統計的有意性を示すp値を反復して推定する。サンプル期間の始期から終期までの期間は25年に固定する。図8-4は推定結果を表している。この図で示されている年次はサンプル期間の終期の年度である。

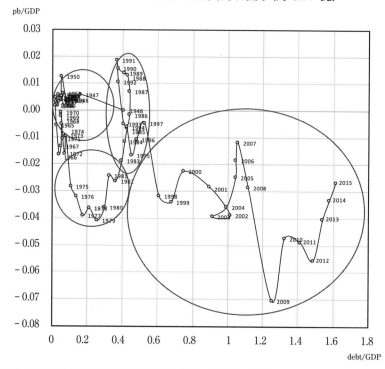

図8-3　政府債務と基礎的財政収支（対GDP比）

（注）政府債務は普通国債残高、基礎的財政収支は国債費と公債金収入の差額。
（出所）財務省主計局「財政統計」、財務省理財局「国債統計年報」、内閣府「国民経済計算」より算出。

例えば1974年の棒グラフは、1950～74年の25年間についての政府債務のパラメータ ρ を表わす。1974年の折れ線グラフは、同じ期間についてパラメータのp値を表わす。棒グラフが0より大きくかつ折れ線グラフが0.05よりも小さければ、その25年間についてのパラメータは正かつ有意であることを意味する。財政は異時点間の予算制約を満たすように（健全化を意識して）運営されていたと解釈できる。

図8-4からも、政府債務の増大に対する基礎的財政収支の反応は一定であるとは限らないことが分かる。事実、政府債務のパラメータ ρ は分割期間が25年と比較的短いにも拘わらず、統計的に有意である。図8-1を振り返ると、日本の基礎的財政収支は1950年代末から黒字で推移していたが、1966年前

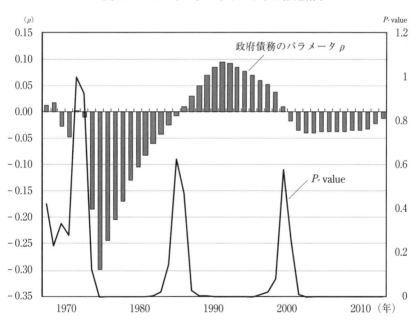

図8-4　ローリング・ウィンドウの推定結果

（注）1970年の棒グラフは、1946～70年の25年間についてBohnの反応関数を推定して得た政府債務（対GDP比）のパラメータ。同じく折れ線グラフはパラメータの p 値。棒グラフが0より大きく、折れ線グラフが0.05未満のとき、政府債務のパラメータは正で有意。

後から赤字に転じ、その後1970年代末にかけて大幅に悪化した。その一方、政府債務は1970年代に入って徐々に増大した。このような展開から予想できるように、図8-4では1970年代初頭から1980年代初頭に終期を迎える期間のパラメータは負で有意となっている。

続く1980年代前半から1990年代初頭にかけての時期にはパラメータは、負から正へと転じている。「増税なき財政再建」とそれに続くバブル経済の痕跡を確認できる。しかし、1990年代初頭から基礎的財政収支は下降傾向をたどり政府債務も増大した。図8-4が示しているように、1994年以降は政府債務のパラメータは有意に正から負に転じて現在に至っている。この時期以降、明らかに財政規律は緩んだと考えられる。

3 政治経済学的考察

構造変化の原因

政府債務が基礎的財政収支に及ぼす影響に構造変化が起こったとすると、いかなるメカニズムがその背後にあるのだろうか。

第一に、長期的な経済成長率の予期せぬ低下が重要な役割を果たしていると考えられる。政策立案者が、現時点での将来の経済成長についての展望に基づいて政策決定を行うのであれば、予期しない成長率の変化（実際には潜在成長率が下方に屈折しているのにそれに気がつかない、または気づくまでにタイムラグがある）は、後知恵ではあるが基礎的財政収支の悪化を起こす。これは長い高度成長が終わった後に、1970年代後半に円高とオイルショックを転機として成長率が大幅に低下した時期やバブル経済崩壊後の1990年代以降にあてはまる。

問題が発生するのは、伊藤隆俊が指摘するように、政府がトレンド成長率を真の値よりも高めに見積もった時である。そうすると、現実の成長率は潜在成長率に到達しているにも拘わらず、まだ不況であると勘違いして財政刺激を続ける場合である。これを継続すると財政赤字を膨らませても成長率は

なかなか上がらないばかりか、財政赤字を少しでも減らすとすぐに成長率が下がってしまう。こうして財政赤字のストップ・アンド・ゴーが始まる。財政黒字はなかなか実現しないまま、政府債務は累積していく。このような思い込みの潜在成長率が真の潜在成長率よりも高いという状況は、何らかの理由で潜在成長率が下がったにも拘わらず、財政当局及び政府がそれに気がつかない時に起きやすい（伊藤［2015］、218頁）。

　第二に、政府資金の調達コストの限界的な上昇は、財政運営を慎重にさせるトリガーになりうる。調達コストが上昇すれば、政策担当者は基礎的財政収支を改善して、政府債務の水準を引き下げることに努めるはずである。借入の限界コスト（＝新規国債の発行金利）は、市場の需給関係にゆっくり反応する平均コスト（＝債務残高に対する利払い費の割合）に比べて、より俊敏に政策立案者の行動に影響を与える。この節では潜在成長率の屈折や政府資金の調達コストが財政運営に及ぼす影響について計量的手法を用いて検証することにしよう。

推定モデル

　具体的にはBohnの手法を拡張したMauro, et al.［2013］で示されている次のモデルを推定する。

$$S_t = [\rho(1 + \beta_1 g'_t + \beta_2 r_t)]d_t + \alpha_x GVAR_t + \alpha_y YVAR_t + \mu_t \\ = \rho d_t + \rho\beta_1 g'_t d_t + \rho\beta_2 r_t d_t + \alpha_x GVAR_t + \alpha_y YVAR_t + \mu_t \tag{12}$$

ここで潜在成長率の予期せぬ低下 g'_t は、t 年度における完全情報（全サンプル）での潜在成長率と所与の年度において利用可能な情報を用いて推定された潜在成長率の見込みとの差である。また r_t は t 年度の新規国債（10年物）の発行金利である。データについて説明しよう。歴史的な実質GDPの時系列データをHPフィルターにかけて基調的部分を抽出し、実際の潜在成長率とした。次に所与の年度までの成長率の実績を用いて自己回帰和分移動平均モデル（ARIMA）を推定して、5年先までの実質GDPを予測する。予測された実質GDPの時系列データをHPフィルターにかけて基調的部分を抽出

して、思い込みの潜在成長率とした。潜在成長率の予期せぬ低下 g_t' = 実際の潜在成長率 − 思い込みの潜在成長率である。こうして t 期の実際の潜在成長率とその時の政策担当者が見積もった潜在成長率の差を間接的に捉えた。

$g_t' < 0$ の場合、何らかの理由で真の潜在成長率が下がったにも拘わらず、財政当局及び政府がそれに気がつかないと考えられる。したがって $\rho > 0$ かつ $\rho\beta_1 > 0$ で有意であるならば、潜在成長率の予期せぬ低下が起こったために基礎的財政収支の黒字幅は縮小する。一方、$\rho > 0$ でかつ $\rho\beta_2 > 0$ で有意であれば、政府資金の調達コストが増大したために基礎的財政収支の黒字幅が拡大する。各変数の記述統計量は表8-4の通りである。

潜在成長率の予期せぬ低下

推定結果を纏めたのが表8-5である。モデル1は政府債務、政府債務と潜在成長率の予期せぬ低下の交差項、潜在成長率の予期せぬ低下の直接効果を投入した。交差項のパラメータ $\rho\beta_1$ は正であり、潜在成長率の低下をコントロールしても有意である。予期せぬ潜在成長率の低下が発生すると、政府債務に対する基礎的財政収支の反応は弱まることを意味する。仮に政府債務の対GDP比が100%で、潜在成長率の予期せぬ低下が−1%であるとする。交差項 $\rho\beta_1$ = 4.20 の意味は、基礎的財政収支が対GDP比で−4.2%悪化するこ

表8-4　記述統計量

	標本数	平均	標準偏差	最小	最大
基礎的財政収支	62	−0.013	0.019	−0.07	0.018
政府債務	62	0.433	0.463	0.015	1.612
成長率の予期せぬ屈折	62	0.01	0.033	−0.018	0.086
政府債務×成長率の屈折	62	−0.005	0.008	−0.023	0.004
国債発行金利	62	0.112	0.114	0.001	0.425
政府債務×国債発行金利	62	0.014	0.007	0.001	0.029
産出ギャップ	62	−0.009	0.088	−0.02	0.477
政府支出ギャップ	62	−0.002	0.038	−0.028	0.05

(出所)　財務省主計局「財政統計」、財務省理財局「国債統計年報」、内閣府「国民経済計算」による。

とである（100 × 4.2 × − 0.01）。一方、潜在成長率の予期せぬ低下のパラメータは 0.141 で統計的に有意である。両者のネットで見た効果は、対 GDP 比で 4.3％の悪化ということになる。このモデルには、政府債務と交差項との間に強い相関関係があり多重共線性が存在する。分析拡大要因は 9.15 であった。モデル 1 はあくまで参考として報告することとし、モデル 2 以降では政府債務と交差項を同時に投入しない。

モデル 2 は、モデル 1 から政府債務を除いたものである。多重共線性を回避するためにモデルから変数を除くことは不本意な便法であるが、他に適切

表 8-5　潜在成長率の低下と資金調達コストを考慮した Bohn のテスト

基礎的財政収支（対 GDP 比）	M1	M2	M3	M4
政　府　債　務	0.057***		− 0.018***	
	(0.017)		(0.006)	
政府債務 × 潜在成長率の予期せぬ低下	4.207***	1.251***		1.569***
	(0.889)	(0.303)		(0.220)
潜在成長率の予期せぬ低下	0.141	0.117		1.776***
	(0.072)	(0.078)		(0.220)
政府債務 × 長期金利			0.423	1.149***
			(0.294)	(0.215)
長　期　金　利			0.041	− 0.489***
			(0.24)	(0.063)
産出ギャップ	− 0.101	− 0.118**	− 0.114*	− 0.154***
	(0.050)	(0.056)	(0.064)	(0.042)
政府支出ギャップ	− 0.345*	− 0.444**	− 0.48**	− 0.616***
	(0.183)	(0.193)	(0.220)	(0.120)
定　数　項	− 0.021***	− 0.01***	− 0.018**	0.014**
	(0.004)	(0.003)	(0.007)	(0.006)
標　本　数	62	62	62	62
自由度修正済決定係数	0.63	0.54	0.41	0.78

（注）カッコ内はロバスト標準誤差。***は 1 ％、**は 5 ％、*は 10％水準で有意であることを示す。

な方法がない。推定結果には多重共線性が存在せず、統計的にも有意である。仮に政府債務の対GDP比が100％で、予期せぬ潜在成長率の低下が－1％とする。$\rho\beta_1 = 1.251$なので基礎的財政収支の対GDP比は－1.251％悪化する（100 × 1.251 × － 0.01）。潜在成長率の予期せぬ低下が起こると、政府は現実の成長率が真の潜在成長率に到達しているにも拘わらずまだ不況であると勘違いして財政刺激を続けるという関係性が見られる。モデル3では、政府債務の他に長期金利と政府債務の交差項、長期金利の直接効果を投入した。交差項と直接効果のパラメータはそれぞれ正であり、政府資金の調達コストが上昇すると基礎的財政収支が改善するという関係性が想定できる。多重共線性は存在していないが、統計的には有意でない。

モデル4は、政府債務以外の全ての変数を投入したものである。多重共線性は存在せず、1％水準で統計的にも有意であり、基礎的財政収支の変動の78％を説明できる。仮に政府債務の対GDP比が100％で、潜在成長率の予期せぬ低下が－1％であるとする。交差項の$\rho\beta_1 = 1.569$は、基礎的財政収支が対GDP比で1.569％悪化することを意味する（100 × 1.569 × － 0.01）。潜在成長率の予期せぬ低下の直接効果は1.766で有意なので、基礎的財政収支の対GDP比は0.017％悪化する（－ 0.01 × 1.766）。両者のネットの効果は－1.586％の悪化ということになる。

長期金利の上昇が基礎的財政収支に及ぼす影響を見るには、パラメータ$\rho\beta_2$に注目すれば良い。政府債務と長期金利の交差項のパラメータは1.149である。これは長期金利の上昇に伴って財政運営が慎重さを増すことを示唆している。仮に政府債務の対GDP比が100％で、長期金利が100bp上昇したとする。交差項のパラメータより基礎的財政収支は1.149％改善する。長期金利の直接効果は－ 0.0048％だから、ネットの効果は1.144％である。このことから長期金利の上昇によって財政規律が高まるという関係性は、日本においても失われていないことが分かる。

4　むすびにかえて

　日本の財政運営は 70 〜 130 年という超長期で判断するかぎり、公債残高の対 GDP 比の上昇に伴い基礎的財政収支の対 GDP 比が上昇するという事実は、統計的に有意に認められない。日本の財政がただちに債務不履行になるというわけではないが、将来のいずれかの時点において政府債務が持続可能でなくなる可能性は皆無とは言えない。

　しかし、政府債務のパラメータ ρ、すなわち政府債務残高（対 GDP 比）の増大が基礎的財政収支（対 GDP 比）へ及ぼす限界効果は、観察期間を通じて一定ではない。すなわち逐次チョウ検定により、1976 年から 90 年の間に構造変化が存在することが確認され、また複数の構造変化を F 検定（Bai and Perron の検定［1998］［2003］）で検証した結果、1971 年、1981 年、1992 年の 3 度、構造変化が起こっていることが判明した。

　政府債務のパラメータ ρ が期間を通じて一定ではない理由として二つの要因が考えられる。第一は、潜在成長率の予期せぬ低下である。政府は現実の成長率は潜在成長率に到達しているにも拘わらず、まだ不況であると勘違いして財政刺激を続ける。これを継続すると財政赤字を膨らませても成長率はなかなか上がらないばかりか、財政赤字を少しでも減らすとすぐに成長率が下がってしまう。仮に政府債務の対 GDP 比が 100％で、潜在成長率の予期せぬ低下が − 1％であるとすると、基礎的財政収支の対 GDP 比は − 1.586％悪化する。第二に、政府資金の調達コストの上昇である。資金調達コストの限界的な上昇は財政運営を慎重にさせる引き金になる。仮に政府債務の対 GDP 比が 100％で、長期金利が 100bp 上昇したとすると基礎的財政収支は 1.144％改善する。長期金利の上昇によって財政規律が高まるという関係性は日本においても失われていない。

第 9 章
国債と長期金利

　日本の一般政府総債務の対 GDP 比は、特例公債脱却が実現した 1990 年度には約 50％であった。そして 1997 年のアジア通貨危機と大手金融機関の破綻、小渕内閣による拡張的財政を転機にして 100％を超える。その後、実感なき景気回復と言われた時期に上昇のペースは鈍くなったが、リーマン・ショックの余波を受けて戦後最大のマイナス成長に陥った 2009 年度に 200％に到達した。

　第二次安倍内閣による「アベノミクス」が始まった 2013 年以降、増加のペースは一進一退をくりかえしている。しかし 230％という債務残高の対 GDP 比は先進諸国でも最悪の水準であるばかりか、日本の歴史上も類を見ない高い水準である。それは第二次世界大戦末期の水準と肩を並べる。

　しかし国債市場では円滑に国債が発行されてきており、政府が資金調達を行う際のコストは歴史的な低水準になっている。1990 年度に 7％台であった長期金利は、1992 年から急低下する。そして 2000 年には 2％にまで下がり、2013 年に日本銀行が異次元の金融緩和を始めて以来、1％弱であった 10 年物国債の金利も徐々に下げて、今やほぼゼロ％水準を維持している。

　長期にわたる長期金利の趨勢的な低下が国債残高の累増を相殺した結果、国債の利払費は 1991 年度の 11 兆円をピークとして、2006 年度には国債残高が 3 倍に増加したにも拘わらず、利払費の絶対額は 7 兆円にまで低下した。

その後、長期金利の底打ちから、いったん残高相応の増加に転じるが、長期金利1%割れというさらなる金利低下によって、国債の利払費は9兆円台の横這いとなっている。国債残高累増の傾向が続く中で、長期金利が趨勢的に低下している逆説的な状況をどう理解したらよいのだろうか。

1　長期金利の動向

リスク・プレミアムと財政危機

一般に長期金利は、次のように分解することができるとされる。

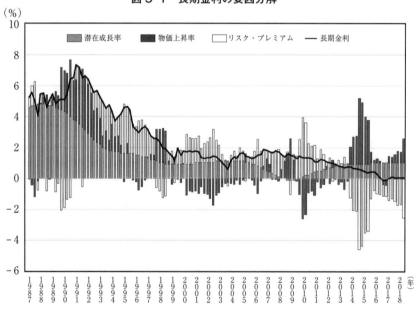

図9-1　長期金利の要因分解

(注)　長期金利は財務省ホームページ掲載の国債金利（10年）を四半期平均したもの。物価上昇率は総務省「消費者物価指数」の「総合」を四半期平均し、前年同期比を取ったもの。潜在成長率は内閣府から入手したもの。2015～18年第I四半期は筆者が追加。
(出所)　財務省理財局「債務管理リポート　2015」図C4-2による。

長期名目金利＝実質長期金利＋期待インフレ率＋リスク・プレミアム

　ここで理論的には実質長期金利は、潜在成長率にほぼ等しいと考えられる。これまで日本経済は先進国の中でも低成長を続けてきたが、それは潜在成長力の低下も意味し、したがってそれに見合って実質長期金利も低くなっている。またマイルド・デフレの状況が続いてきたこともあり、デフレ脱却を目指した日本銀行の量的・質的金融緩和が行われても、インフレ期待は安定している。このように生産性の影響を受ける長期実質金利、インフレ期待のいずれもが低位で安定していることが、国債利回りの趨勢的な低下の背後にある。図9-1は期待インフレ率の代理指標として消費者物価上昇率（CPI）を用いて、長期名目金利を要因分解したものである。この図に見られるように長期名目金利の大部分は、潜在成長率と期待インフレ率によって説明される。

　財政危機とは、上記の式でリスク・プレミアムの部分が急騰することであり、高金利であるがために、国債残高が無限に発散する状態に陥ることである。言い換えると、金利の持つ警告機能とはリスク・プレミアムが次第に上昇して、財政規律を回復するシグナルになることである（伊藤［2015］、75頁）。理論上、長期名目金利の水準は潜在成長率と消費者物価上昇率の合計にリスク・プレミアム（＞0）が上乗せされたものに一致する。しかし実際には足元では、日本銀行が量的・質的金融緩和の下で大規模な国債購入を行っていることから需給が逼迫し、長期金利は名目成長率を下回る水準で推移しており、計算上リスク・プレミアム＜0となっている[1]。このように国債市場で形成される長期名目金利には、財政への警告機能は出ていない。

　長期金利の趨勢的な低下を理解するためには、そもそも国債の発行条件はマーケットでどのように決まるのかを説明しておかなくてはならない。投資家が国債を発行時に買って、償還時まで持っていた時に得られる収益を1年当たりの利益率に換算したものを応募者利回りと言う。国債の応募者利回りを式で表わすと、

---

1) 財務省理財局［2015］による。

$$\text{応募者利回り} = \frac{\text{額面価格} \times \text{表面金利} + (\text{額面価格} - \text{発行価格}) \div (\text{償還期間})}{\text{発行価格}}$$

となる。国債は毎日、証券市場で売買されており、その日その日、あるいはその時その時で値段が変わる。その市場での実勢価格に応じて次の月に発行する国債の表面利率（クーポン）も変わっていく。例えば、額面（満期になった場合に債券保有者が受け取る金額）100円で、表面金利2％、10年物国債が90円で取引されたとする。この国債を買った金融機関は10年後には国債と引き換えに100円が手に入り、そこで10円のキャピタル・ゲインを得る。さらに額面100円に対する2％の表面利率分の20円（＝2円×10年分）をインカム・ゲインとして得るので、運用益は合計30円だ。

これを1年当たりで見ると3円（＝2円＋1円）の運用益になる。投資したのは90円だから、この場合の1年当たりの運用利回りは3円÷90円＝0.0333...となる。すると同じ発行者（＝政府）が新しく額面100円の国債を発行しようとすると、その表面金利は3.3％前後にしなければ誰も100円では買ってくれなくなる。国債の発行価格と利回りとの間には、価格が下落すると利回りが上昇し、価格が上昇すると利回りが低下するという関係がある。

現在の状況はもう少し複雑であるが、基本的なロジックは同じだ。日本銀行のマイナス金利政策で、10年物国債の利回りはマイナスになっている。金融機関が国債を125円で落札して満期まで保有すると、表面利率による利子収入20円と額面と発行価格の差額（−25円）の合計マイナス5円が運用損となる。これを1年当たりで見ると利回りはマイナス0.4％となる（＝（（2−2.5））/125）。マイナス利回りの国債を満期まで保有すると、金融機関には損失が発生するはずである。しかし、マイナス金利政策では、日本銀行は国債の落札価格よりも少し高めの水準で買取りを行っているので金融機関は実際には損しない。問題は国債相場の安定が、日本銀行がどの程度損失を覚悟して高値で買うかという不確実な予想に基づいているということだ。

発行市場の市場実勢化

戦後はじめて国債が発行されたのは1965年度であるが、国債の発行条件

が市場実勢を反映して決定されるまでにはかなり長い年月がかかった。財政法第5条により日銀引受が禁止されていたので原則として「市中消化」が国債発行の方法とされた[2]。しかし当初の国債発行条件は、金融機関からすると投資物件としては極めて魅力に乏しいものであって、借り手である政府に有利な「御用金調達」と揶揄されるほどであった。

　この魅力のない国債を買い手に押し付けて販売するために考案されたのが、日本銀行による1年後の買いオペである。問題は市場でどのように評価されるかであったが、流通価格はたえず発行価格を下回り国債相場は弱含みで推移した[3]。引き受け金融機関には不満が鬱積した。1975年度以降の大量国債発行により、日銀オペで吸収しきれない国債が金融機関に累積したため、「売却制限」（金融機関引き受け分は市場売却を自粛する慣行）緩和により流通市場が拡大し[4]、実勢金利に即した発行条件の弾力化が進んだ。

　大蔵省（当時）の米澤潤一は次のように指摘している。「昭和47年1月の償還期限10年への延長に伴う表面金利7.0％への引き上げと、同時期以来の国債大量発行開始から、昭和59年7月までの12年7カ月間は、表面利率変更26回を含む37回（平均4カ月に一度のペース）の条件改訂が行われた。それでも金利上昇局面での改訂が実勢に追いつかず、8回の休債を余儀なくされた。新発債発行条件の完全なる市場実勢化は『金国分離』[5]以降のこととなる。」

　こうした中で財政に対する市場の警告機能が発揮されたのが、「ロクイチ国債」の暴落と7年にわたる「国債暗黒時代」である。第一次オイルショックからの不況脱却をもくろむ金利低下局面の1978年4月、国債の表面利率

---

[2]　「市中消化」といっても、個人が直接投資家として国債を購入していたわけではない。銀行と証券会社から成る国策的なシンジケート団による引受が「市中消化」の実態だった。

[3]　石［1997］による。

[4]　当時、シンジケート団引受国債の10％の証券分のみが募集扱いの対象で市場に流通していた。

[5]　当時、10年物国債の発行条件が決まると同率に5年物利付金融債の金利が決まり、これに連動して長期プライムレートが自動的に決定されていた。その中で1984年8月債について利付金融債の金利告示後に条件改訂した。これにより国債金利は長プラの桎梏から自由になった。これを「金国分離」という。

は6.1％という事実上の最下限に達した[6]。史上悪名高い「ロクイチ国債」の出現である。しかし第二次オイルショック後の金利上昇局面での表面金利改訂が実勢に追いつかず、ロクイチ国債は価格で70円そこそこ、市場利回りで12％超という理論値として考えられない水準まで暴落した。

政府と引受シンジケート団との摩擦は激化をたどり、ついに1981年6月分の国債が発行条件の合意不調で発行できない、いわゆる休債に立ち至った。「国債暗黒時代」である。この最悪の環境からの脱却には7年間を要し、一方で「増税なき財政再建」による特例公債脱却と他方では大量の国債消化を図るため国債の種類や発行方法の多様化が進められねばならなかった（米澤［2013］、81-83頁）。

2　国債相場の安定性

日本特有の要因

リスク・プレミアムが長期金利に織り込まれない理由は何であろうか。日本では家計・企業の国内部門が貯蓄超過を続け、財政赤字のほとんどを国内で吸収できる、すなわち、国内部門の貯蓄・投資バランスが一貫して貯蓄超過であった。確かに家計の貯蓄超過は1980年代には10％前後であったが、近年5％台（対GDP比）に低下している。しかし企業部門は1998年以降に貯蓄超過へ転じているため、家計・企業では貯蓄超過になっている。国内の民間金融資産が銀行部門を通じて国債購入を下支えしていることが、第一の理由である。

具体的に数字を拾ってみると、2018年3月末現在の政府債務残高は1,083兆円である。一方、日銀資金循環統計で見る国内民間金融資産（＝家計部門の金融資産−株保有資産＋企業部門の現金・預金）は1,795兆円であるから、後者の方が前者を上回っている。民間非銀行（企業と家計）は現金の保有と

---

[6]　資金運用部の長期預託金利が6％プラス特利と法定されていた当時は、公的な長期金利の下限は6％であり、6.1％の国債表面利率は事実上最下限だと認識されていた。

預金を通じて、銀行部門（民間銀行と日本銀行）に資金を提供している。そのうちの一部は貸出というかたちで民間非銀行部門に戻ってくるが、それ以外の部分は銀行部門が国債を購入することを通じて政府に貸し付けられている。

要するに家計は国債を買っているつもりなどはなくても、民間貯蓄のうちで投資に使われなかった部分が財政赤字の穴埋めに使われている。その結果、日本の国債の保有構造は国内の銀行部門（民間金融機関と日本銀行）中心の保有構造になっている。直近の国債及び国庫短期証券の保有構造を見ると、銀行・生損保・年金の国債保有比率は47.8％、日本銀行が43.2％であり、海外資金は近年増加しているとはいえ6.1％であり、国債は国内資金によって消化されている（日本銀行「資金循環統計」）。国内の遊休資金による国債消化と格付けに敏感な海外投資家の保有比率の低位性が国債相場安定の背後にある。

国債相場が安定している第二の理由は、租税負担率を高める余地が大きいことに対する市場の信頼である（中島［2013］）。国債は政府の借金である。政府といえども、担保がなければ借金できない。国債は、将来の租税収入によって担保されている。国債は租税によって担保されているから、担税力こそが債務返済能力を示すものである。担税力を数量的に把握することは難しいが、国民負担率、またそれを諸外国と比較することによってある程度推定することができる。

世界の豊かな経済大国の政府収入を比較すると、国家の存在感が最も大きいのはフランスであり、2014年の税・社会保険料はGDPの45％を占めている。対照的にアメリカでは税・社会保険料はGDPの26％にすぎない。大まかに言って、総租税収入が経済に占める比率はアングロ・サクソン経済圏よりもヨーロッパ大陸で大きいと言える。日本の税・社会保険料負担が国民経済に占める比率は30％であるが、これは豊かな経済大国の中ではアメリカ並みに低い数字だ。「低負担」であることが、日本の政府歳入の特徴の一つである。

税・社会保険料負担は、公的医療保険がないアメリカと同じ水準で低いけ

れども、ドイツやフランスといった大陸型の福祉国家のように、社会保険料負担が相対的には高いという特色を備えている[7]。また一般の認識とは裏腹に、アメリカやヨーロッパ各国は法人税への依存度が小さく、所得税収の大半を個人所得税から調達している。日本は所得税に依存しているという点ではアングロ・サクソン系の経済圏に似ているが、全体の半分を法人から徴収している点が際立つ。社会保険料と法人所得税への依存の裏返しとして、一般消費税の比率が9％と低い。今後の増税の余地が個人所得税と消費税にあることが、ここからも推察される。

リスク・プレミアムが長期金利に織り込まれない第三の要因は、日本銀行による大量の長期国債買入にある。世界的な金融危機後の低成長・低インフレに直面し、名目短期金利が事実上ゼロに張り付く状況の下で、先進国の中央銀行は非伝統的な金融政策によって景気刺激を行ってきた。非伝統的な金融政策は、様々な形態があるものの、その多くは、長期国債を大量に購入することを通じて、ターム・プレミアムを押し下げるという特徴がある。

具体的に数字を拾ってみると、一般政府の国債残高は893兆円であるが、うち473兆円は日本銀行が保有している（日本銀行「資金循環統計」）。このようないびつな保有構造に至ったのは、非伝統的な金融政策によって日本銀行のバランスシートの構成と規模が変容したためである。伝統的な金融政策では、日本銀行の金融市場調節は短期の資産の買入や資金供給に限られていた。これに対して黒田総裁下の日本銀行が進めている量的・質的金融緩和では、国債買入の規模が大幅に拡大するとともに、買入国債の年限が長期化し、オープン・エンドで継続するというフォワード・ガイダンスが公表されている[8]。

名目長期金利が下がる余地が限られている中で日本銀行が行おうとしているのは、予想物価上昇率を上げて、実質金利を下げることである。そのために「2％の物価安定目標を安定的に持続するために必要な時点まで量的・質的金融緩和を継続する」と明確に約束することで市場参加者の予想に働きか

---

[7] 日本の税・社会保険料負担の国際的特徴について、より詳しくは本書の第7章を参照されたい。
[8] 非伝統的金融政策の概要について宮尾［2016］を参照。

け、長期金利に下押し圧力をかけている[9]。

国債金利の分析

　長期金利の低位性については定性的な議論がほとんどであり、日本特有の要因の影響がどれほどであるか推定はあまり行われていない。国債金利が基礎的財政収支や国債残高の対 GDP 比によって影響を受けることを示した実証分析は、内外に数多く存在する。スタンダードなアプローチでは国債金利関数を推定し、基礎的財政収支の赤字や国債残高の対 GDP 比などが有意になれば、リスク・プレミアムがついていると考える。しかし、これらの推定では通常、日本に特有な要因である貯蓄率やホーム・バイアス、機関投資家や日本銀行による国債購入の影響は十分に捉えられていない。この点に踏み込んだ日本人による研究として Tokuoka［2010］がある。同論文のエッセンスは次の 2 点にある。

　第一に基礎的財政収支（赤字）と国債残高の対 GDP 比を主な説明変数として、G7 各国毎の回帰分析を行い[10]、国債金利の財政のファンダメンタルズに対する感応度を推定している。被説明変数は 10 年物国債の名目金利を、そして主な説明変数として前年度末の基礎的財政収支（赤字）と国債残高（グロスとネット）の対 GDP 比を用いている。コントロール変数には短期金利、インフレ率、実質 GDP 成長率などを投入している。前述したように、

$$長期名目金利 = 実質長期金利 + 期待インフレ率 + リスク・プレミアム$$

という関係があるので、このような変数の選択には妥当性があると考えられる。推定式は以下の通り。

$$10 年物国債金利 = \beta_0 + \beta_1 (基礎的財政収支の赤字) + コントロール変数$$
$$10 年物国債金利 = \beta_0 + \beta_1 (政府債務) + コントロール変数$$

---

[9] 宮尾［2016］（102-105 頁）では、構造ベクトル自己回帰モデルを推定して、長期金利への下押し圧力効果が存在していることを実証している。
[10] G7 は、カナダ、フランス、ドイツ、イタリア、日本、イギリス、アメリカ、である。

推定結果としてTokuoka［2010］は、政府債務のパラメータは有意であるが符号は想定と反対になっていること、基礎的財政収支（赤字）のパラメータは正で有意であるが日本の場合は係数が小さく有意でないことを報告している。これは日本の国債金利は他の先進国に比べて基礎的財政収支の悪化には感応的ではないことを示している。同時に、本来であれば説明変数に含まれるべき変数が欠落している可能性があることに注意を喚起している。

　Tokuoka［2010］の第二のエッセンスは、日本特有の要因をコントロール変数に投入して欠落変数バイアスに対処していることである。本来ならば説明変数に含まれるべき変数が欠落しているために、誤差項と説明変数が独立でなくなり、推定量が真の値から外れてしまうことを欠落変数バイアスということは改めて言うまでもない。日本特有の要因として同論文は、日本銀行が保有する国債残高の対GDP比、家計・企業の正味金融資産の対GDP比、そして海外投資家による国債保有割合の3点を挙げる。この3点も「税負担引き上げの余地」を除いて前述した定性的な議論と整合している。

　日本特有の要因の影響を取り除いた推定を行うと、基礎的財政収支や国債残高が国債金利に与える影響が大きく異なると言う。すなわち推定式(1)では負であった国債残高のパラメータが正に転じるのみならず、家計・企業の正味金融資産の対GDP比のパラメータは負、海外投資家の国債保有率のパラメータは正となり、いずれも有意となる。この結果は国債残高累増の傾向が続く中での長期金利の趨勢的低下には日本特有の要因が影響していることを示唆する。

　日本特有の要因の中でも注目に値するのは日銀による国債保有である。もっともTokuoka［2010］の推定では日銀保有の国債残高の対GDP比のパラメータは予想に反して有意でなく、符号も想定と反対になっている。標本期間（1998～2009年）が黒田日銀総裁下での量的・質的緩和をカバーしていないことが単純な理由と考えられる。表9-1は筆者がTokuoka［2010］のモデルを基本に、サンプル期間を1998年第1四半期～2017年第1四半期まで延伸し、かつ金融政策の時間ダミーを追加して推定した結果をまとめたものである。特有の要因を考慮しない列(1)では政府債務のパラメータは予想

表 9-1　10 年物国債名目金利の推定

	(1)	(2)	(3)	(4)
政府債務（％、財投債含む）	-0.016*** (0.001)			0.007* (0.003)
政府債務（％、財投債を含むが日銀保有分は除く）			0.018** (0.008)	
日銀保有割合（％）		-0.014*** (0.005)		-0.018** (0.008)
家計・企業の正味金融資産（％）		-0.004*** (0.001)	-0.014*** (0.004)	-0.008 (0.005)
海外投資家の保有割合（％）		0.002 (0.035)	-0.021 (0.038)	-0.008 (0.038)
ゼロ金利ダミー		0.087 (0.153)	-0.000 (0.164)	0.043 (0.164)
量的緩和ダミー		-0.09 (0.020)	-0.086 (0.122)	-0.090 (0.120)
包括緩和ダミー		-0.107 (0.119)	-0.108 (0.123)	-0.125 (0.122)
量的・質的緩和ダミー		-0.283** (0.123)	-0.388*** (0.119)	-0.308** (0.127)
追加緩和ダミー		-0.265* (0.149)	-0.423*** (0.124)	-0.280* (0.151)
マイナス金利ダミー		-0.256 (0.261)	-0.552*** (0.195)	-0.267 (0.262)
自由度修正済み決定係数	0.76	0.79	0.78	0.79
標本数	77	77	77	77

(注) 1. Tokuoka [2010] のモデルを基本に、1) サンプル期間を 1998 年第 1 四半期〜2017 年第 1 四半期に延伸し、2) 金融政策の時間ダミーを追加して筆者推定。カッコ内は標準誤差。***、**、*はそれぞれ 1%、5%、10% 水準で有意であることを示す。
2. コントロール変数は実質 GDP 成長率（四半期、増加率）、GDP デフレーター（四半期、増加率）、無担保コールレート。
3. 時間ダミーは次の通り。ゼロ金利ダミーは 1999 年第 2 四半期、量的緩和ダミーは 2001 年第 2 四半期、包括緩和ダミーは 2010 年第 4 四半期、量的・質的緩和ダミーは 2013 年第 2 四半期、追加緩和ダミーは 2014 年第 4 四半期、マイナス金利ダミーは 2016 年第 1 四半期からそれぞれ 8 連続四半期を 1 とした。

(出所) 日本銀行「資金循環統計」の四半期データ、財務省「国債金利情報」、内閣府「国民経済計算」による。

に反してマイナスであった[11]。しかし日銀による国債の大量購入、正味金融資産、海外投資家の保有割合によって国債金利が低下している可能性がある。こうした点を確認するために列(2)では上記の要因を説明変数とした重回帰分析を行っている。推定結果を見ると日銀保有割合、正味金融資産のパラメータはいずれも統計的に有意でマイナスになっており、日銀保有割合と正味金融資産が高いと国債金利が低下する傾向にあることが分かる[12]。

もっとも日銀の非伝統的金融政策にはいくつかの画期があり、国債金利に与える影響は不連続に変化していると考えられる。こうした点を確認するために、列(2)では時点ダミーを説明変数に加えている。推定結果を見ると量的・質的金融緩和ダミーと追加緩和ダミーのパラメータがいずれも統計的に有意でマイナスとなっている。黒田総裁下の日銀による国債の大量購入が画期となり、長期国債の金利が下押しされていることが分かる。

次に列(3)では、政府と日銀を統合した「統合政府の政府債務」を説明変数にして回帰分析を行った。具体的には政府債務から日銀保有国債を除いた。政府債務（日銀保有分を除く）のパラメータは統計的に有意でプラス、正味金融資産のパラメータは有意でマイナスになっている。統合政府の債務水準が高く、正味金融資産が少ないほど国債金利が上昇することが浮き彫りになった。政府債務のパラメータは 0.018 であるが、これは政府債務の対 GDP 比が 1％上昇すると長期国債金利が 1.8 ベーシス・ポイント上昇することを意味する。

最後に列(4)では、政府債務とともに日本特有の要因すべてを説明変数に加えている。政府債務のパラメータは日本特有の要因をコントロールした上での政府債務が国債金利に与える影響を反映している。列(1)では政府債務

---

11) 「政府債務」には、国債だけでなく財政投融資特別会計債（財投債）を含む。財投債は、その償還が財政融資資金による独立行政法人などへの貸付回収金により賄われているという点で、将来の租税を償還財源とする建設国債・特例国債とは異なる。しかし、財投債は国がその信用に基づいて発行するものであり、他の国債と同様に発行限度額について国会の議決を経ている。

12) 海外投資家の保有割合のパラメータは、統計的には有意にならなかった。今後の解明が待たれる。海外投資家の影響力については国債保有割合だけではなく、市場での取引高（先物・現物両面）のシェアでも測る必要があると考えられる。

のパラメータはマイナスであったが、列(4)の推定結果を見るとプラスに転じている。日銀保有割合、正味金融資産、海外投資家の保有割合といった要因を加えることで、政府債務水準の上昇によるリスク・プレミアムの過小推定が是正され、正しく推定できたと考えられる[13]。

国債消化能力の見通し

　今後も国債の大量発行を民間貯蓄の純増で安定して消化していくには、家計と企業の貯蓄超過がそれに見合って増加することが必要である。しかし家計貯蓄は経済成長に伴う賃金上昇や資産効果があれば増加するものの、日本の人口動態の変化（貯蓄を取り崩す退職者の増加）の影響から見ると減少すると思われる。Hoshi and Ito [2012] は国の一般会計を対象に将来の民間貯蓄の対GDP比の経路と国債残高の対GDP比の経路を描いている。そして、当面上昇する後者の比率が前者に交わるときが財政危機発生と定義している。同論文によると消費税率が10%に据え置かれた場合、2%成長を達成したとしても2020年代前半に政府は資金繰りに窮してしまい、満期の到来した国債の償還にも支障を来すデフォルトに陥ると予測されている。パラメータの設定に左右されるので予測は幅をもって見る必要があるが、十分に傾聴に値する指摘である。

　本書では税・社会保険料に対する負担感を納税者の意識に遡って検討した（第5章）。そこには「低負担」の財政指標の場合とは著しく異なった国民負担の側面が示されている。国民負担率の数字に依拠すれば租税負担率の低さに問題がある。それを西欧並みに引き上げれば、少子高齢化の社会保障の充実と財政健全化を達成できるという議論になる。しかし納税者の意識に即して検討すると話は簡単ではない。公共サービスの増加を望む納税者も、税金の徴収が不可欠であると理解する納税者も、税・社会保障負担には強い抵抗感を持っている。社会保険料負担については消費税よりも負担に感じている

---

13) 長期金利の趨勢的低下について最新の研究として次の文献を参照されたい。中村・八木 [2017] では、財政収支について政府債務残高の水準の高低によって名目長期金利の弾性値が異なること、国民負担率が低い場合は将来の財政再建に対する期待から長期金利が低位に抑えられること等、興味深い結果が報告されている。

納税者が多い。

　われわれの調査によれば、潜在的国民負担率の許容水準を 50% 以下とする意見は 63.9% を占める。日本では北欧諸国やフランスのような高負担を受け入れる納税者は現状では少数と考えられる。納税者の大多数はほぼ現状程度の潜在的国民負担率ならば許容できると考えている。宮島洋が指摘するように、日本の国民負担率の低さは引き上げる余地が大きいと考えるよりも、政治的には低税率だからこそ大幅増税は困難と考えるのが現実的であろう [14]。

　金融緩和の「出口戦略」では資産買入を段階的に縮小し、償還が到来した国債を国債の再投資に向けてバランスシートの水準を維持することが検討されている。そのうえで日銀当座預金への付利を行いつつ、政策金利を引き上げた後、バランスシートの資産を徐々に縮小することが基本的なシナリオになるであろう。したがって「出口戦略」の開始と同時に日本銀行保有の国債がただちに売却されることは可能性としては低い [15]。

　しかしマイナス利回りの国債を満期まで保有すると金融機関には損失が発生する。にも拘わらず国債が消化されているのは、マイナス金利政策では日本銀行は国債の落札価格よりも少し高めの水準で買取りを行っているからである。問題は国債相場の安定が日本銀行がどの程度損失を覚悟して高値で買うかという市場にとって非常に困難で不安定な予想に基づいていると言うことだ（翁［2017］、134-144 頁）。

3　長期金利と経済成長率

デット・ダイナミックス

　日本特有の要因が変化すると、例えば異次元の金融緩和が「出口」をくぐ

---

14) 宮島［2010］、111 頁。同論文では、EU 諸国の標準税率に比べ低税率の消費税には増税余地が十分にあるという論調は EU 型付加価値税の沿革と特質を無視した単純な国際比較であると指摘している。井堀・小西［2016］(33 頁) も税収余地は残されており、デフォルトする可能性は小さいが、多くの国民が所得税や消費税の増税に抵抗すれば、デフォルトの可能性は高まると指摘している。
15)「出口戦略」について宮尾［2016］(166-172 頁) を参照。

る時には国債利回りが現在のようなゼロ近傍を持続することは難しくなる。利子率を成長率以下にとどめることが果たせない場合には、かなり大幅な基礎的財政収支黒字を出さないかぎり、政府債務の対GDP比は発散してしまう。したがってまずは基礎的財政収支を回復させて政策的な経費と税収入を同額に抑え、後世代への借金を増やさないことが重要である。それを達成した後に基礎的財政収支の黒字分を債務返済に充てて、債務残高の対GDP比を引き下げていくことが財政健全化の正しい手順である。ここではその裏付けとなる実証分析を簡単に行いたい。まずは分析道具とデータの説明から始める。

国債残高の対GDP比を d と表記すると、その変化は次の変数で表現できる。すなわち長期金利 i、名目成長率 γ、基礎的財政収支 p である。これらの変数の間にはデット・ダイナミックスと呼ばれる関係がある[16]。表記を簡略化するために λ を次のように定義する。

$$\lambda_t = \frac{i_t - \gamma_t}{1 + \gamma_t}$$

前期末の国債残高の対GDP比に金利と成長率の差を加味し、基礎的財政収支の黒字を引いたものが今期の国債残高の対GDP比だから、

$$d_t = (1 + \lambda) d_{t-1} - p_t$$

d_t は国債残高の対GDP比で、p_t は基礎的財政収支黒字である。この式はデット・ダイナミックスと呼ばれる。λ を代入して整理すると

$$d_t - d_{t-1} = \frac{i_t}{1+\gamma_t} d_{t-1} - \frac{\gamma_t}{1+\gamma_t} d_{t-1} - p_t$$

この式は国債残高の対GDP比の増減は利払費要因（右辺第1項）と名目成長率要因（第2項）、及び基礎的財政収支（第3項）に分解できることを示す。国債残高の累増の背景にはデフレもある。名目成長率 γ をインフレ率 π と実質成長率 g とに分解すると[17]、

---

[16] デット・ダイナミックスについて Escolano [2010] を参照。
[17] この式の展開は、$\frac{\gamma}{1+\gamma} = \frac{\pi}{1+\gamma} + \frac{g}{1+g}$ による。

$$d_t - d_{t-1} = \frac{i_t}{1+\gamma_t} d_{t-1} - \frac{\pi_t}{1+\gamma_t} d_{t-1} - \frac{g_t}{1+g_t} d_{t-1} - p_t$$

すなわち国債残高の対 GDP 比の増減は利払費要因、インフレ要因、実質成長率要因及び基礎的財政収支からなる線形関数で表現できる。デフレになれば、右辺の第 2 項を媒介にして、国債残高の対 GDP 比が上昇すると言うわけである。以上が分析道具である。国債残高は一般会計普通国債残高、長期金利には国債の加重平均金利、名目・実質成長率は「国民経済計算」のデータ、インフレ率は GDP デフレーターの前年比を用いた。

その結果を纏めたのが図 9-2 であるが、ここから分かることを纏めよう。

(1) 「増税なき財政再建」(1983～87 年) の時代に国債残高の対 GDP 比の増加率は年平均 5 ％から 2 ％台へ下がった。新規特例国債発行が抑制されてストックとしての国債残高の伸びに急ブレーキがかかった。財政指標の改善に貢献しているのは、基礎的財政収支の黒字化とバブル景気による実質経済成長である。一方、当時 5 ％前後であったから長期金利は国債残高の対 GDP 比の膨張要因になっている (年率 3 ％)。この経験は、実質経済成長の高まりとそれに伴って金利上昇が生じる時には基礎的財政収支の大幅な黒字が必要であることを物語る。

(2) こうしたメカニズムはバブルが弾けた 1990 年代以降、転換していく。90 年代初頭から 2012 年にかけて、国債残高の対 GDP 比は年平均で 6～8 ％のハイ・スピードで上昇するに至る。フローの財政赤字が連続した結果、ストックとしての国債が累積した。財政指標悪化の原因は基礎的財政収支の大幅な悪化と持続的な物価下落であることが直観的にも分かる。一方、「失われた 20 年」の間、実感なき景気回復と言われた時期 (2002～07 年) を除いて、実質経済成長はほとんど影響を与えていない。

(3) ストックから見た財政指標の悪化は、2013 年に始まる「アベノミクス」で反転し、国債残高の対 GDP 比の増加率は 8 ％台から 4 ％台へと半減している。もっとも基礎的財政収支が改善に貢献しているわけではない。財政指標の一定の改善をもたらしているのは、日本銀行による大規模な長期国債購入を通じた長期金利の低下及び名目成長率の上昇である。2018 年の「経済財

図 9-2 デット・ダイナミックスの要因分解（対 GDP 比の年平均）

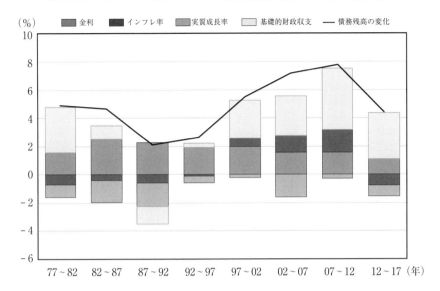

（注）デット・ダイナミックスの要因分解は本文中の式による。数値は5年間の平均値。金利は10年物国債の残高加重平均金利、インフレ率はGDPデフレーターの前年比、基礎的財政収支は国債費と公債金収入の差、債務残高は一般会計普通国債残高。
（出所）内閣府「国民経済計算」、財務省「一般会計歳出等の推移」より計算。

政運営の基本方針」が、国と地方の債務残高を2021年度に対GDP比で180%台前半にする新指標を掲げたことは非現実的なことではない。大幅な基礎的財政収支の赤字が残っていても、債務残高の対GDP比が低下していくという見立てである。

しかし、金利が経済成長率より低い状態は長続きしない。当分は金融緩和で金利は人為的に抑えられるが、正常化の「出口」ではこの関係は逆転する。内閣府の最新資料でも2024年以降は経済成長率より金利水準が高くなると想定している[18]。そうなれば基礎的財政収支の赤字は発散し、財政再建は2度と達成できなくなる。

---

18) 内閣府［2018］の「マクロ経済の姿」（8頁）による。

戦間期のイギリス——ゲディスの斧

　では国債金利を人為的に低くすることで、すなわち金融抑圧的なしかたで低金利状態を長期間にわたり維持することはできるだろうか。われわれは財政再建の成功には金融政策の協力が不可欠であると考える。金融引締めと緊縮財政がもたらす災禍は、1920年代のイギリスの経験を見れば分かる[19]。第一次大戦後のイギリスは対GDP比で140％もの国債が累積したばかりか、物価水準は戦前の2倍になっていた。イギリス政府はこの二つの問題を旧平価での金本位制復帰で解決できると考えて、1925年に実施した。そして負債の返済と信用回復に努めた。これは現代で言うと「小さな政府」と金本位制の検討を掲げる米国の茶会党（Tea Party）のようなものだ。

　この目的を達成するためにイギリス政府は、財政と金融を同時に引き締めた。1920年代全体を通じて基礎的財政収支の黒字はGDPの7％近くをキープした。これはエリック・ゲディス卿を長とする委員会が主導した「ゲディスの斧」と呼ばれる緊縮財政を通じて遂行された。この委員会は徹底した歳出削減を勧告したわけであるが、それは非ケインズ効果を信奉する人々が「景気拡張的緊縮政策」と称賛するものに似ている。

　その間、中央銀行であるイングランド銀行は政策金利を7％に引き上げた。戦前の旧平価での金本位制復帰をサポートするためである。その結果、長引くデフレーションの効果とも相俟って、尋常でない水準に実質金利が上昇してしまった。これは当時のイギリスの支配層が総力戦の犠牲者である戦争未亡人をいかに処遇したのかを物語る。

　緊縮財政と金融引締めは何をもたらしただろうか。1938年の物的生産量は1918年のそれとほぼ同じ平均成長率は0.5％である。これは大恐慌による打撃のせいではない。すでに1928年の物的生産量は1918年よりも低かった。輸出はつねに弱々しかったし、失業率もうなぎ上りだった。高い失業率は名

---

[19] 1920年のイギリスの叙述について、IMF［2012］（pp.110-112）に依拠。Martin Wolf, "Lessons from History on Public Debt," (*Financial Times*, October 9, 2012) はIMFのレポートに言及したエッセイである。

目及び実質賃金を下押しする圧力となっていた。しかし賃金は単なる価格の一つではなかった。目的は組織された労働者を分断することだった。1926年、賃金下落はついに炭鉱労働者を中心とするゼネラル・ストライキを引き起こし第二次大戦後もその後遺症は残った。

　財政・金融の同時引締めは、その経済的ならびに社会的コストの大きさにも拘わらず目標達成というにはほど遠かった。幸いイギリスは1931年に金本位制を離脱した。しかしまずいことに政府債務の負担は軽減できなかった。1930年までに政府債務の対GDP比は170％に達し、1933年には190％に至る。実際のところイギリスの政府債務が第一次大戦前の水準に戻ることができたのは1990年であった。要するに戦間期のイギリスが政府債務の圧縮に失敗したのは成長率があまりにも低く、かつ実質金利がとても高かったからである[20]。その結果、基礎的財政収支の大幅黒字をキープしても政府債務の対GDP比を抑制できなかった。

ペギング（釘づけ）政策から金融抑圧へ

　しかしながら、国債金利を人為的に低くすることで、すなわち金融抑圧的なしかたで低金利状態を長期間にわたり持続することは容易ではない。戦間期のイギリスと対照的な道をたどったのは、戦後のアメリカが採った国債管理政策である。折しも日本では日本銀行が2016年9月、10年物長期金利を0％程度に誘導する「イールドカーブ・コントロール」にコミットした。この長期金利の上限設定は、アメリカの連邦準備制度が財務省の利払費用抑制のため1942年から採用した長期国債の上限利回りを2.5％とする「ペギング（釘づけ）」政策と同じである（翁［2017］、194-195頁）。アメリカでは1951年に結ばれた財務省と連邦準備制度とのアコード（合意）によって、連邦準備制度は長期金利を釘づけにする国債管理政策から解き放たれた。日本でも「出口」では日本銀行の金融政策と財務省の国債管理政策の役割分担を明確にし

---

[20] 日本でも第一次大戦前の旧平価で金本位制に復帰すべく、政府は財政・金融の引き締め政策を断行したため、1920年代を通じて日本経済を圧迫した。割高の為替レートを維持するために1920年代には高金利政策が続けられた。このエピソードについては吉川［1999］（100-102頁）を参照。

たうえで連携を図っていく必要がある。

第二次大戦直後のアメリカでは政府債務の対 GDP 比は 120％に達し、戦前の 10 倍に膨れ上がっていた。アメリカ経済は価格統制の撤廃と繰延需要の膨張をきっかけとするインフレ問題に直面していた。この点に関してアメリカは第一次大戦後のイギリスに類似していた。しかしアメリカ政府がとった財政・金融政策はイギリスのそれと違った[21]。

戦争直後、アメリカ財政は赤字から黒字へと転換した。基礎的財政収支は 1946 年には GDP の 5％の赤字であったが、1948 年には 6.5％の黒字に転換する。その後 1950 年代を通じておおむね 2％程度の黒字を維持した。財政政策に関するかぎり、戦間期のイギリスと似たり寄ったりだったのである。しかし金融政策のスタンスは明らかに異なる。

第二次大戦直後のアメリカでは、大恐慌の生々しい記憶が人々の脳裏に刻まれていた。人々はインフレの昂進よりもデフレへの逆戻りを恐れていた。戦時公債の累積やそれに伴う金利負担も懸念すべき事項であることは国民に共有されていた。確かに連邦準備制度は 1951 年の「アコード」をきっかけに固定金利に「釘づけ」する軛（くびき）から解き放たれた。しかし、これは国債価格支持政策を解体する長い道のりのほんの一歩にすぎなかった。実際のところアメリカ政府は財政を引き締めつつ、連邦準備制度はそれに協力するような金融政策を 1980 年代まで採り続けたのである。

すなわちアメリカ政府は国債の名目発行金利を低い水準に固定しつつ、財政引締めと信用割当によってインフレをコントロールする一連の措置（「金融抑圧」financial repression と呼ばれる）を採った。このような政策手段の組み合わせは 2 回にわたる爆発的なインフレを招いたのだが、マイナスの実質金利と政府債務の対 GDP 比の鋭い下落をもたらした[22]。その意味で当時のアメリカにおいて金融抑圧はカーメン・ラインハートが指摘するように政府

---

21) アメリカの国債管理の叙述について、IMF［2012］(pp.112-114) に依拠している。
22) IMF のレポート（IMF［2012］）は、アメリカの政府債務の変化に様々な要因がどのくらい貢献したかを分析している。それによると政府債務の削減には二つの時期が明確に区分される。インフレの昂進と低金利とで政府債務は 35％も減少した。債務削減の残りの部分は堅実な経済成長（2％）と基礎的財政収支の黒字（2％）によるという。

債務問題の解決手段として有効であった[23]。

　しかし現在にも金融抑圧的な手段を適用できるかどうかは必ずしも明確とは言えない。第一に金融抑圧（financial repression）が効果を発揮するための規制や制限は、国際的な金融市場の統合が格段に進んだ現在においても有効であろうか。アメリカでは価格メカニズムに代わる直接的統制は、経済活動の隅々にまでおよんだ。信用割当や高い準備預金率が民間金融機関に義務付けられ、金融機関の競争はレギュレーションQや支店制限のような様々なルールによっても縛られた。

　しかし今日の日本のように国際的な資本移動が自由な状況で金融抑圧を行えば、国内から資本が流出して為替の円安化が進みインフレ率を押し上げるというメカニズムが働くであろう。第二に中央銀行による一定の固定金利で無制限の国債購入を続けるとインフレの危険性が高まり、過去30年間かけて各国の中央銀行が作り上げてきた物価安定の制度的枠組みを壊してしまうかもしれない。

4　国債問題の展望

　本章では国債相場が安定している要因を考察し、それらが今後どのように変化するかについて若干の状況証拠を提出した。高齢化に伴う家計部門の貯蓄率の低下、租税負担率の引き上げに対する抵抗、そして金融緩和の「出口戦略」を見通した場合、日本の国債相場の安定性は将来にわたっても盤石であるとは言えない。それが暫定的な結論である。反EU派の台頭とポピュリズム（大衆迎合主義）が席巻するイタリアでは政治混乱が起きている。ギリシャ問題の時のようにマーケットは財政再建に対するコンフィデンスを失って、長期金利が経済の実態から離れて上昇した[24]。国債消化を支えてきた基

---

[23] この点についてカーメン・ラインハート「長期金利が示すもの：債務削減へ『金融抑圧』再び（経済教室）」（『日本経済新聞』2015年2月25日付）を参照。

[24] 「イタリア政局　欧州の火種に」（『日本経済新聞』2018年5月29日付）、「欧州発、市場不安再び」（同5月31日付）による。

礎的条件に変化が生じれば、何らかの事件をきっかけにして、国債利回りは理論通り、リスクに敏感に反応して上昇する。

　もっとも課題に照らして、今後埋め合わせなければならない課題は多い。これからの国債の展望を考えるうえでのいくつかのポイントに簡単に触れたい。第一は、国債管理政策についてである。国債管理政策は、①確実かつ円滑な発行により必要とされる財政資金を確実に調達するとともに、②中長期的な調達コストを抑制していくことによって、円滑な財政運営の基盤を確保するという基本的な考え方に基づいて運営されている[25]。そのために国債発行計画の策定・運用に当たり「市場との対話」を丁寧に行い、市場のニーズを踏まえた国債発行を行う必要がある。

　これまでのところ低金利の環境の下で、将来の金利上昇リスクを抑制するため、短期債及び中期債の発行額を減額し、超長期の発行額を増額することによって、国債発行年限の長期化が図られてきた。需要サイドを見るとこれまで中短期債の主要な投資家である金融機関が国債保有残高を落とした。超長期の主な投資家である生命保険会社は超長期債への入替を進めたきた。こうした投資行動の調整を通じて、それぞれの年限での国債の需給バランスが保たれている[26]。ただ超長期ゾーン金利の大幅低下は年金や保険など、一部に確定給付型の債務構造を持つ投資家を苦境に陥れた。また日本の国債保有構造は銀行等の金融機関の保有割合が高く、経済的なショックが発生した時に市場参加者の取引が一方的に流れがちになりやすい。長期安定的な国債保有が見込まれる保険会社・年金基金等や個人による保有を促進する必要がある。

　第二は、財政再建に対するマーケットのコンフィデンス（信頼）についてである。政府が財政規律を緩めて、また政府・国会が法改正などを行って財政政策を金融政策を従属させるようなことが万が一起これば、マーケットのコンフィデンスは失われる。まずは2019年秋に予定される消費税の増税を中心とした財政再建にしっかりと取り組む必要がある。万が一、デフレ脱却

---

25) 国債管理政策については、財務省理財局［2018］（20-21 頁）を参照。
26) 財務省理財局［2018］、19 頁。

を理由に3度目の消費税増税の先送りを政府が言いだしたら、その途端に長期金利が上がりだし、日本の国債格付けは下がるかもしれない。

　金利が経済成長率より低い状態は長続きしない。当分は金融緩和で金利は人為的に抑えられるが、正常化の「出口」ではこの関係は逆転する。そうなれば国債残高の対GDP比は発散し、財政再建は2度と達成できなくなる。まずは基礎的財政収支を回復させて政策的な経費と税収入を同額に抑え、後世代への借金を増やさないことが重要である。それを達成した後に基礎的財政収支の黒字分を債務返済に充てて、国債残高の対GDP比を引き下げていくのが正しい手順である。

　第三は、財政と金融政策との連携についてである。2013年1月に公表された政府と日本銀行の政策連携では、政府と日本銀行それぞれの役割と責任が明記されている[27]。すなわち、日本銀行は「物価安定の目標を消費者物価の前年比上昇率で2％とする。日本銀行は、上記の物価安定の目標の下、金融緩和を推進し、これをできるだけ早期に実現することを目指す」。また政府は「日本銀行との連携強化に当たり、財政運営に対する信認を確保する観点から、持続可能な財政構造を確立するための取組を着実に推進する」。「出口戦略」においても日本銀行の金融政策と財務省の国債管理政策の役割分担を明確にしたうえでしっかりと連携を図っていく必要がある。

---

27) 内閣府・財務省・日本銀行［2013］。

第10章
欧米における財政改革

　財政赤字の拡大と政府債務の累積に直面しているのは、日本だけではない。各国政府は、一方において財政健全化を求める市場や欧州委員会等の圧力を受けているが、他方では、景気の後退期に政府債務削減策を行うことは成長を阻害し、生活水準を引き下げる間違った政策だという批判に晒されている。

　少数の賢人によって財政が運営されるのとは違って、選挙による洗礼を受けなければならない代議制民主主義の下では、「痛み」を伴う財政健全化の実行は政治的に難しい。危機が起こる前に先回りして問題を処理する能力に欠けているので、最悪のタイミングで問題を処理せざるを得ないと言われる。

　しかし、代議制民主主義の下での赤字バイアスを是正する試みが全くないかというと、答えは「ノー」である。本章では財政健全化という難題に、欧米諸国がいかに取り組んできたのかを考察したい。われわれは各国の政策担当者や政治家が財政状況の改善に取り組んだ過去のエピソードから、いかなる教訓を導くことができるのだろうか。「痛み」を伴う本格的な財政健全化に着手した動機付けは何であったのか。経済危機の中で財政健全化を行うにはどのようなタイミングで実施し、いかなる戦略やシナリオを描いたのだろうか。国民は財政健全化の結末が公平で効率的であると満足したのか。そして財政健全化を実施する際には、政治家は有権者とどのような契約を結んだのだろうか。こうした点を考察したい。

1 本格的な財政健全化

各国で実行された緊縮財政

　2008年の金融危機の後、いくつかのOECD諸国は政府の支出抑制と増税を中心とする財政赤字削減戦略を採用した。これらの政策は高金利と政府債務のデフォルト・リスクが高まったことへの対応として実施された。ギリシャは総額1,100億ユーロのIMF融資を受け入れた後、付加価値税及び法人税の増税、年金の削減及び支給開始年齢の引き上げを通じて、財政赤字を2010年から2012年までに300億ユーロ削減するための措置をとった（Brabant [2010]）。

　投資家が債券市場に対する信用を失うのではないかという懸念がある中で、イギリスなどの国々は失業率の高い時期に支出削減を実施している。アメリカでは2013年の強制削減（sequestration）において裁量的経費への上限設定と強制的削減が実施されて、その削減額は今後10年間に合計1.2兆ドルにのぼると見積もられている（CBO [2011]）。

　しかし間違ったタイミングで実施される財政健全化政策は、経済停滞と財政悪化という悪循環を引き起こす自滅的な行為と言える。支出削減や税率の引き上げが中・低所得階層に打撃を与えた場合には、一般市民は抗議とストライキを起した。2012年11月14日、欧州労働組合連合は、欧州と北アフリカの30カ国で反緊縮の抗議行動を組織した。スペイン、ポルトガル、ギリシャ、イタリアでも全国規模でのストライキが発生し、経済活動に大きな混乱をもたらした（Wearden [2012]）。2011年以来、「ウォール街を占拠せよ」の合言葉で始まり、五つの大陸の900以上の都市で抗議行動を起こした占拠運動は、統一スローガンの一つに支出削減反対を掲げている。

　これらの抗議行動の多くは政治的、社会的不安を増幅させており、ユーロ圏諸国では政権交代が相次いだ。財政危機に陥った14カ国における2009年から2012年にかけて実施された選挙の結果を見ると、9つの政権が退陣した。

それらは失業率が高い時に財政健全化を実施ないし提案した国々であって、イギリス、フランス、イタリアなどが含まれる（Posner and Sommerfeld[2012], p.35）。

OECD 各国における財政健全化のエピソード

　しかし財政史を繙くと、経済危機の最中に財政健全化を実施して悪循環に陥った失敗例だけではないことが分かる。健全財政の理念やしっかりした戦略に基づき、良好な経済環境にも支えられて財政健全化を意図的に成し遂げた例も少なくない。ある研究によると1978年から2007年にかけて24カ国で85の財政健全化のエピソードが存在したが、その多くは短命で財政収支改善効果もささやかなものであった（Guichard, *et al.* [2007], p.6）。しかしいくつかのエピソードにおいては、本格的な財政健全化が実行されて基礎的財政収支が改善し、政府債務の抑制に成功を収めたのもまた事実である。表10-1は、財政赤字削減に本格的に取り組んだエピソードに関する基本的なデータを纏めたものである。

　表10-1のデータの出典について説明しておこう。財政健全化のエピソードを分析した研究は内外に数多く存在する。標準的なアプローチでは、景気循環要因を取り除いた基礎的財政収支（cyclically adjusted primaly balance, CAPB）の増加などの統計的概念を用いて財政健全化のエピソードを特定する[1]。しかし、CAPBの変化には内生性の問題がある。例えば、政府は景気が過熱すると政府支出を削減して需要を抑制する財政政策をとることがある。これは財政の引締めと経済成長との間に見せかけの正の相関をつくりやすい。これらの欠点のゆえに、CAPBを用いると財政健全化の持つ拡張効果が誇張されるというバイアスがかかる。

　Devries, *et al.* [2011] は、白書や施政方針演説に記述されている政策立案者の意図と行動を仔細に検討して、主に財政赤字削減によって動機付けられ

---
[1] 財政には、政策担当者の裁量をまたずして自動的に公共部門を安定化させるビルトイン・スタビライザー機能がある。好況の時には累進的所得税や法人税はGDPの成長率以上に弾力的に増加して総需要を抑制し、不況の時には失業給付金の支払いが消費を下支えする。こうした影響を除いた基礎的財政収支の変化が政府の意図した財政政策と言える。

表 10-1　OECD各国における財政健全化のエピソード

(単位：対GDP比、%)

番号	国名	年度	期間(年数)	開始時点 財政収支	開始時点 基礎的財政収支	開始時点 政府債務	終了時点 財政収支	終了時点 基礎的財政収支	終了時点 政府債務	開始と終了の変化 財政収支	開始と終了の変化 基礎的財政収支	開始と終了の変化 政府債務
1	オーストラリア	1984～88	5	-5.2	-2.3		-0.4	2.9	25.9	4.8	5.2	
2	オーストラリア	1994～99	6	-4.5	-0.8	40.1	2.4	2.7	28.0	6.9	3.5	-12.1
3	ベルギー	1982～87	5	-11.0	-2.7	104.9	-7.4	2.2	133.7	3.6	4.9	28.8
4	ベルギー	1992～97	6	-8.0	1.7	136.6	-2.3	5.6	127.8	5.7	3.9	-8.8
5	カナダ	1985～90	6	-8.6	-4.6	84.3	-5.8	-0.7	75.2	2.8	3.9	-9.1
6	カナダ	1993～97	5	-8.7	-3.4	96.3	0.2	5.3	103.1	8.9	8.7	6.7
7	デンマーク	1983～86	4	-7.2	-2.9	61.6	3.4	8.5	71.8	10.6	11.4	10.2
8	フィンランド	1993～2000	8	-8.2	-7.7	57.4	7.0	7.1	52.4	15.2	14.8	-5.0
9	アイルランド	1982～88	7	-13.1	-7.6	81.6	-4.5	1.9	112.3	8.6	9.5	30.7
10	イタリア	1991～97	7	-11.4	-0.6	100.1	-2.7	5.4	129.6	8.7	6.0	29.5
11	日本	1979～87	9	-4.4	-3.4	52.0	0.5	2.0	67.5	4.9	5.4	15.5
12	日本	2003～07	5	-7.7	-5.7	158.3	-2.1	-3.2	162.4	5.6	2.5	4.1
13	スウェーデン	1981～87	7	-5.3	-4.9	52.1	4.1	6.0	57.0	9.4	10.9	4.9
14	スウェーデン	1994～97	4	-9.1	-8.4	82.5	-1.6	3.3	80.8	7.5	11.7	-1.7
15	イギリス	1994～99	6	-6.7	-4.1	47.3	0.9	3.2	47.9	7.6	7.3	0.6
16	アメリカ	1993～98	6	-4.9	-1.5	71.9	-0.4	2.9	62.1	4.5	4.4	-9.8
	中位数		6	-7.8	-3.4	81.6	-0.4	3.0	73.5	7.2	5.7	4.1
	平均		6.0	-7.7	-3.7	81.8	-0.5	3.4	83.6	7.2	7.1	5.6

(出所) 財政収支、基礎的財政収支、政府債務はOECD, *Economic Outlook*. 財政健全化の年度及び内訳はDevries, *et al.* [2011] による。

た政策行動のみを財政健全化であると定義した。そして合計 172 のエピソードについてデータセットを公表している。ここではそれを用いることにする[2]。次にわれわれは財政収支の改善幅の対 GDP 比が約 5％以上のエピソードを「本格的」な財政健全化と定義して条件に合致するケースを選んだ。その際に使う財政収支、基礎的財政収支、政府債務等の財政指標については OECD の *Economic Outlook* に掲載されているデータを用いた(OECD[1995]、[1998]、[2000]、[2008b]、[2013b])。また財政健全化終了後、3 年以上にわたって政府債務の対 GDP 比が低下もしくは安定化したケースを「成功」した財政健全化のエピソードと定義した。

財政健全化の成否は、政府のタイプや政治的スペクトラムの中での位置取りによって違う可能性がある。例えば選挙後に健全化を開始するタイミングは、単独政権と連立政権では異なることが予想される。また中道左派と中道右派では政府に対する考え方が異なっており、財政健全化の取り組み方にも違いが生じる。ここでは Armingeon, *et al.*［2015］が公表している比較政治のデータセットを用いて、エピソード毎に政府のタイプや政治的位置取りを特定した。もっとも財政健全化を国民がどのように受けとめたかについて客観的証拠を挙げるのは難しい。ここでは、財政健全化を推進した政府が再選されたか否かを代理指標とした。選挙の日付と再選の有無について Inter-Parliamentary Union［2018］に公表されているデータセットを用いた。それを纏めたのが表 10-1 である。

財政健全化エピソードの概要

(1) 本格的な財政健全化としては、11 カ国、計 16 のエピソードが抽出された。すなわちオーストラリア、ベルギー、カナダ、デンマーク、フィンランド、アイルランド、イタリア、日本、スウェーデン、イギリス、アメリカの 11 カ国である。ドイツ、フランスといった欧州連合の大国には予想通り「本

---

[2] Devries, *et al.*［2011］は 1978 年から 2009 年までの期間の OECD 加盟国の 17 カ国について、毎年度の白書及び施政方針演説を歴史的に検討して、172 の財政健全化のエピソードを特定している。

格的」な財政健全化の範疇に入るエピソードがない。

(2) 本格的な財政健全化を通じて、各国の財政収支や基礎的財政収支はかなり改善された。開始時点での基礎的財政収支の中位数はマイナス3.4%で赤字であったが、終了時点では3%の黒字に転換している。その結果、基礎的財政収支の改善幅は中位数で6.4%であった。財政収支改善効果が最も大きいのはフィンランド（8番）、デンマーク（7番）、スウェーデン（13, 14番）のエピソードであった。

(3) 次に財政健全化の継続期間について見ると、中位数は6年であった。継続期間が最も長いのは日本（11番）の9年であり、最も短いのはデンマーク（7番）とスウェーデン（14番）の4年であった。ただし財政健全化の継続期間が長くなれば財政収支の改善効果が大きくなる、といった単純な相関

表10-2 OECD各国における財政健全化による政府債務の安定化

番号	国名	年度	政府債務対GDP比			
			t	$t+1$	$t+2$	$t+3$
1	オーストラリア	1984〜88	25.9	23.8	21.9	23.2
2	オーストラリア	1994〜99	28.0	25.0	22.1	20.1
3	ベルギー	1982〜87	133.7	134.2	130.8	125.8
4	ベルギー	1992〜97	127.8	123.1	119.4	113.6
5	カナダ	1985〜90	75.2	82.3	90.2	96.3
6	カナダ	1993〜97	103.1	101.6	92.2	84.2
7	デンマーク	1983〜86	71.8	68.6	66.7	65.0
8	フィンランド	1993〜2000	52.4	49.9	49.5	51.4
9	アイルランド	1982〜88	112.3	102.1	96.0	95.3
10	イタリア	1991〜97	129.6	131.8	125.7	120.8
11	日本	1979〜87	67.5	65.8	63.3	64.7
12	日本	2003〜07	162.4	171.1	188.7	193.3
13	スウェーデン	1981〜87	57.0	51.3	46.7	46.0
14	スウェーデン	1994〜97	80.8	80.3	70.2	59.8
15	イギリス	1994〜99	47.9	45.8	41.0	41.7
16	アメリカ	1993〜98	62.1	58.6	52.7	52.7
	中位数		73.5	74.4	68.4	64.9
	平均		83.6	82.2	79.8	78.4

(注) t は財政再建エピソードの最終年度。
(出所) 政府債務は、OECD, *Economic Outlook* 各年度版による。

関係はなかった。

(4) これらの本格的な財政健全化は、政府債務の抑制・安定化にどのように貢献したのだろうか。表10-2は終了時点から政府債務の対GDP比がどのように推移したのかを纏めたものである。カナダ（5番）と日本（12番）を除く、全てのエピソードにおいて政府債務の対GDP比はゆるやかに下降しており、財政健全化が「成功」を納めたことが確認できる。

2　財政健全化が始まる動因

財政に対する危機感の醸成

　財政健全化は、長期的には一国の経済的繁栄にとってプラスの効果があるが、短期的には増税や給付の抑制などの「痛み」を国民に強いる。政府が財政健全化に着手するにあたっては、その必要性が国民の間で共有されなくてはならない。先行研究において財政健全化の幕を切って落とす動因となるのは財政赤字の急増や政府債務の上昇についての危機感の醸成とその国民の間での共有であることが指摘されている（Guichard, et al. [2007], p.11; Molnar [2012], p.8)。わけても初期の財政状況は重要であって、本格的で息の長い財政健全化を開始するか否かに影響する。

　表10-1、表10-2で紹介した16のエピソードのうち多くは、経済危機に襲われ財政赤字が拡大したことがきっかけとなっている。例えば、スウェーデンは1990年代初頭にマイナス成長が3年も続き、そして1930年代以来の高失業率が続く経済危機に襲われた。経済危機によって財政赤字の対GDP比は急速に拡大し、1993年には12％に達した。スウェーデン政府は1992～93年という早い段階で、迅速に財政健全化に取り組んだ（Chabert and Clavel [2012]）。カナダでも1993年当時、経済の悪化、財政赤字の拡大という情勢の中で、国民経済に対する信認が国内的のみならず国際的にも厳しく問われる事態となり、格付も最高位から脱落した。こうした中、クレティエン党首の率いる自由党は財政再建を選挙公約に掲げて、政権を獲得し、マー

ティン財務大臣の下で、強力に財政再建を進めた。

　1989年に就任したアメリカのブッシュ大統領は当初、自然増収頼みの財政赤字削減に取り組んでいた。しかし1990年にアメリカ経済が貯蓄金融機関の破綻をきっかけとする景気後退に突入したため、財政赤字は巨大化した。このためブッシュ政権は1990年5月から議会と協議を重ね、11月に超党派で1990年包括財政調整法（OBRA1990）を成立させた（室山［2013］、585-588頁）。

財政健全化に関するマーストリヒト効果

　財政赤字の拡大のみが、財政健全化が開始される唯一の動因であると言うわけではない。いくつかのケースでは財政赤字以外の要因も政府が財政健全化に着手するきっかけとなっている。一つのパターンは、貯蓄・投資の不均衡問題への対応である。一国の経常収支が赤字になる原因は、民間部門が高消費・低貯蓄であるか、財政赤字が大きいか、のいずれかもしくは両者である。したがって経常収支の赤字を縮小させるには、民間部門が貯蓄率を引き上げるとともに、財政赤字を削減する必要がある。

　オーストラリアの財政収支赤字や政府債務残高は国際的に見て大きな規模ではないが、1994～98年にかけて本格的な財政健全化が実行された。1980年代のオーストラリアでは、産業競争力の低下により経常収支は悪化し、オーストラリア・ドルは急速に減価した。こうした状況を受けて政府は、対外債務負担を減らすためには公的部門の貯蓄を増やす、すなわち財政赤字削減が必要との考えに至り、財政健全化に本格的に取り組んだ。そして1997年度から2007年度までおおむね財政黒字を達成した。

　第二に、二大政党制の下では、得票数の最大化を目指して有権者の政策的な分布の中央に移動する結果、政策が収斂しやすい。アメリカでは1993年から2001年にかけて財政健全化が実行され、予算均衡化が進捗した。確かに財政赤字に伴う金利の上昇は、連邦準備制度（FRB）やビジネス界への警告となっていた。しかし国民全体に降りかかるような経済危機は発生していないばかりか、高成長が継続するという経済環境が出現していた。

この疑問を解く鍵は、この間、アメリカは大統領と議会の多数派が異なる典型的な「分割政府」の状態にあったことにある。特に1994年の中間選挙において、共和党が公約「アメリカとの契約」（Contract with America）を掲げて、均衡財政を義務付ける憲法修正を提案して圧勝した意義は大きい。民主党が歴史的な敗北を喫して、共和党が上下両院で多数派を占める状況の下では、共和党の急進的な財政均衡論と富裕層への減税論が支配的な影響力を持つ。当時のクリントン政権は、支持回復の措置として、漸進的な財政削減策と中産階級向けの減税案で対抗しようとして、公約を修正した（室山[2013]、606頁）。

　最後に「マーストリヒト効果」について触れておこう。1990年代のヨーロッパにおいて多くの国々が財政再建にこぎつけた共通の動因は、1999年の欧州通貨統合を定めたマーストリヒト条約（1992年2月）が、統合参加希望諸国に対して課した各年の財政赤字を対GDP比3％以下に、債務残高をGDPの60％以下にすべきという制約である。この条件が1990年代のEU諸国を緊縮財政に駆り立て、財政再建を達成せしめた共通の要因だった。

　マーストリヒト条約の基準は、イタリアにとっては高いハードルだった。それに加えて欧州為替相場メカニズム（ERM）脱退に伴うリラの下落は、期待インフレ率の上昇を引き起こし、イタリア中央銀行は金利を大幅に引き上げていた。しかしEU加盟国になるという強い政治的願望を背景にして、1990年代には三つの連立政権が財政健全化に着手した。そして1997年には財政赤字の対GDP比を2.7％にまで削減することに成功した（IMF（International Monetary Fund）［2012］, pp.116-117）。

3　景気循環と財政健全化のタイミング

財政健全化のタイミング

　財政健全化を実行するに際しては、経済の状況を注視することが重要となる。伝統的なケインズ経済学によれば、景気の「谷」で緊縮財政を行えば、

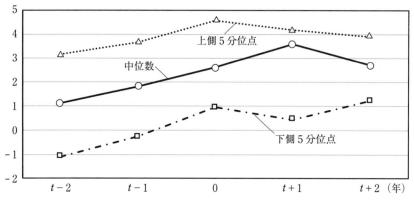

図 10-1　OECD 各国における財政健全化と実質 GDP 成長率（％）

(注) 0 年度は財政健全化開始年度を示す。16 の財政健全化のエピソードについて算出。
(出所) OECD, *Economic Outlook* 各年度版による。

民間需要は減少し、景気後退は長引く。これに対して、緊縮財政が景気拡張効果を持つ「非ケインズ効果」の存在が注目を集めている。経済活動が不況に陥っている時に徹底した歳出削減型の大規模な財政再建を行うと、消費者の将来税負担が減少する[3]。消費者の「合理的期待」を媒介として、緊縮財政はケインズ経済学の予想と逆に総需要を増やし、景気拡張効果があると言うのである（Alesina and Ardagna［1998］, p.517）。

しかし 16 のエピソードは、財政健全化を景気の「谷」で開始すべきだという言説を必ずしも支持しない。まず経済活動の「変化」と財政健全化のタイミングの関係に注目してみよう。大規模な財政再建の研究によると財政的な引き締めが始まる前に成長率は高まっている（Blöchliger, et al.［2012］, pp.11-13）。16 のエピソードにおいても「非ケインズ効果」とは反対に、多くの政府は経済が不況から回復する局面で財政健全化を開始している。

図 10-1 は、財政健全化の開始前後 2 年間の実質 GDP 成長率について中位

---

[3] 財政の引き締めが人々の将来への不安（時間がたつほど負担は増えるという不安など）を打ち消すことになり、それに関連した効果で現在の消費などが刺激されるという趣旨である。これは「非ケインズ効果」と呼ばれ、1980 年代以降、デンマークやアイルランドなどでこのようなことが観察されたという。

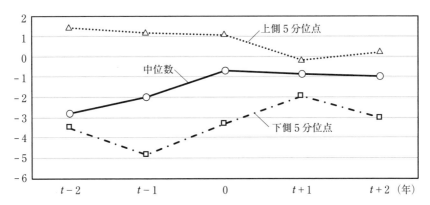

図 10-2 OECD 各国における財政健全化と GDP ギャップ（％）

(注) 0 年度は財政健全化開始年度を示す。16 の財政健全化のエピソードについて算出。
(出所) OECD, *Economic Outlook* 各年度版による。

数、上側 5 分位点、下側 5 分位点を纏めたものである。経済状況は財政健全化のエピソードが始まる前に改善の方向に向かっている。すなわち開始 1 年前には景気は回復に向かっているが、いったん財政健全化が始まると成長率は安定し、オーストラリア、カナダ、イタリア、スウェーデンのように一時的にせよ減速しているケースも見られる。

次に経済活動の「変化」ではなく「水準」に注視する。そのために GDP ギャップが供給超過（⊖）から需要超過（⊕）に転換する時期との関係性が問題となる。図 10-2 は財政健全化の開始前後 2 年間の GDP ギャップについて中位数、上側 5 分位点、下側 5 分位点を纏めたものである。中位数と下側 5 分位点に注目すると、マイナスの GDP ギャップが縮小していく段階で財政健全化が開始されている。一方、上側 5 分位点に注目すると、プラスの GDP ギャップが縮小する段階で財政健全化が開始されていて、その後、一時的に供給超過に転じている。

二つのファクト・ファインディングスが示すように、成長率が潜在成長率を上回って GDP ギャップが縮小していく段階、すなわち景気が成熟する前の勢いがある段階で財政健全化を行うと成功する可能性が高い。一方、失業

率が低いなど経済活動の水準が高い段階、すなわちプラスの GDP ギャップの段階で財政健全化を開始すると、景気があまりにも成熟して「山」に近いため、外生ショックをきっかけに景気の下降局面に入ってしまう可能性がある。

スウェーデンとアメリカ

　景気が成熟する前の勢いがある段階で財政健全化を加速化した実例としては、スウェーデンがある。1990 年代初頭に経済危機に襲われた当初、スウェーデン政府は自動的に公共部門を安定化させるビルトイン・スタビライザー機能を働かせた。歳入は減少し、福祉歳出が増大した結果、1993 年に財政赤字の対 GDP 比は 11％を記録した。しかし、スウェーデンは 1992 年と 1993 年にただちに財政赤字の削減（疾病・失業給付の削減による対 GDP 比 1.3％の収支改善）と社会保険料軽減による競争強化策を掲げる財政健全化戦略に着手した。

　そして 1994 年に経済が回復に向かうや否や、スウェーデンは間髪を入れず対 GDP 比 8％の徹底した財政健全化へと舵を切った（1994〜98 年）。それによる収支改善の約半分は歳出抑制（疾病給付の削減と政府機関の予算削減）によって、残り半分は社会保障拠出金と租税負担の引き上げによって達成された。スウェーデンは財政健全化により、政府債務の累増を制御することに成功した。1996 年に政府債務水準は安定化し、さらに 1998 年以降になると下降しはじめた（Chabert and Clavel［2012］, pp.3-4）。

　財政健全化には「痛み」が伴う。だが経済成長という果実を得ることができれば政治家の功績として称えられる。タイミングのいい財政健全化は、政治家に対して業績報奨金を与える。米国のクリントン大統領は 1993 年に包括財政調整法（OBRA93）を導入したが、ブッシュ政権下の OBRA90 と外形上類似した内容であり、予算執行法（BEA）のキャップ制（裁量的経費に対する上限設定）やペイゴー（PAYGO）原則（新規の支出に対して、その同額を他の予算から削減することを義務付ける制度）を引き継いだ。しかし予想外の経済成長が出現して、短期間の財政均衡を達成することができた。前

任者であるブッシュ大統領は運が悪かった。彼は経済が停滞していた1990年に財政健全化を開始しなければならず、残り2年間の任期中には成果を誇ることができなかった。ブッシュ政権の健全化計画の柱はBEAによる裁量経費の上限と義務的経費のペイゴー原則、個人所得税の最高税率引き上げにあった。しかし1990年に米国経済が景気後退へ突入したため、財政赤字は巨大化した。BEAは最悪のタイミングで導入されたのだ（室山［2013］、588頁）。そしてブッシュ大統領は1992年の大統領選でクリントンに敗れ、クリントン政権はブッシュ政権の時に始まっていた「成果」を功績として誇った（Posner and Sommerfeld［2012］, p.39）。

二つのタイプの財政健全化――歳出削減型と収入ベース型

　財政健全化が首尾よく目標を達成するか否かは、その戦略にも左右される。先行研究では首尾よく成功した財政健全化は収入ベース型ではなく、歳出削減型である（Alesina and Perotti［1995］）という結論を導いているものが多い。ある研究によれば歳出削減の貢献度は成功例では52％であるが、成功しなかった例では12％にすぎない（von Hagen and Strauch［2001］）。歳出削減は、増税に比べて経済へかける負担が小さいし、社会保障給付のように市民生活に直結するプログラムの改革は市場や投資家の信認を高めると言う。この点は本章で取り上げた16のエピソードとも整合性がある。

　表10-3は、Devries, et al.［2011］のデータベースを参照して、財政収支改善への貢献度を一覧にしたものである。本格的な財政健全化のエピソードにおいて歳出削減の貢献度はGDPで測って4.01％であったが、収入増の貢献度は2.17％であった。国によって重点の置き方に違いがあるものの、平均的に言うと財政健全化を通じる財政収支改善の約7割は歳出削減を通じる効果であると言える。

　歳出削減型の代表としては、カナダの財政健全化（1993～97年）を挙げることができる。1991年と1992年には一般政府支出がGDPの50％を超え、財政赤字はGDPの9％を上回り、政府債務の対GDP比は90％に急上昇した。このような背景から1993年に政権を獲得したクレティエン政権は高い租税

表 10-3　OECD 各国における財政収支改善の内訳

番号	国名	年度	財政収支改善の貢献度		
			合計	収入増	歳出削減
1	オーストラリア	1984 ～ 88	2.47	0.09	2.38
2	オーストラリア	1994 ～ 99	2.48	1.28	1.2
3	ベルギー	1982 ～ 87	8.55	1.7	6.85
4	ベルギー	1992 ～ 97	5.77	2.88	2.89
5	カナダ	1985 ～ 90	3.77	2.65	1.13
6	カナダ	1993 ～ 97	3.27	0.31	2.97
7	デンマーク	1983 ～ 86	5.97	1.64	4.33
8	フィンランド	1993 ～ 2000	11.43[a]	-0.64	12.07
9	アイルランド	1982 ～ 88	10.05	6.66	3.39
10	イタリア	1991 ～ 97	19.23	7.59	11.64
11	日本	1979 ～ 87	1.77[b]	1.01	0.77
12	日本	2003 ～ 07	2.27	0.85	1.42
13	スウェーデン	1981 ～ 87	n.a.		
14	スウェーデン	1994 ～ 97	10.59[c]	3.81	6.78
15	イギリス	1994 ～ 99	2.62	1.95	0.68
16	アメリカ	1993 ～ 98	2.49	0.82	1.67
	中位数		3.52	1.64	2.89
	平均		5.75	2.17	4.01

(注) a：1992 ～ 97 年、b：1980 ～ 83 年、c：1993 ～ 98 年。
(出所) 財政収支改善の内訳は Devries, et al. [2011] による。

負担に鑑みて、既存政策について徹底した見直しを行う「プログラム・レビュー」による歳出削減を財政健全化の柱にすえて、構造改革にも取り組んだ[4]。そして 1997 年度以降は単年度ベースで財政黒字を達成し、政府債務残高も毎年減少していくことになった。

しかし財政健全化の成否を握るのは、歳出削減の規模だけではない。最近の研究によれば、収入ベース型の財政健全化は租税負担の低い国では有効である（Tsibouris, et al. [2006], pp.9-10）。本章の 16 のエピソードの中でも、

---

[4] 連邦から州への交付金のうち、保健・医療・高等教育向けの交付金と社会扶助向けの交付金を統合し、保健社会交付金（CHST）を創設した。その際に CHST の使途について州の自由裁量の範囲を拡大する一方、総額を減額した。失業保険については支給額及び支給期間の削減、リピーターに対する減額措置を実施した。年金制度についてはカナダ年金プランについて保険料の引き上げ、賦課方式から積立方式への移行を内容とする改革を実施した。

表10-3に見られるように、収入増が財政収支改善に貢献しているケースは少なくない。オーストラリア、ベルギー、カナダ、アイルランド、イタリア、日本、イギリスがこれに該当する。先述したように1990年代のヨーロッパにおいて多くの国が財政再建にこぎつけた共通の動因は、1999年の欧州通貨統合を定めたマーストリヒト条約（1992年2月）が統合参加希望諸国に対して課した、各年の財政赤字を対GDP比3％以下に、債務残高をGDPの60％以下にすべきという制約である。

欧州統合という例外的な状況が、歳出削減型を推奨する従来の考え方に再考を求めている。1990年代のイタリアとスペインで実施された財政健全化はその例である。イタリアの場合、高租税負担に依存しつつも、既存の歳出動向に上限を設定する措置をとった。そのような措置は対GDP比で目に見えるような歳出削減をもたらさないが、経費膨張を抑制する効果はあった。もともと租税負担率が低いスペインでは、収入ベース型の財政健全化は経済にかける負担が少なく、したがって持続可能であった（Larch and Turrini [2008], p.15）。歳出削減については規模だけではなく、その内訳も財政健全化の成否に影響を与える。公務員給与、政府間移転、失業給付等の削減は、財政健全化を成功させる確率を高める。公共投資の削減は手っ取り早い手段であるが、経済成長を抑制し、元に戻ってしまう傾向があることは否めない（Blöchliger, et al. [2012]）。

財政健全化を実行する上でのルールの有効性

複雑な利害関係が絡んでくる財政健全化を実行するには、財政ルールの存在が不可欠である。国際通貨基金（IMF）の研究によれば、現在80カ国が財政ルールを運用しているが、1990年はわずかに7カ国にすぎなかった（IMF [2017]）。財政ルールにはいくつかの種類がある。財政収支に関するルール（均衡財政や赤字の対GDP比で見た数値目標など）、債務残高に関するルール（対GDP比で見た数値目標）、歳出に関するルール（歳出の上限など）、歳入に関するルール（税収の対GDP比に制約を課し、予想を上回る歳入に対して制限を設定）などが代表的なものである。財政ルールには、代表民主制の政

治家をギリシャ神話に登場するオデュッセウスのように「マストに縛り付けて」、大衆迎合的な財政運営に陥らないように仕向ける役割がある。

　財政ルールの設計については、歳出ルールと組み合わされた均衡予算ルールと、そうではない均衡予算ルールを比べることが必要である。歴史的経験に照らし合わせてみると後者、すなわち一般的な均衡予算ルールはあまり効果がない。このことをアメリカの経験に見てみよう。1985年のグラム・ラドマン・ホリングス法（Gramm-Rudman-Hollings, GRH）や1987年におけるその改訂版が財政赤字を大幅に削減できなかったことはよく知られている。もう一つの例を挙げるとすれば、「安定・成長協定」（SGP）であろう。ドイツやフランスといった大国が制裁を免れたように、「安定・成長協定」によってEU加盟国における財政規律が維持されたとは到底言いがたい[5]。

　他方ではアメリカが歳出ルール、すなわち予算執行法（1990～2002年）へと方向転換を図った時には、財政黒字が達成された。EU加盟国（オランダ、スウェーデン、フィンランド、チェコなど）においては「安定・成長協定」を国内ルール（ほとんどの場合、支出の上限を含む）で補完して、成功を収めている。しかし失敗例もあることに留意が必要である。例えば、フランス

---

[5]　「安定・成長協定」をより効果的にするために、欧州委員会と理事会はその柔軟性を高める改正を行った。具体的には、2005年にはそれまでの予防的措置における「財政収支を均衡又はプラスにすること」という中期財政目標が「構造的財政収支をマイナス1.0％以内にすること」と明確化された。目標改善に向けた道筋の目安として「構造的財政収支を1年につき対GDP比で0.5％以上改善させる」との規定が追加され、経済状況に応じた改善幅の変動が許容されることとなった。2005年の「安定・成長協定」の改正は、あくまで同協定の裁量的な運用の余地を広げるものであり、実効性を強化するものではなかった。その後、2008年秋に発生した世界的な経済金融危機やギリシャに端を発したGIIPS諸国（ギリシャ、アイルランド、イタリア、ポルトガル、スペインの5カ国）の債務危機等を受け、「安定・成長協定」を強化する動きが出てきた。その一つは過剰財政赤字手続の開始要件の厳格化である。当初の「安定・成長協定」においては、債務残高について「その比率が十分に減少しており満足のいくペースで参照基準に近づいている場合」には過剰財政赤字手続が適用されないこととしていた。この適用除外要件には裁量的解釈の余地があったため、「毎年、債務残高の60％を超える部分の1/20以上を削減している場合」という条件を追加して裁量的解釈の余地を限定した。いま一つは制裁措置の強化である。当初の「安定・成長協定」においてはユーロ加盟国がEU経済・財務相理事会からの警告にしたがわない場合、過剰財政赤字手続の最終段階にならなければ制裁が科されない仕組みになっていたが、過剰財政赤字手続の開始以降早期に、かつ段階的に制裁措置を科すこととされた。

では1998年に複数年度目標を導入後も、2003年まで財政収支は引き続き悪化したが、欧州連合は「過大な」財政赤字に対する制裁をフランスに科すことができなかった。

　全ての国に適用できる万能な処方箋があるわけではないが、財政ルールの有効性を高めるため特筆すべき点については意見が一致している。リーマン・ショックや欧州経済危機の発生前は、シンプルで分かりやすい財政ルールの採用が財政健全化に有益と考えられてきた。しかし、これらの危機を経て、「財政ルールは経済状況が良い時により強い拘束力を持たせ、経済状況が悪い時には財政出動する余地を残すべきである」という柔軟な財政ルールの導入が重要であるという教訓が得られた。

　例えば、景気循環を考慮した収支均衡を導入したオーストラリアやスイス、実質GDP成長率が低い時や自然災害などを対象外とする例外条項（escape clause）を導入したブラジルなどの財政ルールは有効に機能した。逆に見通しよりも高い税収が実現した際には、歳出増ではなく貯蓄（saving）すなわち債務を削減することで、将来来るべき経済危機に備え、財政出動する余地をつくることが強調されている[6]。

4　ハネムーン効果と再選可能性

選挙公約と財政健全化

　増税や歳出抑制には様々な利害が絡むので、政府は改革を進めるためには、利害集団や有権者から十分な政治的了解を得なければならない。財政健全化

---

[6] 財政健全化の進展やマクロ経済環境の変化に順応して財政ルールを進化させることは、成功の必要条件ではあるがかなり微妙である。例えば、純債務を持続的な下落傾向に保つことができた唯一のG7の国であるカナダでは、プログラムの支出への上限設定を中心にして1993年に財政再建が開始された。財政支出はつねに上限の範囲内にとどまっていたために、このルールは1995年に廃止され、不要な財源を債務削減に使用する基金に置き換えられた。この枠組みはさらに1998年に別のルールによって置き換えられ、財政黒字を借入金返済に充てるだけでなく、利払費の節約分を減税に振り向けることになった。

に関連する政治的要素としては、選挙公約、政府のタイプ、そして政府の理念・イデオロギーの三つが重要であろう。

第一に、財政健全化は選挙直後に実施される時に成功する確率が高くなる。これはいわゆる「ハネムーン効果」とも呼ばれるものである。新政権は有権者と良好な関係を結んでおり、政治的不祥事も起こしていない（Guichard, et al.［2007］）。表 10-4 は財政健全化のエピソード毎に選挙については Inter-Parliamentary Union［2018］より、政府のタイプと政治的位置については Armingeon, et al.［2015］よりデータを引用して纏めたものである。

表 10-4 によると、多くの財政健全化は新政府が選挙で成立してから 1 年以内に始まっている。また新政権のいくつかは、選挙運動中に財政健全化を行うことを宣言していた。大胆な財政健全化はこっそりと行われるものでは

表 10-4　政府のタイプと政治的位置

番号	国名	期間	選挙日	政府のタイプ	政治的位置
1	オーストラリア	1984～88	1984年12月1日、1987年7月11日	単独	左派
2	オーストラリア	1994～99	1993年3月13日、1996年3月2日、1998年10月3日	連立（過大規模）	左派
3	ベルギー	1983～87	1982、1985年10月13日	連立（最小勝利）	中道右派
4	ベルギー	1992～97	1991、1995年5月21日	連立（最小勝利）	中道
5	カナダ	1985～90	1984年9月4日、1988年11月21日	単独	中道右派
6	カナダ	1993～97	1993年10月25日、1997年6月2日	単独	中道左派
7	デンマーク	1983～86	1981、1982、1984年1月10日	連立少数	中道右派
8	フィンランド	1993～2000	1991、1995年3月19日、1999年3月21日	連立（過大規模）	中道右派
9	アイルランド	1982～88	1982年11月24日、1987年2月17日	連立	中道左派
10	イタリア	1991～97	1987、1992年4月5日、1994年3月27日、1996年4月21日	連立（過大規模）	中道右派、中道左派
11	日本	1979～87	1980年6月22日、1983年12月18日、1986年7月6日	単独、連立（最小規模）	保守
12	日本	2003～07	2003年11月9日、2005年9月11日	連立（過大規模）	保守
13	スウェーデン	1981～87	1979、1982年9月19日、1985年9月15日	連立（最小勝利）	左派
14	スウェーデン	1991～93	1991、1994年9月18日、1998年9月20日	連立少数	中道右派、中道左派
15	イギリス	1994～99	1992、1997年5月1日	単独	中道右派、中道左派
16	アメリカ	1993～98	1989、1992、1996年	単独	中道左派

(注) 単独少数：過半数を確保していない単独政府。
　　 連立（最小勝利）：過半数を維持するがそれに必要のない政党を含まない政府。
　　 連立（過大規模）：過半数の維持に必要のない政党を含む連立政府。

(出所) 選挙日は Inter-Parliamentary Union［2018］による。政府のタイプ及び政治的位置については Armingeon, et al.［2015］による。

なく、選挙公約に書き込まれているものでなければならないと考えられる。大規模な財政健全化を行った国は、選挙後のかなり早い段階で実施に移している（アイルランド、カナダ、スウェーデン、オーストラリア、イギリス、アメリカ）。選挙日前後の財政指標の推移を眺めると、いくつかの国においては財政健全化を開始したのは、新政府ではなくて退陣した政権であることが分かる。

　反対にアメリカではブッシュ大統領は1988年の大統領選において増税はしないという公約を掲げ、議会共和党も増税による財政均衡に反対だった。しかし就任後、グラム・ラドマン・ホリングス法に代えて1990年11月に個人所得税等の増税を盛込んだ90年包括財政調整法（OBRA90）を導入した。選挙公約を破ったことで、大統領は共和党内のギングリッチを中心とする保守グループの反発を受け、それが1992年の再選失敗につながる。

政府のタイプと財政健全化

　第二に、一党優位的な政府が財政健全化の成否に与える影響については、意見が一致していない。ある研究によれば、一党優位的な単独政府は、政党の寄せ集めである連立政府に比べると財政健全化に向けての合意形成能力が高い（Larch and Turrini [2008], p.18）。表10-4によると、単独政府（多数であるか少数であるかに拘わらず）が財政健全化を始めるのは早い。これに対し、例えばフィンランドやイタリアの連立政権が財政健全化を開始するのは、選挙後2年ないし3年経過してからである。

　しかし、必ずしも一党優位的な単独政府だけが本格的な財政健全化に取り組んでいるとは言えない。一般に連立政府は不安定とのイメージが強い。しかし条件によっては連立政府も安定し、不安定とは限らない。過半数に満たない「少数連立政府」（multi party minority government）は、「単独少数政府」（single party minority government）と同じように不安定である。しかし過半数を有し、しかも過半数確保に不必要な政党を含まない「最小勝利連立政府」（minimal winning coalition）は比較的安定している。これに対して過半数確保に不必要な政党をも含む「過大規模連立政府」（surplus coalition）は途中

で一部の政党が脱落しやすいので不安定な傾向がある。

　われわれが作成した表10-4によると、単独政府はオーストラリア、カナダ、イギリス、アメリカといったアングロ・サクソン系の諸国に多い。カリスマ的な政治指導者が率いる単独政府が、大胆な財政健全化を断行するといったイメージである。これに対してヨーロッパ諸国（大陸系）では、財政健全化の大半は連立政府が推進していることが分かる。ベルギーとスウェーデンは比較的安定している「最小勝利連立政府」である。これに対してフィンランドとイタリアは「過大規模連立政府」と言える[7]。

　第三に、本格的な財政健全化を実施する政府の理念・イデオロギーは、意外にも財政健全化の成否との関係が薄い。財政健全化のエピソードは左派、中道、右派の各政権に分布しているけれども、どちらかというと中道政府が多いと言える。中道左派ではクレティエン党首が率いるカナダの自由党政権、「オリーブの木」の議長プロディが首相に就任したイタリア、「第三の道」を掲げ大胆な中道路線を採ったブレアが率いるイギリスの新生労働党が代表的なものである。

財政健全化と選挙結果

　選挙の洗礼を受けなければならない政治家にとって、「痛み」を伴う財政健全化は再選の可能性に影響を与える。本来であれば政治家は高い給付を求めるならば負担水準の引き上げを、逆に高い負担が嫌ならば給付水準の引き下げを受け入れるように国民に選択を迫らねばならない。しかし政治家は、選挙の度毎に痛みを伴う争点を隠したり、改革に反対したりすることを行動基準とする。常識的に言うと本格的な財政健全化に取り組んだ政治家は有権者の反発を買い、次の選挙で落選する可能性が高い。財政健全化に熱心な政党やそれに所属する議員の政治生命は長くないと考えられる。

　しかし近年における研究では、困難の中で財政健全化を主導した政治家が

7）　大統領制と議院内閣制のどちらが財政健全化に適しているかについても、意見は一致していない。強力な大統領といえども、「分割政府」の下では合意形成が難しい。議院内閣制では連立政府が統治している時には、連立のパートナーは政策決定に大きな影響力を持つ。

表 10-5　OECD 各国における財政健全化と選挙

番号	国名	期間	選挙 回数	うち政権交代
1	オーストラリア	1984 ～ 88	2	0
2	オーストラリア	1994 ～ 99	2	0
3	ベルギー	1983 ～ 87	1	1
4	ベルギー	1992 ～ 97	1	0
5	カナダ	1985 ～ 90	1	1
6	カナダ	1993 ～ 97	2	0
7	デンマーク	1983 ～ 86	2	0
8	フィンランド	1993 ～ 2000	3	1
9	アイルランド	1982 ～ 88	2	1
10	イタリア	1991 ～ 97	3	3
11	日本	1979 ～ 87	3	0
12	日本	2003 ～ 07	2	0
13	スウェーデン	1981 ～ 87	3	1
14	スウェーデン	1991 ～ 93	3	1
15	イギリス	1994 ～ 99	2	1
16	アメリカ	1993 ～ 98	2	0

（出所）選挙結果は Inter-Parliamentary Union［2018］による。

次の選挙で再選されていることが明らかにされている。例えば、OECD 諸国について 1960 年から 2003 年までの 164 の選挙データを分析したブレンダーとドラーゼンは経済状況をコントロールしたうえで、1％の財政赤字の削減が現職の再選確率を 5.7％高めることを明らかにした。有権者は財政赤字が将来の増税や歳出カットを招くことを懸念しているので、投票所に足を運んでいると指摘する（Brender and Drazen［2008］）。

たしかに財政健全化は困難で政治的に高いハードルであるが、万事怠りない政治指導者は賢い政治的戦略を描き、有権者の支持を得ることができる。このようなケースでは財政赤字の削減と健全財政の保持は経済危機への対応上、適切で必要なものとの評価を受ける。表 10-5 は財政健全化のエピソード毎に、選挙の回数と政権交代の有無を整理したものである。

表 10-5 を眺めると、財政健全化を実施した政府のうち、半数を少し超え

る政府は選挙で再選されていることが分かる。政府が退陣する確率は、財政健全化が始まってすぐに選挙がある場合により高くなる。それはおそらく財政健全化の効果が必ずしも十分に現れていないからであろう。いくつかの国では財政健全化を実施した政府が退陣しても新政府が継続していっそうの財政健全化をおしすすめて成功を収める場合すらある。アイルランド[8]、フィンランド[9]、カナダ[10]、イギリス[11]、スウェーデン[12]の財政健全化はこのようなケースである。アメリカでは共和党が選挙公約に均衡予算と大胆な歳出削減を掲げて、1996年の選挙で上下両院において多数を占めた。これに対抗してクリントン大統領率いる民主党政権が歳出削減による財政健全化を開始した。

財政健全化なくして経済成長なし

　常識的には、代議制民主主義下では財政健全化のような有権者に犠牲を強いる政策は政治的に困難であると考えられる。財政健全化が有権者の支持を得て、政治家が選挙において報われるには、どのような点に着目すべきであろうか。財政赤字が拡大し、政府債務が積み上がっている状況においては、景気の回復や社会保障の充実といった見返り感なしに財政健全化を推し進めることは容易ではない。

---

[8] アイルランドでは、中道左派の連立政権（Fine Gael, Labour Party）は1982年に健全化政策を開始した。しかし連立は1987年に解消した。労働党が、歳出カットによる財政赤字削減計画に反対したためである。Fianna Fail（中道左派）は1987年選挙で勝利して、健全化計画を継続した。

[9] フィンランドでは、中道連立政権は1991年選挙で権力を握った後に財政健全化政策をはじめる。その後、中道左派は1995年選挙で勝利し、健全化政策を継続した。そして1999年選挙では再選された。

[10] カナダでは、自由党（中道左派）は1993年10月の選挙で政権の座にあった進歩保守党（中道右派）を破った。自由党は1997年6月の選挙で政権を保持した。連邦支出削減で予算収支を黒字化する財政再建の継続を約束した。

[11] イギリスでは、中道右派政権（保守党）が1992年の選挙後に財政健全化を開始した。しかし1997年の選挙では労働党が勝利を飾り、しばらくの間は歳出カットによる財政再建を継続した。基礎的財政収支は、1987年に黒字化して、2001年まで続いた。

[12] スウェーデンでは、中道右派連立政権（1991～93年）は財政健全化を開始するものの、経済危機のため基礎的財政収支は改善しなかった。中道左派の連立政権は1994年の選挙後も財政健全化を継続して、1996～2001年には基礎的財政収支は黒字化した。

景気の回復という約束を財政健全化と賢く結びつけた例として、米国のクリントン大統領を挙げることができる。財政赤字の削減など眼中になかったクリントン大統領がこの問題に注意を向けるようになったのは、1992 年の大統領選に出馬した大富豪ペローが大胆な財政赤字削減策を掲げて国民の大きな支持を獲得したことが一つの契機であった。しかしより重要なきっかけは FRB 議長アラン・グリーンスパンとの会談で得たヒントにあった（室山 [2013]、601 頁）。

　グリーンスパンは、信頼できる財政赤字削減予算案を作成し実行すれば、市場の信認が得られ、インフレ期待が鎮静化し、長期金利が低下する。長期金利が低下すれば、新規住宅ローンが増大し、消費が高まり、企業の投資コストが低下する。その結果、消費と投資が刺激され、景気の腰折れを回避し、雇用拡大が実現すると論じてクリントンを勇気づけた。これ以降、クリントン政権は財政赤字削減こそが米国の直面する様々な課題を解決する中心的な政策であるという方針を明確にしていく。

　クリントン政権は早くも 1994 年に実現した予想を上回る経済成長と収支回復は、財政赤字削減策の堅持というコミットメントが民間の政策信頼を高め、期待インフレの低下と長期金利の低下をもたらしたためであるとその成果を誇った。それはクリントン大統領やグリーンスパン FRB 議長が描いたシナリオ通りの成果であった（室山 [2013]、605 頁）。

　本格的な財政健全化は、構造改革の一環として実施される場合にも国民の広範な支持が得られる。カナダでは 1993 年当時、国民経済に対する信認が国内外で厳しく問われる事態となっており、そうした危機感が国民に共有されていたことから、多くの国民は痛みを伴う歳出削減、財政再建を支持し、進歩保守党から自由党への政権交代が起こった。クレティエン政権（1993 〜 2003 年）は年金制度や失業保険制度、州政府への財政移転システム、民営化等の構造改革に着手して、1997 年度以降は単年度ベースで財政収支の黒字化を達成した。既存の政策を徹底して見直す「プログラム・レビュー」によって大幅な歳出削減を実施した後の 2 回の総選挙でも、国民は引き続き自由党を政権政党として選択した[13]。

5　日本への政策的含意

　日本の財政は岐路に立っている。歴代政権の行ってきた拡張的財政は、リーマン・ショック後に底なしの不況に陥るのを防いだ。しかし、一段落して気が付くと、日本はOECD諸国の中で最も大きい政府債務残高をかかえる国になっていた。日本を財政健全化に駆り立てる動因には、対立するベクトルが混ざっている。財政赤字が過去22年間、連続してきた結果、一般政府総債務の対GDP比は226％に膨らんでいる。財政の硬直性を示す公債依存度は橋本内閣の発足時に21％、小泉内閣の発足時には34％だった。しかし第二次安倍内閣発足時には43％である（第2章）。

　歴史的な経験が示すように、成長率が潜在成長率を上回ってGDPギャップが縮小していく段階、すなわち景気が成熟する前の勢いがある段階で財政健全化を行えば、民間需要が縮小しても景気の腰を折る可能性が低い。日本がこのような局面に差しかかっているのかどうかについては論争が絶えない。消費税の増税は経済成長にとってマイナスという暗黙の了解の下に、経済学者、エコノミスト、政策担当者の中には増税や歳出削減を延期すべきだと主張している人々がいる。増税や歳出削減をむやみに優先しすぎると、デ

---

13)　構造改革の重要性については、スウェーデンの経験も傾聴に値する。1990年代にスウェーデン経済を復活させるうえで、クローネの減価と世界貿易の拡大が果たした役割は大きい。この二つの要因は、財政赤字と政府債務問題に取り組んでいる現在の日本には参考とならない。しかしスウェーデンのエピソードは、示唆に富んでいる。まず財政再建は経済危機に襲われた際に迅速に開始されたが、本格化したのは景気の回復が始まった1994年から1996年にかけてであった。財政健全化の規模はGDPの8％を占める大規模なものであり1998年まで続いたが、ほとんどの措置は1994年から1996年に前倒しされて実施された。スウェーデンの経験を観察して印象深い点は短期的な危機対応策だけではない。構造改革の規模の大きさは注目に値する。これらは、公共部門の民営化、年金制度の根本的な見直し、団体交渉プロセスの再編成と分権化、財政・金融政策の改革など広範な分野を含む。これによってスウェーデンは高インフレ、政府支出の増加、慢性的な通貨切り下げといった1970〜80年代の経済構造に終止符をうち、輸出重視、インフレ抑制、財政余剰優先といった新しいモデルに移った（Chabert and Clavel [2012], p.6]）。

フレからの脱却が腰折れして税収が減り財政再建は遠のく。これでは橋本龍太郎政権の財政構造改革の二の舞だというわけである。もちろん、目先の景気に配慮することは間違いではない。しかし消費税増税は社会保障の安定という長期的課題のために必要なことであり、短期的な景気とは別に判断すべきものだ。そもそも個人消費の低迷が長引いている「主因」は消費税率の引き上げにあるとは必ずしも言えない（第3章）。

　日本銀行によるマイナス金利の導入によって、長期金利は低水準で推移しており、市場の警告機能は麻痺している。「マーストリヒト効果」のような外圧としての財政規律の存在もない。かといって日本にはアメリカの「財政の崖」のように、時限つきの減税打ち切りや予算の自動的強制削減という「危機」を内側から作り出す仕掛けはない。日本の財政は、増分主義的な予算編成と安易な財政出動（補正予算を通じた）によって、歳出が拡大し続けてきた。

　財政規律の維持のためにはOECD諸国のように財政ルールを強化するのが王道である。日本はこれまでは、財政法4条による財政規律に頼ってきた。しかし国債発行の制度上の歯止めが10年毎に次々と取り払われていった（第8章）。1965年度に非募債主義が、1975年度に建設公債原則が破られ、さらに1985年度に特例公債の借換え禁止が破られた。現在は特例法によって赤字国債の発行を続けており、それも単年度立法であったのが多年度立法に緩められている。財政規律を順守する法律は存在するが「抜け道」が作られている。

　財政節度を保持するためには、閣議決定だけでなく、かつての財政構造改革法のような強制力を持つ法律の制定が必要であろう。例えば「一般歳出前年度以下」とか「国債減額○兆円」と言うように歳出全体ないし国債発行額全体を抑制する目標が効果的である。むろん財革法の反省を踏まえて、こうした目標を機械的に設定するのではなく「経済状況が良い時により強い拘束力を持たせ、経済状況が悪い時には財政出動する余地を残す」という柔軟性を備えたルールの導入が重要である。

　次に財政健全化の戦略に目を転じると、有力な見解は「財政再建の成功に

は歳出削減を重視することが重要」と指摘している（Alesina and Perotti [1995]）。歳入水準が他の先進国を上回っている国では増税は明らかに副作用が大きいかもしれない。日本でも財政健全化を進めるには、医療をはじめとした社会保障関係費の伸び率を抑制する方法に焦点をあてるべきである。しかし、日本は他のOECD諸国に比べて特殊な状況に置かれている。日本において税収がGDPに占める割合は、OECD諸国の中ではアメリカに次いで最低ラインに位置している。

日本の租税負担率は公的医療保険がないアメリカと同水準で低いけれども、ドイツやフランスといった大陸型の福祉国家のように社会保険料負担が相対的には高いという特色を備えている。日本は所得税に依存しているという点ではアングロ・サクソン系の経済圏に似通っているが、全体の半分を企業から徴収している点が際立っている。社会保険料と法人所得税への依存の裏返しとして、一般消費税の比率が9％と低い水準になっている。今後の増税の余地が個人所得税と消費税にあることが明らかだ。歳出削減、歳入拡大のいずれか一方ではなく、両者を組み合わせることが望ましい。

日本ではバブル崩壊後の最初の財政再建計画である1997年の財政構造改革法がたった1年で凍結に追い込まれ、そのことがトラウマとなって財政健全化は長い間、封印されることになった（第4章）。財政健全化に向けた一里塚になったのは、民主党・野田内閣により「社会保障と税の一体改革」の下で税率引き上げの議論が活発となり、2012年に税・社会保障の一体改革をめぐる民自公の3党合意が成立したことであった。この事実は本章のファクトファインディングと整合している。一党優位的な単独政府は、歴史的に見ると必ずしも本格的な財政再建を成し遂げるとは限らないし、保守的なイデオロギーが財政健全化の背中を押すとも言えない。むしろヨーロッパでは中道路線をとる連立政府が——最小勝利政府であれ過大規模政府であれ——財政健全化に取り組む場合が多い。

もっとも社会保険料・税負担を引き上げることに対しては、納税者の拒否反応がある（第5章）。単純に財政赤字を返せというだけでは納税者に負担の増加を求めることは難しい。しかも長期金利が非常に低い水準に抑制され

ている状況では、財政健全化による金利低下→経済成長というキャッチフレーズには訴求効果がない。日本では「中福祉」というレベルに合わせて国民全体で広く公平に負担する見返りとして、安心・安全を買うようなかたちで社会保障の制度を設計する必要がある（第7章、第8章）。

参考文献

Abel, A. B., N. G. Mankiw, L. H. Summers, and R. J. Zeckhauser [1989] "Assessing Dynamic Efficiency: Theory and Evidence," *Review of Economic Studies*, Vol. 56, No. 1, pp. 1–20.

Ahrend, R., P. Catte, and R. Price [2006] "Interactions between Monetary and Fiscal Policy: How Monetary Conditions Affect Fiscal Consolidation," *OECD Economics Department Working Papers*, No. 521.

Alesina, A. and S. Ardagna [1998] "Tales of Fiscal Adjustment," *Economic Policy*, Vol. 13, Issue 27, pp. 488–545.

Alesina, A. and R. Perotti [1995] "Fiscal Expansion and Fiscal Adjustments in OECD Countries," *NBER Working Paper*, No. 5214.

Anderson, B. and E. Minneman [2014] "The Abuse and Misuse of the Term 'Austerity': Implications for OECD Countries," *OECD Journal of Budgeting*, Vol. 14, No. 1.

Andrews, D. W. K. [1993] "Tests for Parameter Instability and Structural Change with Unknown Change Point," *Econometrica*, Vol. 61, No. 4, pp. 821–856.

Armingeon, K., L. Knöpfel, D. Weisstanner, and S. Engler [2015] *Comparative Political Data Set I 1960–2015.* http:/www.cpds/-data.org/

Arnold, J. M. [2011] "Tax Policy for Economic Recovery and Growth," *The Economic Journal*, Vol. 121(550), pp. 59–80 (with B. Brys, C. Heady, A. Johansson, C. Schwellnus, and L. Vartia).

Bai, J. and P. Perron [1998] "Estimating and Testing Linear Models with Multiple Structural Changes," *Econometrica*, Vol. 66, No. 1, pp. 47–78.

Bai, J. and P. Perron [2003] "Computation and Analysis of Multiple Structural Change Models," *Journal of Applied Econometrics*, Vol. 18, No. 1, pp. 1–22.

Barr, N. [2004] *Economics of the Welfare State*, 4th edition, Oxford University Press.

Barro, R. J. [1986] "The Behavior of United States Deficits," in R. J. Gordon (ed.),

The American Business Cycle: Continuity and Change, University of Chicago Press, pp. 361-394.

Blöchliger, H., D. Song, and D. Sutherland [2012] "Fiscal Consolidation: Part 4. Case Studies of Large Fiscal Consolidation Episodes," *OECD Economics Department Working Papers*, No. 935.

Bohn, H. [1998] "The Behavior of U.S. Public Debt and Deficits," *The Quarterly Journal of Economics*, Vol. 113, No. 3, pp. 949-963.

Brabant, M. [2010] "Three Dead as Greece Protest Turns Violent," BBC News, 5 May 2010. http://news.bbc.co.uk/2/hi/8661385.stm

Brender, A. and A. Drazen [2008] "How Do Budget Deficits and Economic Growth Affect Reelection Prospects? Evidence from a Large Panel of Countries," *American Economic Review*, Vol. 98, No. 5, pp. 2203-2220.

Cashin, D. and T. Unayama [2011] "The Intertemporal Substitution and Income Effects of a VAT Rate Increase: Evidence from Japan," *RIETI Discussion Paper Series*, 11-E-045

CBO [2011] "Estimated Impact of Automatic Budget Enforcement Procedures Specified in the Budget Control Act," United States Congressional Budget Office. https://www.cbo.gov/publication/42754

Chabert, G. and L. Clavel [2012] "Lessons for Today from Sweden's Crisis in the 1990s," *Trésor-Economics*, No. 105, pp. 1-8

Chow, G. C. [1960] "Tests of Equality between Sets of Coefficients in Two Linear Regressions," *Econometrica*, Vol. 28, No. 3, pp. 591-605.

Conrad, H. and R.Lützeler [2002] "German and Japanese Social Policy in Comparative Perspective: An Overview," in Conrad, H. and R. Lützeler (eds.), *Aging and Social Policy: A German-Japanese Comparison*, Deutsches Institut für Japanstudien, pp. 11-34.

Crawford, I., M. Keen, and S. Smith [2010] "Value Added Tax and Excises," in Mirrlees, J. S. Adams, T. Besley, R. Blundell, and S. Bond (eds.), *Dimensions of Tax Design: The Mirrlees Review*, Oxford University Press.

Datta, S. (ed.) [2011] *Economics: Making Sense of the Modern Economy*, 3rd ed., Profile Books.

Devries, P., J. Guajardo, D. Leigh, and A. Pescatori [2011] "A New Action-based Dataset of Fiscal Consolidation," *IMF Working Paper*, WP/11/128.

Diamond, P. and G. Lodge [2013] "European Welfare States after the Crisis: Changing Public Atitudes," *Policy Network Paper*. http://www.policy-network.net

Doi, T., T. Hoshi, and T. Okimoto [2011] "Japanese Government Debt and Sustainability of Fiscal Policy," *Journal of the Japanese and International Economies*, Vol. 25, No. 4, pp. 414-433.

Escolano, J. [2010] "A Practical Guide to Public Debt Dynamics, Fiscal Sustainability, and Cyclical Adjustment of Budgetary Aggregates," *IMF Technical Notes and Manuals*.

Guichard, S., et al. [2007] "What Promotes Fiscal Consolidation: OECD Country Experiences," *OECD Economics Department Working Papers*, No. 553.

Hamilton J. and M. Flavin [1986] "On the Limitations of Government Borrowing: A Framework for Empirical Testing," *American Economic Review*, Vol. 76, No. 4. pp. 808–819.

Hoshi, T. and T. Ito [2012] "Defying Gravity: How Long Will Japanese Government Bond Prices Remain High?" *NBER Working Paper*, No. 18287.

Ihori, T., T. Doi, and H. Kondo [2001] "Japanese Fiscal Reform: Fiscal Reconstruction and Fiscal Policy," *Japan and the World Economy*, pp. 351–370.

IMF (International Monetary Fund) [2012] *World Economic Outlook: Coping with High Debt and Sluggish Growth*.

IMF [2012] "The Good, the Bad, and the Ugly: 100 Years of Dealing with Public Debt Overhangs," *World Economic Outlook: Coping with High Debt and Sluggish Growth*, ch. 3, pp. 101–127.

IMF [2017] "Fiscal Rules Data Set 1985–2015." https://www.imf.org/external/datamapper/fiscalrules/map/map.htm

Institute for Fiscal Studies [2010] *Tax By Design: The Mirrlees Review*, Oxford University Press.

Inter-Parliamentary Union [2018] *PARLINE Database on National Parliaments*. http://archive.ipu.org/parline/parlinesearch.asp

Ito, A., T. Watanabe, and T. Yabu [2011] "Fiscal Policy Switching in Japan, the US, and the UK," *Journal of the Japanese and International Economies*, Vol. 25, No. 4, pp. 380–413.

Keen, M., M. Pradhan, K. Kang, and R. de Mooij [2011] "Raising the Consumption Tax in Japan: Why, When, How?" *IMF Staff Discussion Note*, SDN/11/13.

Korpi, W. and J. Palme [1998] "The Paradox of Redistribution and Strategies of Equality: Welfare State Institutions, Inequality, and Poverty in the Western Countries," *American Sociological Review*, Vol. 63, No. 5, pp. 661–687.

Larch, M. and A. Turrini [2008] "Received Wisdom and Beyond: Lessons from Fiscal Consolidation in the EU," *European Economy, Economic Papers* 320.

Mauro, P., R. Romeu, A. Binder, and A. Zaman [2013] "A Modern History of Fiscal Prudence and Profligacy," *IMF Working Paper*, WP/13/5.

Miyazaki, M. [2006] "Framework for Fiscal Consolidation:Successes and Failures in Japan," *OECD Journal of Budgeting*, Vol. 6, No. 4, pp. 123–148.

Molnar, M. [2012] "Fiscal Consolidation: Part 5. What Factors Determine the

Success of Consolidation Efforts?," *OECD Economics Department Working Papers*, No. 939.

Musgrave, R. A. [1959] *The Theory of Public Finance*, McGraw-Hill.

OECD [1995] *Economic Outlook*, OECD Publishing.

OECD [1998] *Economic Outlook*, OECD Publishing.

OECD [2000] *Economic Outlook*, OECD Publishing.

OECD [2008a] *Economic Surveys in Japan*, OECD Publishing.

OECD [2008b] *Economic Outlook*, OECD Publishing.

OECD [2013a] *Economic Survey in Japan*, OECD Publishing.

OECD [2013b] *Economic Outlook*, OECD Publishing.

OECD [2013c] *Fiscal Federalism 2014: Making Decentralization Work*, OECD Publishing.

OECD [2014a] *Revenue Statistics: 1965-2014*, OECD Publishing.

OECD/KIPF [2014b] *The Distribution Effects of Consumption Taxes in OECD Countries*, OECD Publishing.

OECD [2015] *Economic Surveys in Japan*, OECD Publishing.

OECD [2016a] "Value Added Taxes: Rates and Structure," in *Consumption Tax Trends 2016: VAT/GST and Excise, Trends and Policy Issues*, OECD Publishing.

OECD [2016b] *Economic Outlook*, OECD Publishing.

Posner, P. and M. Sommerfeld [2012] "The Politics of Fiscal Austerity: Implications for the United States," *Public Budgeting & Finance*, Fall, pp. 32-51.

Sutherland, D., P. Hoeller, and R. Morola [2012] "Fiscal Consolidation: How Much, How Fast and by What Means?," *OECD Economic Policy Papers*, No.1.

Tokuoka, K. [2010] "The Outlook for Financing Japan's Public Debt," *IMF Working Paper*, WP/20/19.

Tsibouris, G. C., M. A. Horton, M. J. Flanagan, and W. S. Maliszewski [2006] "Experience with Large Fiscal Adjustments," *IMF Occational Paper*, No. 246.

von Hagen, J. and R. R. Strauch [2001] "Fiscal Consolidations: Quality, Economic Conditions, and Success," *Public Choice*, Vol. 109, Issue 3-4, pp. 327-346.

Wearden, G. [2012] "Europe's Day of Anti-austerity Strikes and Protests Turn Violent-as It Happened," *The Guardian*, 14 Nov. 2012. https://www.thegurdian.com/business/2012/nov/14/eurozone-crisis-generalstrikes-protest-day-of-action

赤井伸郎［1996］「地方債の中立命題：住民の合理性の検証——日本の地方制度を考慮した分析」『フィナンシャル・レビュー』No. 40、1-30頁。

阿部彩［2015］「対立避け社会の連帯を（経済教室）」『日本経済新聞』2月12日付。

阿部彩［2011］『子どもの貧困——日本の不公平を考える』岩波書店。

荒井晴仁［2007］「国民経済計算を用いた所得捕捉率推計の問題点——自営業所得の捕捉率を中心に」国会図書館調査室『レファレンス』平成19年4月号、1-21頁。

池尾和人［2013］『連続講義・デフレと経済政策——アベノミクスの経済分析』日

経BP社。

池上直己［2012］『医療問題』（第4版）、日本経済新聞出版社。

池上直己／J. C. キャンベル［2007］『日本の医療——統制とバランス感覚』中央公論新社。

石弘光［1997］『国の借金』講談社。

石弘光［2008］『現代税制改革史——終戦からバブル崩壊まで』東洋経済新報社。

石弘光［2009］『消費税の政治経済学——税制と政治のはざまで』日本経済新聞出版社。

伊田賢司［2014］「配偶者控除を考える」参議院事務局企画調整室編『立法と調査』No. 358、1-25頁。

伊藤隆敏［2015］『日本財政「最後の選択」——健全化と成長の両立は成るか』日本経済新聞出版社。

伊藤裕香子［2013］『消費税日記——検証：増税786日の攻防』プレジデント社。

井堀利宏・小西秀樹［2016］『政治経済学で読み解く 政府の行動：アベノミクスの理論分析』木鐸社。

今井勝人［2014］「累積債務の圧力と財政運営」持田・今井編『ソブリン危機と福祉国家財政』東京大学出版会、111-126頁。

印南一路編［2016］『再考・医療費適正化——実証分析と理念に基づく政策案』有斐閣。

植田和男［2005］『ゼロ金利との闘い——日銀の金融政策を総括する』日本経済新聞社。

植田和男［2016］「マイナス金利政策の功罪（経済教室）」『日本経済新聞』2016年2月8日付。

上田淳二・筒井忠［2013］「消費税の税収変動要因の分析——産業連関表を用いた需要項目別の税額計算」日本財政学会編『「なぜ」財政再建ができないのか（財政研究第9巻）』有斐閣、248-266頁。

宇南山卓［2016］「2014年消費増税の教訓（経済教室）」『日本経済新聞』5月23日付。

エスピン-アンデルセン、イエスタ［2001］『福祉資本主義の三つの世界——比較福祉国家の理論と動態』（岡沢憲芙・宮本太郎監訳、ミネルヴァ書房、［原著1990年］）。

永廣顕［2014］「財政健全化と持続可能な社会保障」持田・今井編『ソブリン危機と福祉国家財政』東京大学出版会、127-144頁。

大竹文雄・小原美紀［2005］「消費税は本当に逆進的か——負担の「公平性」を考える」『論座』第127号、44-51頁。

翁邦雄［2017］『金利と経済——高まるリスクと残された処方箋』ダイヤモンド社。

小塩隆士［2015］『18歳からの社会保障読本——不安のなかの幸せをさがして』ミネルヴァ書房。

会計検査院［2012］「『税の簡易課税制度について』に関する会計検査院法第 30 条の 2 の規定に基づく報告書（要旨）」。http://www.jbaudit.go.jp/pr/kensa/result/24/pdf/241004_youshi_1.pdf

香取照幸［2017］『教養としての社会保障』東洋経済新報社。

黒田東彦［2005］『財政金融政策の成功と失敗――激動する日本経済』日本評論社。

厚生労働省［2002］「平成 14 年　所得再分配調査報告書」。

厚生労働省［2012］「社会保障に係る費用の将来推計について」（改定後平成 24 年 3 月）。

厚生労働省［2014］「平成 26 年　所得再分配調査報告書」。

厚生労働省［2017］「平成 28 年　パートタイム労働者総合実態調査」。

厚生労働省年金局数理課［2015］「平成 26 年財政検証結果レポート――『国民年金及び厚生年金に係る財政の現況及び見通し』（詳細版）」。

国立社会保障・人口問題研究所［2012］『日本の将来推計人口（平成 24 年 1 月推計）』。

国立社会保障・人口問題研究所［2017］『日本の将来推計人口（平成 29 年推計）』。

五神真［2017］『変革を駆動する大学――社会との連携から協創へ』東京大学出版会。

財務省財務総合政策研究所財政史室編［2005］『昭和財政史――昭和 49 〜 63 年度』（第 1 巻総説　財政会計制度）東洋経済新報社。

財務省財務総合政策研究所財政史室編［2013］『平成財政史――平成元〜 12 年度』（第 2 巻予算）大蔵財務協会。

財務省財務総合政策研究所財政史室編［2014］『平成財政史――平成元〜 12 年度』（第 4 巻租税）大蔵財務協会。

財務省財務総合政策研究所財政史室編［2017］『平成財政史――平成元〜 12 年度』（第 1 巻総説　財政会計制度）大蔵財務協会。

財務省理財局［2015］『債務管理レポート 2015――国の債務管理と公的債務の現状』。

財務省理財局［2018］『債務管理レポート 2018――国の債務管理と公的債務の現状』。

鎮目雅人［2009］『世界恐慌と経済政策――「開放小国」の経験と現代』日本経済新聞出版社。

島崎謙治［2016］「人口構造の変容と医療政策の課題」『學士會会報』No.921、47-52 頁。

清水真人［2013］『消費税――政と官との「十年戦争」』新潮社。

社会保障改革に関する有識者検討会［2010］「安心と活力への社会保障ビジョン」。http://www.cas.go.jp/jp/seisaku/syakaihosyou/kentokai/dai5/siryou.pdf

社会保障改革に関する有識者検討会［2011］「社会保障改革に関する有識者検討会報告――安心と活力への社会保障ビジョン」。http://www.cao.go.jp/zei-cho/gijiroku/zeicho/doc/22zen20kai24.pdf

社会保障国民会議［2008］「社会保障国民会議　最終報告」（平成 20 年 11 月 4 日）。http://www.kantei.go.jp/jp/singi/syakaihosyoukokuminkaigi/saishu.html

社会保障制度改革国民会議［2013］『社会保障制度改革国民会議報告書――確かな

社会保障を将来世代に伝えるための道筋』。
自由民主党政務調査会財政改革研究会［2005］「財政改革研究会報告（中間とりまとめ）」。
シュムペーター［1983］『租税国家の危機』（木村元一・小谷義次訳）岩波書店。
鈴木善充［2011］「消費税における益税の推計」『会計検査研究』No.43、45-56 頁。
政府税制調査会［2016a］「経済社会の構造変化を踏まえた税制のあり方に関する中間報告」平成 28 年 11 月 14 日。
政府税制調査会［2016b］「海外調査報告（オランダ、ドイツ、スウェーデン）」第 30 回税制調査会資料。http://www.cao.go.jp/zei-cho/gijiroku/zeicho/2016/28zen30kai.html
高野哲彰・菊池紘平・井上里菜［2015］「欧州諸国に学ぶ駆け込み・反動の抑え方——消費増税の価格転嫁に日欧の差」『経済百葉箱』81 号。
田近栄治・八塩裕之［2008］「所得税改革——税額控除による税と社会保険料負担の一体調整」『季刊 社会保障研究』第 44 巻 3 号。
橘木俊詔・岡本章・川出真清・畑農鋭矢・宮里尚三［2006］「公共支出の受益と国民負担に関する意識調査と計量分析」（*RIETI Discussion Paper Series*, 06-J-058）。
ターナー、アデア［2016］「ヘリコプターマネーの是非（上）（経済教室）」『日本経済新聞』6 月 7 日付。
土居丈朗・中里透［2004］「公債の持続可能性——国と地方の財政制度に即した分析」井堀利宏編『日本の財政赤字』岩波書店、第 3 章、53-83 頁。
東京大学大学院経済学研究科［2007］「座談会 財政改革を考える」（石弘光・貝塚啓明・宮島洋・神野直彦）『経済学論集』第 73 巻 2 号、69-84 頁。
内閣官房［2012］「中期財政フレーム及び日本再生重点化措置等の取組について」（平成 24 年 7 月 4 日）。http://www.cao.go.jp/sasshin/kondan/meeting/2012/0704/pdf/s5.pdf
内閣官房国家戦略室［2012］「平成 24 年度における財政運営戦略の進捗状況の検証」。https://www.cas.go.jp/jp/seisaku/npu/policy01/pdf/20120124/20120124_siryou01.pdf
内閣府［2001］「平成 13 年度 年次経済財政報告——改革なくして成長なし」。
内閣府［2002］「諸控除の所得階層別適用者割合」。http://www5.cao.go.jp /keizai3/2002/1216seisakukoka15-z3.pdf
内閣府［2003］「平成 15 年度 年次経済財政報告——改革なくして成長なし」。
内閣府［2005］「平成 17 年度 年次経済財政報告——改革なくして成長なし」。
内閣府［2009］「平成 21 年度 年次経済財政報告——危機の克服と持続的回復への展望」。
内閣府［2011a］『社会保障・税一体改革の論点に関する研究報告書』。
内閣府［2011b］「財政・社会保障の持続可能性に関する『経済分析ワーキング・グループ』中間報告」。http://www5.cao.go.jp/keizai2/keizai-syakai/k-s-kouzou/

shiryou/wg1-1kai/pdf/5-1.pdf
内閣府［2013］「『今後の経済財政動向等についての集中点検会合』概要報告」。http://www5.cao.go.jp/keizai-shimon/kaigi/special/tenken/index.html
内閣府［2014］「『今後の経済財政動向等についての点検会合』概要報告」。http://www5.cao.go.jp/keizai-shimon/kaigi/special/tenken2014/index.html
内閣府［2015］『平成27年度　年次経済財政報告』。
内閣府［2016a］「月例経済報告」（平成28年5月）。http://www5.cao.go.jp/keizai3/getsurei/2016/0523getsurei/main.pdf
内閣府［2016b］「『第一子出産前後の女性の継続就業率』の動向関連データ集」。http://wwwa.cao.go.jp/wlb/government/top/hyouka/k_39/pdf/ss1.pdf
内閣府［2017］「2016年度国民経済計算（2011年基準・2008SNA）」。
内閣府［2018］「中長期の経済財政に関する試算」（平成30年1月30日、経済財政諮問会議提出）。http://www5.cao.go.jp/keizai2/keizai-syakai/shisan.html
内閣府大臣官房政府広報室［2017a］「社会意識に関する世論調査」。https://survey.gov-online.go.jp/index-sha.html
内閣府大臣官房政府広報室［2017b］「国民生活に関する世論調査」。https://survey.gov-online.go.jp/h26/h26-life/
内閣府・財務省・日本銀行［2013］「デフレ脱却と持続的な経済成長の実現のための政府・日本銀行の政策連携について（共同声明）」（平成25年1月22日）。http://www5.cao.go.jp/keizai1/seifu-nichigin /2013 /0122_seifu-nichigin.pdf
中島将隆［2013］「アベノミクスと国債市場」『証券レビュー』第53巻5号、67-98頁。
永瀬伸子・村尾祐美子［2005］「社会保障や税制等は家族・家族形成に影響を与えるか——日本の社会的保護の仕組みが持つ特定タイプの家族へのバイアス」『季刊　社会保障研究』第41巻2号、137-149頁。
中村康治・八木智之［2017］「財政状況と長期金利」『金融研究』10月、71-102頁。
日本銀行［2017］『経済・物価情勢の展望（展望レポート）』10月。
日本銀行［2018］「資金循環統計」。https://www.boj.or.jp/statistics/sj/index.htm/
日本再建イニシアティブ［2013］『民主党政権　失敗の検証——日本政治は何を活かすか』中央公論新社。
橋本恭之［2010］「消費税の逆進性とその緩和策」『会計検査研究』No. 41。
林智子・伊多波良雄・八木匡［2015］「税負担と行政サービス意識に関する経済分析」『会計検査研究』No. 51、11-31頁。
藤井隆雄［2010］「日本の財政の持続可能性について——H. Bohnの手法による再検証」日本財政学会編『財政学研究』第6巻、有斐閣、97-117頁。
細川護熙［2010］『内訟録——細川護熙総理大臣日記』日本経済新聞出版社。
本田悦朗［2016］「消費増税再延期をどう見る」『日本経済新聞』6月2日付。
本間正明・武藤恭彦他［1987］「公債の中立命題：理論のその実証分析——財源調

達方式と家計の反応」『経済分析』第 106 号、1-39 頁。
松浦克己／コリン・マッケンジー［2012］『Eviews による計量経済分析』（第 2 版）、東洋経済新報社。
宮尾龍蔵［2016］『非伝統的金融政策——政策当事者としての視点』有斐閣。
宮島洋［1986］『租税論の展開と日本の税制』日本評論社。
宮島洋［1989］『財政再建の研究』有斐閣。
宮島洋［1992］『高齢化時代の社会経済学——家族・企業・政府』岩波書店。
宮島洋［1994］「高齢化社会の公的負担の選択」野口悠紀雄編『税制改革の新設計』（シリーズ・現代経済研究 8）、日本経済新聞社。
宮島洋［2010］「社会保障と財政・税制」宮島洋・京極高宣・西村周三編『社会保障と経済 2　財政と所得保障』東京大学出版会。
民主党［2009a］「マニフェスト 2009」（2009 年 第 45 回衆議院総選挙）。http://archive.dpj.or.jp/special/manifesto2009/pdf/manifesto_2009.pdf
民主党［2009b］「政策集 INDEX2009」。http://archive.dpj.or.jp/policy/manifesto/seisaku2009/img/INDEX2009.pdf
民主党［2010］「マニフェスト 2010」（2010 年 第 22 回参議院選挙）。http://archive.dpj.or.jp/special/manifesto2010/data/manifesto2010.pdf
村松岐夫［2010］『政官スクラム型リーダーシップの崩壊』東洋経済新報社。
室山義正［2013］『アメリカ経済財政史 1929-2009——建国理念に導かれた政策と発展動力』ミネルヴァ書房。
持田信樹［2009］『財政学』東京大学出版会。
持田信樹［2013］『地方財政論』東京大学出版会。
持田信樹［2015］「地方政府債務の持続可能性」日本財政学会編『財政学研究』第 11 巻、有斐閣、141-165 頁。
持田信樹・今井勝人編［2014］『ソブリン危機と福祉国家財政』東京大学出版会。
持田信樹・堀場勇夫・望月正光［2010］『地方消費税の経済学』有斐閣。
八塩裕之［2010］「グローバル化・少子高齢化にどう対処すべきか——わが国税制改革に向けて」諸富徹編『グローバル時代の税制改革——公平性と財源確保の相克』ミネルヴァ書房、225-246 頁。
八塩裕之・長谷川裕一［2009］「わが国家計の消費税負担の実態について」内閣府経済社会総合研究所『経済分析』182 号、25-47 頁。
湯元健治［2016］「個人消費低迷長期化の謎を探る——構造的要因による下押し圧力が作用」。https://www.jri.co.jp/MediaLibrary/file/report/yumoto/pdf/8864.pdf
湯元健治・佐藤吉宗［2010］『スウェーデン・パラドックス——高福祉、高競争力経済の真実』日本経済新聞出版社。
吉川洋［1999］『転換期の日本経済』岩波書店。
吉川洋［2007］「小泉政権下（2001-6 年）の財政政策運営について」東京大学経済学会『経済学論集』73 巻 2 号、51-68 頁。

吉川洋［2013］『デフレーション――"日本の慢性病"の全貌を解明する』日本経済新聞出版社。

吉川洋・山口広秀［2017］「アベノミクス5年（中）：消費回復へ将来不安払拭を（経済教室）」『日本経済新聞』12月1日付。

吉中孝・荒井秀朗・遠坂佳将［2008］「内閣府アンケート調査（2008）『家計の生活と行動に関する調査』でみる我が国の財政に関する意識」（内閣府・経済財政分析ディスカッション・ペーパー 08-02）。

米澤潤一［2013］『国債膨張の戦後史　1947-2013――現場からの証言』金融財政事情研究会。

ラインハート、カーメン［2015］「長期金利が示すもの：債務削減へ「金融抑圧」再び（経済教室）」『日本経済新聞』2月25日付。

臨時行政調査会［1982］「行政改革に関する第三次答申」。http://www.ipss.go.jp/publication/j/shiryou/no.13/data/shiryou/souron/3.pdf

渡辺努編［2016］『慢性デフレ――真因の解明（シリーズ現代経済研究）』日本経済新聞出版社。

あ と が き

　平成の時代、日本の財政は給付に伴う負担を将来に先送りしてきた。国内総生産の2倍を超える政府債務を抱えていることは周知であろう。もっとも自分の生活に直接の支障を感じないのであれば、他人事となってしまう。政府債務は日本の政治・経済の底流にある問題である。しかし誰も触れたくないし、触れたくてもこれだけ大きな数値になると国民に浸透するような説明がしにくい。政治家は口をつぐみ、市場の警告機能は麻痺し、多くの人々も沈黙を守っている。

　橋本（龍太郎）政権による財政構造改革から20年。公的債務は社会保障費の急増を主因に大きく膨らんだが、財政を取り囲む社会の熱気はむしろ萎んでいる。あってはならないことだが、有権者が財政規律を緩める政府を選択してしまうと、金利はあっという間に急騰し、財政危機は顕在化する。やがて経済法則はインフレーションという形で暴力的に自己実現することを内外の歴史は証明している。

　そうならないためには、国民がこの問題を「自分事」として共有する必要がある。閉塞感に覆われた日本財政を信頼できるデータに基づき学術的に診断して、再生への道筋を提示することはプロの経済学者（経済学博士号を取得し大学等で研究している者）の責務である。納税者の目となり、耳となり、いざという時には半鐘を乱打することが学者の役割の一つである。

筆者は、財政学・地方財政論を専門として、比較的狭い分野で40年あまり勉強を続けてきた。元来、小心者であり、緻密な作業を得意としてきた、と自己評価している。ある日、一通の書状が届いた。差出人は戦後の財政学復興に貢献され、卒寿を迎えた碩学の大先輩である。市場と政治の両面に隈なく目を配る学風を私は尊敬している。書状には次のように記されていた。

　　「私たちの世代は天上界に行かれたり、リタイアーで学界も御一新の世です。あなたはずっと後の世代なので遠慮なさらずに大暴れなされたらいかがと存じます。」

　胸に響く言葉だった。それ以来ずっと、殻を破るべく日本財政と社会保障の診断と改革の指針という、論争的なテーマへの関心をひそかに持ち続けてきた。そして解決すべき論点をつぎのように設定した。日本の財政が厳しい状況にあることは、経済学者やエコノミストでなくても世の中の多くの人々が感じている。財政健全化、社会保障の持続可能性は大切な目標の一つであるというコンセンサスはできている。しかしどうやって進めるかという段階になると、意外なことに意見が真っ二つに分かれる。これは航海地図を持たずに大海原に挑んでいるようなものである。

　本書の主たる関心は、専門的な個別の分野での経済分析ではない。むしろ、財政・社会保障改革という大航海の目的地を定め、気象条件や海流がもたらすリスクを予測して、複数の寄港ルートや燃料補給地を比較し、実行可能な航行プランを立てることにある。そのために収支のそろばん勘定を展開するだけではなく、給付と負担の関係を明確にした将来ビジョン（＝目的地）とそこに至る道順や時間軸を明らかにすることが本書を執筆した動機であった。

　大航海に出るには信頼するに足る「ナビゲーター」が必要である。操舵室に設置されたGPSに相当するのが統計データである。本書では通常のマクロ・データに加えて、いくつかのマイクロ・データを活用した。「国民生活基礎

調査」(厚生労働省)の個票データや独自に実施した「税・社会保障についての意識調査(第一次、第二次)」がそれである。これによって納税者の深層心理や税・社会保険料負担の実態が判明した。航路が安定して、地に足のついた分析が可能になったと考える。むろん、こうした試みがどの程度の成果を挙げたかは読者に判断していただくほかない。

現実の財政問題とその将来について一財政学徒が言いうることは小さい。所詮、畳の上の水練にすぎないのではないかと考える人もいるかもしれない。しかし、将来の不安や日々の労苦に苛まれながらも、「財政」というプリズムを通して希望を見つめる素材を提供できるはずだ。不十分な分析ではあるが、本書を財政・社会保障に関心を持つ経済学者、エコノミスト、政策担当者、市場関係者、そして一般の方々にお読みいただければ幸せである。

本書の基礎となった諸研究は、東京大学経済学部日本経済国際共同研究センター助成金、文部科学省科学研究費(課題番号 15H03359)を受けている。統計法第33条に基づく申請により「国民生活基礎調査」の個票も利用させていただいた。本書の執筆には準備期間も含めて5年を費やした。在来の研究テーマが一段落したので時間的余裕ができたのも束の間、いよいよという時に、東京大学の経済学部長に就任することになった。若干ペースが落ちたが視野が広がり、研究にはプラスになった。出版に至らないのではないかという焦燥感の中で、なんとか脱稿することができた。

本書の成り立ちには以上のような事情があったため、多くの方々から研究上の助言を受けている。東京大学経済学部の自由闊達な雰囲気の中で同僚諸氏には日常的に議論の相手になっていただいた。日本財政学会、日本地方財政学会、国際財政学会(IIPF)の先輩・友人からは刺激を受けてきた。OECD(経済協力開発機構)、IMF(国際通貨基金)、KIPF(韓国財政院)のスタッフには資料を賜り、議論のための時間を割いていただいた。会計検査院、財務省財務総合政策研究所財政史室、内閣府(政策コメンテーター)、総務省のスタッフからは、折に触れて事実についての教えを受け資料を賜った。この場を借りてお礼申し上げる。

本書で使用した図表の作成については、東京大学経済学部長秘書の津川姿子さんにお世話になった。また本書の出版における企画から出版決定に至る過程では、東洋経済新報社の村瀬裕己氏に多大なご尽力をいただいた。心から感謝申し上げる。最後に私事で恐縮であるが、妻叙子と娘千春子に感謝したい。

2019年1月　本郷にて

持田　信樹

索　引

【A to Z】

ARIMA（自己回帰和分移動平均モデル）　209
BEA（予算執行法）　250
Bohn の手法　198
C 効率性　165
ERM（欧州為替相場メカニズム）　247
G20 財務相・中央銀行総裁会議　39
GDP（国内総生産）　98
GDP ギャップ　248,262
IMF（国際通貨基金）　39
NI（国民所得）　99
OBRA1990（1990 年包括財政調整法）　246
OECD（経済協力開発機構）　156
PAYGO（ペイゴー）原則　250
QE（量的緩和政策）　35
SGP（安定・成長協定）　254
VAT（付加価値税）　163

【ア行】

IMF（国際通貨基金）　39
アコード　234
アジア通貨危機　85
阿部彩　127
安倍（晋三）内閣（第二次）　32
アベノミクス　33,230
ARIMA（自己回帰和分移動平均モデル）　209
安心社会実現会議　93
安定・成長協定（SGP）　254
ERM（欧州為替相場メカニズム）　247
異次元の金融緩和策　35
異時点間の代替効果　53,167
異時点間の予算制約　199
一般消費税導入　74
一般的報酬関係　3
医療財政　38
医療保険　133
イールドカーブ・コントロール　44,233
インフレ率
　　期待——　217

インボイス制度（適格請求書等保存方式）　165
運営費交付金　122
益税　163
SGP（安定・成長協定）　254
エスピン - アンデルセン（Esping-Andersen）　145
NI（国民所得）　99
OECD（経済協力開発機構）　156
欧州為替相場メカニズム（ERM）　247
横断性条件　197
応募者利回り　217
大平（正芳）首相　74
小沢一郎　24,83
OBRA1990（1990 年包括財政調整法）　246
オランダの税制改革　191

【カ行】

価格意識　66
隠れ借金　76
家計を取り巻く不確実性　64
駆け込み需要　37
　　——とその反動　37
可処分所得　63
課税所得比率　176
課税の中立性　159
課税平準化理論　199
過大規模連立政府　257
簡易課税制度　163
菅（直人）内閣　26
基礎的財政収支（プライマリー・バランス）
　　11,19
基礎的支出　59
基礎年金国庫負担割合（2 分の 1）　29
期待インフレ率　217
逆進性　162
　　消費税負担の——　168
キャップ制　250
QE（量的緩和政策）　35

281

給付付き税額控除　172
旧平価での金本位制復帰　232
救命医療　136
給与所得控除　178
協会けんぽ　122
共助　120,148
金国分離　219
金本位制復帰　232
金融緩和
　量的・質的——　42
金融緩和策
　異次元の——　35
金融資産
　正味——　226
金融政策
　伝統的な——　42
金融抑圧　234
金利
　長期——　11,102,215
「金利・成長率」論争　22
釘づけ（ペギング）政策　234
組合健康保険　122
グラム・ラドマン・ホリングス法　254
グリーンスパン（Greenspan）　261
クリントン政権　247,251
クルーグマン（Krugman）　52
黒田（東彦）日本銀行総裁　222,224
クロンバックの a 係数　65
景気弾力条項　88
軽減税率　171
経済協力開発機構（OECD）　156
経済財政諮問会議　16
経常税
　所得・富等に課される——　6
欠落変数バイアス　224
ゲデスの斧　232
限定主義　150
現物社会移転　5
現物社会移転以外の社会給付　6
小泉（純一郎）内閣　16,196
後期高齢者医療制度　125
公共財
　準——　110
　純粋——　110
公助　120
構造変化（structural break）　202
公的年金等控除　183
公費負担　135

国債暗黒時代　219
国債管理政策　236
「国債30兆円」　18
国際通貨基金（IMF）　39
国内総生産（GDP）　98
国民皆保険　144
国民健康保険　122,144
国民所得（NI）　99
国民生活基礎調査　9,161,168,187
国民福祉税構想　81
国民負担率　98
　潜在的——　101
コクラン=オーカット法　55
個人消費　50
子ども・子育て支援　129
個票データ　9
個別的報酬関係　2

【サ行】

財源調達機能
　税の——　158
最小勝利連立政府　257
財政運営戦略　28
財政規律　83
財政検証　138
財政健全化　13,241
財政構造改革法　79,85
財政再建
　増税なき——　74,87,205,230
財政再建元年　205
財政ファイナンス　42
財政ルール　253,263
齋藤次郎　82
再分配のパラドックス　151
3党合意　108
事業者免税点　164
C効率性　165
自己回帰和分移動平均モデル（ARIMA）　209
資産効果　67
自助　120
持続可能性
　政府債務の——　193
実質所得効果　53,54,60
GDP（国内総生産）　98
GDPギャップ　248,262
G20財務相・中央銀行総裁会議　39
ジニ係数　127,160
シャウプ税制　86

社会移転
　現物── 5
社会給付
　現物社会移転以外の── 6
社会保険拠出控除　186
社会保険料　7,184
社会保険料の統合問題　190
社会保障改革集中検討会議　31
社会保障関係費　37
社会保障国民会議　21,93
社会保障・税一体改革大綱　31
社会保障制度の機能強化　71
「社会保障と税の一体改革」　10
社会保障4経費　39
集合消費支出　5
住専処理法案　90
就労給付金　144
受給開始年齢　141
準公共財　110
順序ロジット・モデル　9,60,112
純粋公共財　110
少子化　130
少数連立政府　257
消費支出
　集合── 5
消費税の負担感　62
消費税負担の逆進性　168
正味金融資産　226
所得効果　167
　実質── 53,54,60
所得控除　182
　給与── 178
所得再分配効果　127
所得税　175
所得代替率　139,141
所得・富等に課される経常税　6
自立医療　136
シーリング　75
新古典派成長モデル　24
診療報酬単価　38
スウェーデン　250
税額控除
　給付付き── 172
生活保護　142
請求書等保存方式　165
政策連携
　政府と日本銀行の── 43,237
生産・輸入に課される税　6

政治的リーダーシップ　86
「税・社会保障についての意識調査（第一次）」
　9,93,95,111
「税・社会保障についての意識調査（第二次）」
　58,60,148
税収弾性値　41
税制改革
　オランダの── 191
生存権　142
成長率　217
税の財源調達機能　158
政府債務の持続可能性　193
政府長期債務残高　102
政府と日本銀行の政策連携　43,237
世代間の公平性　126
ゼロ・シーリング　74
専業主婦モデル　132
全国消費実態調査　131
潜在成長率　217
　──の予期せぬ低下　209
潜在的国民負担率　101
選択的支出　59
総額表示方式　164
増税延期　36
増税なき財政再建　74,87,205,230
相対的貧困率　127
ソローの新古典派成長モデル　24

【タ行】

代議制民主主義　239
代替効果
　異時点間の── 53,167
竹下（登）内閣　77,86
「竹中プラン」　17
多重共線性　211
ただ乗りの構造　110
谷垣禎一　47
ダービン＝ワトソン統計量　54
男性稼ぎ主家族　129
単独少数政府　257
中期プログラム　21,22
中福祉　265
中福祉・低負担　9,100
超過累進税率　176
長期金利　11,102,215
チョウ検定　202
貯蓄・投資バランス　220
適格請求書等保存方式（インボイス制度）

索引　283

165
出口戦略　228
デット・ダイナミックス　229
デフレ脱却　36
伝統的な金融政策　42
統合政府　42,226
特例公債依存体質　79
共働き有子モデル　131,132
トロント・サミット　39

【ナ行】
中曽根（康弘）首相　86
ニクソン・ショック　204
日本銀行と政府の政策連携　43,237
年金交付公債　30
納税義務　4
野田（佳彦）内閣　30

【ハ行】
配偶者控除　132,181,183
橋本（龍太郎）内閣　73,84,195
発行条件の弾力化　219
VAT（付加価値税）　163
鳩山（由起夫）内閣　24
ハネムーン効果　255
バブル景気　76
BEA（予算執行法）　250
非ケインズ効果　248
非正規雇用　67,189,145
非募債主義　194
表面金利　218
貧困の罠　144
貧困率
　　相対的——　127
付加価値税（VAT）　163
福祉元年　194,204
ブッシュ（父）大統領　246
ブート・ストラップ法　68
普遍主義　150
プライマリー・バランス（基礎的財政収支）
　　11
プラザ合意　78
不良債権処理　90
ブロイシュ=ゴットフレイ検定　56
プログラム・レビュー　252
分割政府　247
ペイゴー（PAYGO）原則　250
ペギング（釘づけ）政策　233

包括財政調整法（OBRA1990）　246
報酬関係
　　一般的——　3
　　個別的——　2
法令順守意識　109
Bohnの手法　198
保険原理　150
母子世帯　144
保守主義レジーム　147
細川（護熙）首相　82
補足性の原理　143
捕捉率　143
「骨太の方針2006」　20

【マ行】
マイナス金利　44,218
マイナス・シーリング　74
マクロ経済スライド　138,185
マスグレイブ（Musgrave）　3,129
マーストリヒト条約　247
纏め買い　58
マニフェスト　25
「マーリーズ・レビュー」　172
「ミード報告」　172,191
宮澤（喜一）内閣　80
宮島洋　179
村山（富市）内閣　83
モジリアーニ（Modigliani）　137

【ヤ・ラ行】
与謝野馨　19
予算執行法（BEA）　250
予算制約
　　異時点間の——　199
吉川洋　18
ライフサイクル仮説　64,137
ラインハート（Reinhart）　234
リスク・プレミアム　217,222
リーマン・ショック　36,26
量的緩和政策（QE）　35
量的・質的金融緩和　42
レーガノミックス　77
連立政府　257
　　最小勝利——　257
ロクイチ国債　219
ローリング・ウィンドウ　206

【著者紹介】
持田信樹（もちだ　のぶき）
1953年生まれ。1977年東京大学経済学部卒業、1982年東京大学大学院経済学研究科博士課程単位取得、経済学博士（東京大学）。現在、東京大学大学院経済学研究科教授、経済学研究科長・経済学部長。
この間、会計検査院特別研究官、世界銀行および国連人間居住計画コンサルタント、総務省地方財政審議会特別委員、財務省財務総合政策研究所平成財政史執筆委員、内閣府政策コメンテーター等を歴任。
［主要著書］
『地方債の経済分析』（共編、有斐閣、2018年）、『平成財政史 平成元～12年度』（第5巻、共著、財務省財務総合政策研究所、2015年）、『ソブリン危機と福祉国家財政』（共編、東京大学出版会、2014年）、『地方財政論』（東京大学出版会、2013年）、『地方消費税の経済学』（共著、有斐閣、2010年）、『財政学』（東京大学出版会、2009年）、*Fiscal Decentralization and Local Public Finance in Japan*(Routledge, 2008)、『地方分権の財政学――原点からの再構築』（東京大学出版会、2004年）、『都市財政の研究』（東京大学出版会、1993年）など。

日本の財政と社会保障
給付と負担の将来ビジョン

2019年3月28日発行

著　者――持田信樹
発行者――駒橋憲一
発行所――東洋経済新報社
　　　　〒103-8345　東京都中央区日本橋本石町1-2-1
　　　　電話＝東洋経済コールセンター　03(5605)7021
　　　　https://toyokeizai.net/
装　丁………吉住郷司
DTP･印刷……東港出版印刷
製　本………積信堂
編集担当……村瀬裕己
©2019 Mochida Nobuki　　Printed in Japan　　ISBN 978-4-492-70150-8

本書のコピー、スキャン、デジタル化等の無断複製は、著作権法上での例外である私的利用を除き禁じられています。本書を代行業者等の第三者に依頼してコピー、スキャンやデジタル化することは、たとえ個人や家庭内での利用であっても一切認められておりません。

落丁・乱丁本はお取替えいたします。